KB050980

史記
명언 이야기

史記
명언 이야기

김택중 편저

學古房

머리말

『사기(史記)』는 기원전 1세기 무렵, 역사가 사마천이 중국역사 초기로부터 자신의 시대에 이르기까지 근 2천 년의 중국역사를 기전체로 편찬한 역사서이다. 사마천은 『사기』를 저술하는 도중 궁형의 형벌을 받고, 그 치욕으로 인해 '하루에도 창자가 아홉 번 뒤틀릴' 정도의 심한 고통과 좌절을 겪었다. 하지만 그는 이에 굴하지 않고, 한시도 역사가 중단될 수 없다는 신념과 사명감 하에 자신의 온 힘을 다하여 『사기』를 완성하였다.

『사기』는 철저한 사료고증을 토대로 하여 그 기록이 매우 정확하고 핵심적이며, 사건의 전후좌우 인과관계가 치밀하게 구성되어 그 서술이 매우 논리적이고 체계적이다. 또한 문맥 한 단락, 글자 하나하나가 정교하게 다듬어져서 그 문장이 매우 세밀하고 아름다우며, 역사사실 속에 언어로 표현되지 않은 또 다른 의미들이 깊게 내재되어 그 사상이 매우 심오하고 방대하다. 즉 『사기』는 정확한 사실과 뛰어난 문장, 깊은 철학이 어우러진, 이른바 문사철(文史哲)을 겸비한 역사서라 할 수 있다. 이것이 바로 『사기』가 오랜 세월 동안 동양 최고의 역사서로 평가받고, 또한 예로부터 지금까지 끊임없이 가장 많이 읽히고 주목받는 역사서로 자리 잡게 된 까닭일 것이다.

『사기』는 기본적으로 인물중심의 역사서이다. 따라서 『사기』에는 위로 황제, 제후로부터 아래로 일반서민에 이르기까지 각계각층, 각양각색의 인물이 등장하고 있고, 그 역할과 성격에 따라 그들 인물의 생애와 특징이 과장 없이 세세히 기술되어 있다. 그중 특별히 서술방식의 측면에서 『사기』는 등장인물의 발언을 통해 그 인물의 사상과 견해 및 시대상황, 정세 등을 잘 나타내고 있는데, 그들의 발언에는 대부분 그 안에 매우 뛰어난 지혜와 식견, 통찰 등이 담겨 있다. 그러므로 만약 이러한 말들을 한 마디로 명언(名言)이라 한다면, 『사기』는 명언의 보고(寶庫)라 해도 과언이 아니다.

『사기』를 읽을 때마다 간혹 떠오르는 생각이 있다. 만약 『사기』에서 이들 명언을 배제한다면, 『사기』가 주는 느낌은 어떤 것일까라는 것이다. 시험 삼아 『사기』 중 명언이라 할 대목을 제외하고 읽어보면, 의외로 전후맥락의 사실전개가 밋밋하고, 그 내용이 정곡을 찌르는 듯한 명쾌함이 느껴지지 않는다. 이로 볼 때 『사기』에서 명언은 생동감 넘치고 의미심장한 그의 역사사실 구성과 서술에 빠질 수 없는 핵심요소가 됨을 알 수 있다. 실제로 『사기』를 심층적으로 검토해보면, 『사기』의 주요 역사장면에는 명언이 거의 빠짐없이 등장하고 있고, 사마천은 바로 이들 명언을 통해 역사사실뿐만 아니라, 개인의 길흉화복, 국가의 흥망성쇠, 세상의 선악시비, 역사의 이해득실, 천도의 존재유무 등에 이르기까지, 고금역사와 인간사회를 관통하는 다양한 현상을 핵심적으로 나타내고 있다. 따라서 『사기』에 등장하는 각종 명언은 그 자체가 주는 의미도 음미할 대상이지만, 인간 세상에 내재하는 다양한 현상과 진리, 이치를 이해하는데도 매우 중요한 매개체로 여겨진다.

이 책은 『사기』에서 82개의 명언을 선정하여 소개하였다. 사실 『사기』에는 이 책에서 소개한 명언 이외에도 훨씬 더 많은 명언이 있다. 명언의 선정 또한 각자의 관점과 입장에 따라 매우 다를 수도 있다. 그럼에도 불구하고 이 책에서 단지 82개의 명언만을 선정한 것은, 그 선정기준을 명언이 나타나게 된 전후의 역사과정과 배경이 잘 드러난 것에 한정했기 때문이다. 그러므로 이 책은 명언을 소개함과 동시에 명언이 출현하게 된 전후의 역사과정과 배경을 상세히 소개하였다. 이를 통해 명언의 의미, 명언의 탄생 배경은 물론이고, 당시의 역사상황도 함께 이해할 수 있을 것이다.

이 책에 소개된 82개 명언의 내용은 매우 다양하다. 이 책은 이들 명언을 내용별로 크게 경세(經世), 치용(致用), 처세(處世), 정리(情理) 등 4개 영역으로 나누었다. 경세편은 주로 세상을 다스리는 것에 관련된 내용, 치용편은 주로 실용적인 것에 관련된 내용, 처세편은 주로 처세에 관련된 내용, 정리편은 주로 세상의 인정과 도리에 관련된 내용의 명언을 각각 수록했다. 비록 이처럼 4개 영역으로 분류하였지만, 본래 명언 하나하나가 지니는 의미가 복합적이기 때문에 이러한 분류가 반드시 절대적, 혹은 특별한 의미가 있는 것은 아니다. 이는 단지 책의 편집과 열람의 편의를 위해 임의로 분류한 것에 불과하다.

이 책에서 명언에 관련된 이야기는 『사기』의 원문 내용을 최대한 그대로 인용하였으나, 부분적으로 역사과정의 전후맥락을 쉽게 이해할 수 있도록 전체 내용을 훼손하지 않는 범위에서 불필요한 인명, 지명, 관직명을 생략하고, 혹은 문장을 다듬고 문맥을 조정하는 등 약간의 편집을 가하였다. 각 편에서 명언의 순서는 명언이 나타난 시대 순으로 배열하였고, 각 명언 소개의 말미에는 명언의 출처와 원문을 밝혔다. 아울러 주요 등장인물에 대해서도 간략히 소개하였다.

『사기』는 내용이 방대하고 체계가 엄격하며 뜻이 깊은 역사서이다. 마땅히 전체를 통독하고 정독해야 비로소 그 전모를 파악할 수 있고, 또 그 깊은 뜻을 이해할 수 있다. 따라서 부분만을 발췌하여 엮은 이 책이 혹여 『사기』 본래의 모습과 취지를 훼손시킨 것이 아닌지 염려스럽다. 한편 이 책에서 제시한 여러 내용마저도 필자의 부족한 학식으로 인해 오류와 미흡한 점이 많이 있을 것이니, 독자 여러분의 많은 지적을 바란다.

끝으로 출판을 위해 흔쾌히 노고를 아끼지 않으신 학고방 하운근 대표님과 조연순 팀장님께 깊은 감사의 말씀을 전한다.

차 례

치용致用

처세處世

9

정리 情理

11

경세 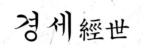經世

▌한 사람의 이익을 위해서 천하가 손해 볼 수 없다

요 임금은 황제(黃帝, 중국역사의 시조)의 후손으로 제곡(帝嚳, 황제의 증손자)을 계승하여 제위에 올랐다. 그는 인자하기가 하늘과 같았고 지혜롭기가 신과 같았으며, 부유하였으나 교만하지 않았고 존귀했으나 오만하지 않았다.

요 임금이 만년에 "누가 내 제위를 계승할 수 있겠는가?"고 물었다. 한 신하가 "임금님의 아들 단주가 사리에 통달 하였습니다"고 하자, 요 임금은 "아! 그는 부덕하고 싸우기 좋아하니 쓸 수 없다"고 하였다. 요 임금이 또 "누가 좋겠는가?"고 물었다. 다른 신하가 "공공이 널리 백성을 모아서 여러 업적을 세웠으니 등용할 수 있습니다"고 하자, 요 임금은 "공공은 말은 잘하나 사심이 있고, 겉으로 공손한척하면서 하늘을 속이고 있으니 쓸 수 없다"고 했다. 또 다른 한 신하가 말하였다. "민간에 순이라는 자가 있는데 장님의 아들입니다. 비록 그 아비는 우매하고 어미는 완고하며 동생은 오만하지만, 그는 그들과 화목하게 지내고 효도를 다하며 집안일을 잘하여 그들을 사악함에 빠지지 않게 하였습니다."

이에 요 임금은 순을 시험하기 위해 자신의 두 딸을 순에게 시집보낸 후, 그가 딸들에게 대하는 모습을 관찰하였다. 순은 요 임금의 두 딸에게 존귀함을 낮추게 하고는 강가의 자기 집으로 데려가 부녀자의 도리를 준수하게 하였다. 요 임금은 순의 이러한 모습을 좋게 여겨 시험 삼아 그에게 사도(司徒, 백성교화 주관) 직을 맡겼다. 순이 신중하게 오전(五典, 부모형제자식 간에 각각 지녀야 할 위엄, 자애, 우애, 공경, 효성의 윤리)을 시행하니 백성들이 잘 따르고 어기지 않았다. 또 순에게 조정의 일을 맡기니 조정의 일이 질서정연해졌다. 순에게 빈객을 접대케 하니 사방이 화목하고 먼 곳에서 오는 빈객들이 모두 공손하였다. 순을 산림대천에 파견하니 폭풍우를 만났으나 길을 잃지 않고 착오 없이 일을 수행하였다.

이에 요 임금은 순이 매우 총명하고 덕이 있다고 여기어 불러서 말하였다. "그대는 3년 동안 모든 일을 주도면밀하게 훌륭히 수행하였다. 이제 그대가 임금의 자리에 오르기 바란다." 하지만 순은 자신의 덕행이 부족하다며 임금의 자리에 오르지 않았다.

그로부터 20년 후, 요 임금이 연로하여 순에게 정치를 대행시키고 물러났다. 다시 28년이 지난 후 요 임금이 세상을 떠났다. 요 임금이 세상을 떠나자 백성들은 마치 자신의 부모를 잃은 것처럼 슬퍼하였다. 각지의 모든 사람이 3년 동안 아무도 음악을 연주하지 않고 추모하였다. 요 임금은 생전에 임금의 자리를 순에게 물려주면 아들은 손해를 보지만 천하가 이익을 얻고, 아들에게 물려주면 아들은 이익을 얻지만 천하가 손해를 본다고 생각하였다. 그리하여 그는 "한 사람의 이익을 위해서 천하가 손해 볼 수 없다"며 끝내 임금의 자리를 순에게 물려주었다.

순은 요 임금의 삼년상을 마친 후 임금의 자리를 요 임금의 아들 단주에게 양보하고 자신은 다른 지역으로 피했다. 그러나 제후들은 임금을 알현하러 단주에게 가지 않고 순에게 갔다. 소송 안건에 대해서도 단주가 아니라 순을 찾았고, 공덕을 노래하는 사람도 단주가 아니라 순을 노래하였다. 이에 순은 "이는 하늘의 뜻이다"며 임금의 자리에 올랐다.

출처 : 『사기』, 「오제본기(五帝本紀)」, 주제 원문 : 不以天下之病而利一人.
요(堯) : 중국 상고시대 삼황(三皇, 수인씨, 복희씨, 신농씨), 오제(五帝, 황제, 전욱, 제곡, 요, 순) 중의 한 사람이다. 황제(黃帝)의 후손으로 제위에 오른 후 어진정치를 실행하였고, 말년에 제위를 순에게 양위하였다. 순과 함께 요순 태평성대를 열었다.
순(舜) : 중국 상고시대 삼황오제 중의 한 사람이다. 농사와 어렵, 도자기업 등을 생업으로 삼았고 부모에게 효도하였으며 형제에게 우애로웠다. 요 임금으로부터 제위를 물려받고, 말년에 우에게 제위를 물려주었다. 요와 함께 요순 태평성대를 이룩하였다.

자리에 맞지 않는 사람이 관직에 있으면 천하가 어지러워진다

고요는 법을 집행하는 관리이다. 어느 날 그는 우와 함께 순 임금 앞에서 이야기를 나누었다. 고요가 말하였다. "진실로 덕을 준수하고 현명하게 일을 처리하면 신하들이 단결할 것입니다. 덕을 성취하는 것은 사람을 알고 백성을 편안하게 하는 데 있습니다." 그러자 우가 말하였다. "모든 일을 그렇게 하기는 요 임금도 어려울 것입니다. 사람을 아는 것은 지혜이므로 적절한 사람을 관직에 임명할 수 있고, 백성을 편안하게 하는 것은 은혜이므로 백성을 끌어안을 수 있습니다. 지혜롭고 은혜로우면 환두(驩兜, 요순시대의 간신)를 염려할 것이 없고, 유묘(有苗, 요순시대의 남방 오랑캐)를 내쫓을 필요가 없으며, 교묘한 말로 꾸미고 아첨하는 소인을 두려워할 것이 없습니다."

고요가 말하였다. "그렇습니다. 행위에는 아홉 가지의 덕이 있습니다. 관대하고 근신해야 합니다. 부드럽고 주관이 있어야 합니다. 겸손하고 장중해야 합니다. 다스리고 공경해야 합니다. 인내하고 과감해야 합니다. 곧고 온화해야 합니다. 간단하고 청렴해야 합니다. 굳세고 실질적이어야 합니다. 용감하고 의로워야 합니다. 이 아홉 가지 덕을 밝혀야 합니다. 경대부가 이중 매일 세 가지 덕을 행하여 아침부터 저녁까지 부지런히 노력하면 그의 집을 보존할 것입니다. 제후가 이중 매일 여섯 가지 덕을 엄숙하고 공손히 실행하면 그 나라를 보존할 것입니다. 천자가 이 아홉 가지의 덕을 널리 시행하여 덕 있는 사람을 관직에 앉히면 모든 관리가 엄숙하고 신중하게 자신의 업무를 수행할 것입니다. 자리에 맞지 않는 사람을 관직에 앉히면 천하가 어지러워집니다." 이에 우가 "이처럼 행한다면 반드시 좋은 성과를 얻을 것입니다"고 하니, 고요가 "재능이 미천한 저로서는 단지 천하를 다스림에 도움이 되길 바랄뿐입니다"고 하였다.

순 임금이 우에게 "그대도 의견을 말해보시오"라고 하자, 우가 공손히 절하며 말하였다. "아! 제가 무슨 말을 하겠습니까? 저는 단지 날마다 부지런히 노력할 것만 생각하고 있습니다." 고요가 물었다. "부지런히 노력한다는 것은 무슨 뜻입니까?" 우가 말하였다. "물이 넘쳐흘러 산을 둘러싸고 계곡에 가득차서 백성들이 홍수의 위협을 받고 있습니다. 저는 땅에서는 수레로, 물에서는 배로, 진흙길에서는 썰매로, 산길에서는 쇠 박은 신발을 신고, 산과 고개를 넘어 산 위에 말뚝을 세워 표시를 했습니다. 익(益, 치수에 공헌)과 함께 백성에게 신선한 고기와 양식을 주었습니다. 아홉 개의 하천을 뚫어 바다로 흐르게 하였고, 밭 사이의 도랑을 파서 강으로 흐르게 했습니다. 직(稷, 농업에 공헌, 주나라의 시조)과 함께 양식이 부족한 백성을 구휼했습니다. 양식이 부족할 때는 풍족한 곳에서 부족한 곳으로 보충해주었고, 혹은 그곳으로 백성을 이주시켰습니다. 이에 비로소 백성은 안정되었고 제후도 다스려졌습니다." 고요가 말하였다. "그렇습니다. 이것이 바로 그대의 큰 업적입니다."

출처 : 『사기』, 「하본기(夏本紀)」, 주제 원문 : 非其人居其官, 是謂亂天事.

고요(皐陶) : 중국 상고시대의 법관이다. 황제(黃帝)의 후손으로 순 임금 때 형법 제정에 공헌하였다. 본래 우 임금의 후계자였으나 우 임금보다 일찍 죽었다. 요, 순, 우와 함께 중국 상고시대 4대 성인 중의 한 명으로 일컬어지고, 후세에 중국의 사법(司法) 시조로 받들어지고 있다.

우(禹) : 중국 상고시대 제왕이다. 황하 치수에 큰 공을 세워 순으로부터 제위를 물려받았다. 말년에 고요에게 제위를 물려주려 했으나 고요가 일찍 죽으면서 그의 아들이 계승했다. 이로부터 제위를 선양(禪讓, 임금의 자리를 훌륭한 사람에게 물려줌)하는 전통이 끊기고 혈통계승이 시작되었다. 하 왕조의 시조이다.

▌정치가 간소하고 용이하지 않으면 백성이 가까이 하지 않는다

주공은 주 문왕의 아들이고 주 무왕의 동생이다. 그는 다른 형제와 다르게 효성이 지극하고 우애가 돈독하였다. 주공은 무왕이 즉위하자 그를 보필하여 늘 나라의 많은 일을 처리하였다. 후일 무왕이 죽었을 때 무왕의 아들 성왕은 아직 강보에 싸인 어린아이였다. 주공은 천하 사람이 무왕이 죽었다는 소식을 듣고 배반할 것을 두려워하여 성왕을 대신하여 나라를 다스렸다. 관숙을 비롯한 그의 여러 동생이 "주공이 성왕에게 불리하게 할 것이다"는 유언비어를 퍼트렸다.

이에 주공이 태공망과 소공석에게 말했다. "내가 선왕인 태왕, 왕계, 문왕께 알리지도 않고 섭정하는 것은 천하가 주나라를 배반할까 두려워서입니다. 세분 선왕께서 오랫동안 천하를 위해 걱정하고 애쓴 결과 오늘에 이르러 비로소 완성되었습니다. 무왕께서 일찍 타계 하시고 성왕께서 아직 어리기 때문에 나라를 안정시키기 위하여 이렇게 하는 것입니다."

한편 주공은 그의 아들 백금에게 자기 대신 봉지인 노나라를 다스리도록 하였다. 주공은 노나라로 떠나가는 백금에게 말하였다. "나는 문왕의 아들이고 무왕의 동생이며 성왕의 숙부이니 천하에 신분이 낮지 않다. 그러나 나는 한번 머리를 감을 때면 세 번 머리카락을 움켜잡은 채 일어나고, 한번 식사할 때면 세 번 먹던 음식을 뱉은 채 일어나 현인을 맞이하였다. 그럼에도 불구하고 오히려 천하의 현인을 잃을까 걱정하였다. 그러니 너 역시 노나라에 가서 나라를 다스린다고 하여 절대 교만해서는 안 된다."

백금이 노나라를 다스린 지 3년이 지난 후 주공에게 정사를 보고하였다. 그러자 주공이 "왜 이렇게 늦었는가?"고 물었다. 백금이 말하였다. "그곳의 풍속과 예의를 고치고 3년 상을 치르느라 늦었습니다." 그 이전에 태공망도 역시 제나라를 봉지로 받고 다스렸다. 그는 5개월이 되자 주공에게 정사를 보고하였다. 그러자 주공이 "왜 이렇게 빠르시오?"라고 물으니, 태공망이 "그곳의 군신 간 예절을 간소화하고, 모든 것을 다 그곳의 풍속을 따랐기 때문입니다"고 하였다. 주공은 나중에 백금의 보고가 늦은 것을 듣고는 탄식하며 말하였다. "아! 노나라는 후세에 제나라의 신하가 될 것이다. 대체로 정치가 간소하고 용이하지 않으면 백성이 가까이 하지 않는다. 정치가 용이하여 백성을 가까이하면 백성은 반드시 모여든다."

7년이 지난 후, 주공은 성왕에게 정권을 돌려주고 자신은 북쪽을 향하여 신하의 자리에 서서 마치 살얼음을 밟듯이 조심스럽게 성왕을 공경하였다.

출처 : 『사기』, 「노주공세가(魯周公世家)」, 주제 원문 : 夫政不簡不易, 民不有近.

주공(周公, 약 B.C 1100년~?) : 본명은 단이다. 주 문왕의 넷째 아들이고 주 무왕의 동생이다. 주 무왕을 보좌하여 상나라를 멸망시키고 주나라를 건립하는데 큰 공을 세웠다. 봉지가 주(周)이기 때문에 주공 혹은 주공 단이라 부른다. 주 성왕 때 7년간 섭정하였다. 노나라의 시조이다. 공자가 가장 존경한 인물로 유학의 기초를 마련하였다고 한다.

주 문왕(周文王, 약 B.C 1152년~B.C 1056년) : 이름은 창이다. 부친 사후 서백후(西伯侯)의 지위를 계승하여 서백창이라고도 한다. 재위 기간 영토를 확장하여 주나라의 기틀을 마련했다. 사후 그의 아들 주 무왕이 주나라를 건립하고 주 문왕으로 추존되었다.

주 무왕(周武王, 약 B.C 1085년~B.C 1041년) : 주나라 개국군주이다. 주 문왕의 아들로 태공망, 주공단, 소공석 등의 보좌를 받아 상나라를 멸망시키고 주나라를 창건했다.

태공망(太公望, 약 B.C 1156년~약 B.C 1017년) : 이름은 상 혹은 망이고, 자는 자아이다. 여상, 강자아, 태공, 태공망, 강태공, 사상보 등 다양한 이름으로 불린다. 주 문왕을 보좌하여 주나라의 기초를 닦고, 주 무왕을 보좌하여 상나라를 멸망시키고 주나라를 건립하는데 큰 공을 세웠다. 주나라 건립 후 제(齊)에 봉해져 제나라의 시조가 되었다. 저서에 『태공병법(太公兵法)』혹은 『육도(六韜)』가 전해지고 있다.

정치가 간소하고 용이하지 않으면 백성이 가까이 하지 않는다 19

소공석(召公奭) : 주나라의 종실이다. 소공, 소백, 소강공이라고도 한다. 주 무
　　왕을 보좌하여 상나라를 멸망시키고 주나라를 건립하는데 큰 공을 세웠다.
　　주나라 건립 후 연(燕)에 봉해져 연나라의 시조가 되었다. 주 무왕 이후
　　주 성왕, 주 강왕을 섬겼다.
백금(伯禽) : 주공의 장남으로 노나라의 제1대 군주이다. 본래 주공이 노나라를
　　봉지로 받았으나 어린 주 성왕을 보좌하느라 도성에 남았기 때문에 백금이
　　대신 노나라를 봉지로 받았다. 재위 46년 동안 주나라의 동방지역을 안정
　　시켰다.

▌천자는 농담하지 않는다

숙우는 주 무왕의 아들이고, 주 성왕의 동생이다. 주 무왕이 죽은 후 성왕이 뒤를 이었다. 어느 날 성왕이 숙우와 함께 장난하던 중 숙우에게 오동나무 잎으로 규(珪, 의식을 거행할 때 사용하는 기물)를 만들어 주며 말하였다. "내 이것으로 너를 제후에 봉하노라!"

이리하여 태사(太史, 사관) 사일이 성왕에게 길일을 선택하여 숙우를 제후에 봉할 것을 청하였다. 그러자 성왕이 "나는 그에게 농담하였을 뿐이다"고 하였다. 사일이 말하였다. "천자는 농담을 하지 않습니다. 천자가 말씀을 하시면 그것을 역사에 기록하고, 예로써 완성하며, 음악으로 노래합니다." 이에 성왕은 숙우에게 당(唐, 지명)을 봉토로 내려주었다.

출처 : 『사기』, 「진세가(晉世家)」, 주제 원문 : 天子無戲言.

사일(史佚) : 본명은 윤일이다. 주나라 초기의 태사(太史)이다. 주 성왕 시기 주공, 소공, 태공과 함께 사보(四輔, 천자를 보좌하는 4명의 신하)라 칭하였다. 일찍이 『사일지지(史佚之志)』라는 책을 저술했으나 지금은 전해지지 않는다.

주 성왕(周成王, 재위 약 B.C 1042년~약 B.C 1029년) : 주나라 제2대 군주이다. 주 무왕의 아들로 어린 나이에 즉위하여 주공의 보좌를 받았다. 재위 기간 도읍과 예악을 정비하는 등 주나라의 기틀을 마련하였다. 성왕과 그의 아들 강왕의 통치 시기는 "40여 년 동안 형구를 사용하지 않았다"고 할 정도로 천하가 안정되어, 이를 역사상 '성강지치(成康之治)'라 한다.

숙우(叔虞) : 주 무왕의 아들이고 주 성왕의 동생이다. 봉지가 당(唐)이기 때문에 당 숙우라고도 한다. 그의 아들 때에 진수(晉水) 유역으로 이동하여 국호를 진(晉)으로 하였다. 진나라의 시조이다.

이익은 천하의 소유라 독점하면 해롭다

예량부는 주나라의 대부이다. 주 여왕은 재위 30여 년 동안 이익을 탐하였고 영이공을 가까이하였다. 이에 예량부가 주 여왕에게 간하여 말하였다.

"나라가 쇠약해질 것입니다. 영이공은 오직 이익을 독점하는 것을 좋아할 뿐 큰 재난에 대해 알지 못합니다. 무릇 이익은 만물의 소생이고 천하의 소유라 누군가 그것을 독점하면 해가 많아집니다. 천하 만물이 모두 그 일부를 취하는 것이거늘 어찌 한 사람이 독점할 수 있겠습니까? 이익을 독점하면 많은 사람이 분노하게 되어 큰 재난을 대비할 수 없습니다. 그런데 영이공이 이익으로 대왕을 인도하고 있으니 대왕께서 어찌 오래 동안 무사할 수 있겠습니까? 무릇 군주는 각종 재물을 개발하여 상하 군신과 백성에게 분배해야 합니다. 사람과 신, 만물 모두가 제각기 얻을 만큼 얻도록 하면 백성이 원망할까 근심하고 두려워할 일이 없을 것입니다. 그러므로 『시경』 송(頌)에서 '후직(后稷, 주나라 시조)은 덕이 높고 공이 있어 천지와 짝이 될 만하네. 오곡을 심어 만민을 기르니 천하 백성이 그를 본받네!'라고 했고,『시경』 대아(大雅)에서 '널리 은택을 두루 내리어 주나라를 열었다'고 했습니다. 이것은 바로 이익을 두루 분배하여 재난이 닥치는 것을 경계한 것이니, 이런 까닭으로 주나라가 오늘날까지 계속 이어올 수 있게 된 것입니다. 그런데 지금 대왕께서 이익을 독점하는 것을 배우고 계시니 어찌 옳은 일이라 하겠습니까? 보통사람이 이익을 독점해도 강도라고 하는데, 대왕께서 이렇게 하신다면 따르는 사람이 매우 적을 것입니다. 만약 영이공을 중용하신다면 주나라는 반드시 멸망할 것입니다." 그러나 주 여왕은 예량부의 말을 듣지 않고 영이공을 대신으로 중용하여 정사를 주관하게 했다.

주 여왕이 포악하고 사치하며 교만하자 백성들이 그의 잘못을 드러내

놓고 비방하였다. 소공이 주 여왕에게 간하였다. "백성들이 대왕의 명령을 견디지 못하고 있습니다." 화가 난 주 여왕은 위나라의 무당을 불러서 비방하는 자를 감시케 하고, 발견한 자를 보고하면 즉각 잡아들여 처형하였다. 이로부터 비방하는 사람이 줄었으나 제후들은 주 여왕에게 조공하지 않았다. 그럼에도 불구하고 주 여왕이 갈수록 더욱 가혹해져 백성은 누구도 감히 말을 하지 못하였고, 길에서 만나도 단지 서로 눈짓만 할 뿐이었다. 이에 주 여왕은 매우 기뻐하며 소공에게 말하였다. "내가 비방하는 자를 모두 없애버렸으니 이제 감히 비방하는 자가 없을 것이오."

소공이 말하였다. "이는 억지로 그들의 말을 막았을 뿐입니다. 백성의 입을 막는 것은 물을 막는 것보다 심각한 일입니다. 물이 막혔다가 한 번 터지면 많은 피해자가 생깁니다. 백성에게 말을 하지 못하게 하는 것도 같은 이치입니다. 때문에 물을 다스리는 자는 물길을 열어서 물을 흐르게 해야 하고, 백성을 다스리는 자는 백성의 입을 자유롭게 하여 말을 하게 해야 합니다 ⋯ 백성에게 입이 있는 것은 마치 대지에 산천이 있어서 모든 물품이 거기에서 나오는 것 같고, 비옥한 평야와 농토가 있어서 모든 의복과 양식이 거기에서 생산되는 것과 같습니다. 백성에게 말을 하게 하면 이를 통해 정치의 잘잘못을 알 수 있습니다. 대체로 백성이 입으로 말하는 것은 마음속에 있는 것을 말하는 것입니다. 그들의 입을 막으려한들 얼마나 지속할 수 있겠습니까?"

그러나 주 여왕은 끝내 소공의 말을 듣지 않았다. 이로부터 백성들은 누구도 감히 말을 하지 않았고, 3년 후 모든 백성이 난을 일으켜 주 여왕을 습격했다. 주 여왕은 체(彘, 지명)로 달아났고 그곳에서 죽었다.

출처 : 『사기』, 「주본기(周本紀)」, 주제 원문 : 夫利, 天地之所載也, 而有專之, 其害多矣.
예량부(芮良夫) : 주나라 여왕 때의 대부이다.

소공(召公) : 원래의 소공은 주 무왕을 보좌하여 상나라를 멸망시키고 주나라를 건국한 후 연나라에 봉해져 연나라의 시조가 된 소공석(召公奭)이다. 본문의 소공은 그의 후손 소호(召虎)이다. 소호는 주 여왕이 쫓겨난 후 주 선왕(주 여왕의 아들)이 즉위하기까지 주공(주공 단의 후손)과 함께 14년간 정무를 관리했다. 이를 역사상 공화(共和)라 한다.

주 여왕(周厲王, 재위 약 B.C 878년~약 B.C 844년) : 주나라 군주이다. 간신을 가까이하고 포악한 정치로 인해 백성의 원성을 사서 쫓겨났다.

영이공(榮夷公) : 주나라 여왕 때의 대부이다. 영(榮) 지역에 봉해졌고 사람됨이 교만하고 탐욕스러웠다.

▌나라를 취함에는 다섯 가지 어려움이 있다

초나라 강왕에게는 위, 자비, 자석, 기질 등 총애하는 동생 4명이 있었다. 초 강왕이 재위 15년에 사망하고 그의 아들 겹오가 즉위하였다. 겹오 4년, 위가 정나라에 사신으로 가는 도중 겹오가 병들었다는 소식을 듣고 초나라로 돌아가서 겹오의 병을 살펴본 후 목을 졸라 살해하였다. 아울러 겹오의 아들들을 죽이고 그 자신이 왕위에 올랐다. 이가 초 영왕이다. 위가 왕에 즉위하자 자비는 진나라로 도망쳤다.

후일 초나라에 정변이 일어나자 초 영왕은 도망치고 그의 아들은 살해되었다. 이에 초나라는 진나라로 도망친 자비를 맞이하여 왕으로 옹립하였다. 이 때 진나라에서 한선자가 숙향에게 자비가 왕이 될 수 있을 것인지에 대해 물었다. 숙향이 "성공하지 못할 것입니다"고 하였다. 한선자가 물었다. "초나라 사람이 초왕을 싫어하여 장사꾼이 이익을 취하듯 새 임금을 세우려고 하는데 어찌 성공할 수 없겠소?"

숙향이 말하였다. "자비는 친한 사람도 없고 원수진 사람도 없습니다. 나라를 얻는 데에는 다섯 가지 어려움이 있습니다. 첫째 총애하는 사람은 있지만 현인이 없는 것, 둘째 현인은 있지만 지지자가 없는 것, 셋째 지지자는 있지만 계책이 없는 것, 넷째 계책은 있지만 백성이 없는 것, 다섯째 백성은 있지만 덕이 없는 것입니다. 자비는 우리 진나라에서 13년 동안 있었습니다. 그러나 진나라와 초나라에서 그를 따르는 사람 중에 박학다식한 사람이 있다는 소리를 듣지 못하였으니 현인이 없다고 할 수 있습니다. 가족을 잃고 가까운 사람들이 배반하였으니 지지자가 없다고 할 수 있습니다. 때가 되지도 않았는데 경거망동하니 계책이 없다고 할 수 있습니다. 평생 국외에서 살았으니 백성이 없다고 할 수 있습니다. 국외로 도망쳤으나 국내의 누구도 그의 행적을 기억하는 사람이 없으니 덕이 없다고 할 수 있습니다. 초 영왕이 비록 포악무도하여 스스로 몰락하기는 하였지만, 자비 역시 이 다섯 가지 어려움을 지닌 채 군왕을 죽였으니 누가 그를 돕겠습니까? 초나라 왕은 아마도 기질이 될 것입니다." 과연 자비는 왕이 되었으나 오래가지 못하고 그 대신 기질이 왕이 되었다. 바로 숙향이 말한 대로였다.

출처 : 『사기』, 「초세가(楚世家)」, 주제 원문 : 取國有五難.

숙향(叔向, ?~B.C 528년) : 이름은 힐이고 자는 숙향이다. 진(晉)나라 대부로 진 도공, 진 평공, 진 소공 3대를 섬겼다. B.C 546년 진나라 대표가 되어 초나라와 회맹을 성사시켰다.

한선자(韓宣子, ?~B.C 514년) : 본명은 한기이며 시호는 선이다. 한선자라 부른다. 진나라의 경대부로 20여년 집정 동안 한씨 세력의 기반을 다졌다.

자비(子比, ?~B.C 529년) : 초 강왕과 초 영왕의 동생이다. 초 영왕이 즉위하자 진나라로 도망쳤다. 후일 초나라에 정변이 발생하자 몰래 초나라로 잠입하여 여러 왕자들과 연합하여 태자를 죽이고 왕위에 즉위하였다. 그러나 곧 동생 기질의 협박을 받고 왕위에 오른 지 10여일 만에 쫓겨나 자살하였다.

기질(棄疾, ?~B.C 516년) : 초 평왕이다. 초 강왕과 초 영왕의 동생으로 형 자비를 몰아내고 왕위에 올랐다. 우매한 정치로 인해 재임 중 여러 차례 오나라의 침략을 받아 국력이 크게 쇠퇴했다.

군주의 질병은 주색과 오락에서 생긴다

정나라 재상 자사(子駟, 정 목공의 아들)가 정 희공을 알현하였는데, 정 희공이 예로써 대우하지 않았다. 화가 난 자사는 요리사를 시켜 독약으로 정 희공을 살해하였다. 제후들에게는 "희공이 급병으로 죽었다"고 알리고, 정 희공의 아들을 왕으로 옹립했다. 이가 정 간공이고, 당시 나이 5세였다.

여러 왕자들이 자사를 죽이려고 모의하자, 이를 미리 알아챈 자사가 오히려 그들을 모조리 살해하고 스스로 왕이 되려 하였다. 그러자 이번에는 자공(子孔, 자사의 동생)이 자사를 살해하고 재상이 되어서는 자신이 왕이 되려 하였다. 이 때 자산이 말하였다. "자사가 왕이 되려고 한 것이 잘못이었기 때문에 공께서 그를 살해하였습니다. 지금 공이 또 그를 본받으려 한다면 내란이 끊이지 않을 것입니다." 이에 자공은 자산의 말에 따라 그대로 재상의 지위에 머물렀다.

간공 12년, 권력을 휘두르는 자공에게 분노한 정 간공이 자공을 살해하고 자산을 상경(上卿, 최고위직)으로 삼았다. 아울러 자산에게 여섯 개의 읍을 봉지로 주었으나, 자산은 사양하고 세 개의 읍만 받았다. 자산이 정사를 담당하고 1년이 지나자 부랑자들이 다시는 경박한 행위를 하지 않았고, 노인이 무거운 짐을 나르지 않았으며, 아이가 밭에 나가 농사짓지 않았다. 2년이 지나자 시장의 매매가 공평해졌고, 3년이 지나자 야간에 문을 닫지 않았으며, 길에 떨어진 물건을 줍지 않았다. 4년이 지나자 농부가 일을 마치고 농기구를 집에 가지고 가지 않아도 되었다. 5년이 지난 후에는 남자들이 군대에 나가지 않아도 되었고, 장례 때 스스로 장례 예절을 지켰다.

간공 25년, 진 평공의 병을 위문하기 위해 자산을 진나라에 파견하였다. 진 평공이 자산에게 물었다. "점괘에 두 신이 나타났는데 사관도 그

내력을 알지 못하오. 경은 무슨 신인지 아시오?" 자산이 대답하였다. "점괘의 신 중 하나는 별의 신이고 하나는 물의 신입니다. 그러나 그 신들이 왕을 해칠 수 없습니다. 산천의 신에게는 홍수나 가뭄 때 제사지내면 되고, 일월성신의 신에게는 비바람, 서리, 눈이 제 때에 내리지 않을 때 제사지내면 됩니다. 대왕의 병은 음식과 여색, 오락에서 비롯된 것입니다."

후일 자산이 26년간 정나라를 다스린 후 세상을 떠나자 장정들은 울부짖고 노인들은 어린애처럼 울며 말하였다. "자산이 우리를 버리고 떠나버렸다. 우리 백성은 장차 누구에게 의지해야 하는가!" 공자가 일찍이 정나라를 지날 적에 자산과 형제처럼 친하게 지냈는데, 자산이 죽었다는 소식을 듣고 눈물을 흘리며 말하였다. "그는 고인의 유풍을 이어 받아 백성을 사랑한 사람이다."

출처 : 『사기』,「정세가(鄭世家)」,「순리열전(循吏列傳)」, 주제 원문 : 君疾飮食
　　　哀樂女色所生也.
자산(子産, ?~B.C 522년) : 춘추시기 정나라 사람이다. 본명은 공손교이고 자
　　　는 자산이다. 정 자산이라고도 한다. 정 목공의 손자이고 정 성공의 종형제
　　　이다. 20여 년 재상으로 재직하는 동안 정나라의 정치, 경제 등 다양한 부분
　　　을 개혁했다.
정 간공(鄭簡公, B.C 570년~B.C 530년) : 춘추시기 정나라 군주이다. 정 희공
　　　(정 목공의 증손자)의 아들이다. 초기 자사, 자공이 집정했으나 나중에 자
　　　공을 숙청한 후 자산을 재상으로 등용하였다. 이로부터 정나라는 점차 안
　　　정되었다.
진 평공(晉平公, 재위 B.C 557년~B.C 532년) : 춘추시기 진(晉)나라 군주이다.
　　　진 도공의 아들이다. 재위 초기 초나라와의 전쟁에서 승리하고 송, 위(衛)
　　　와 결맹하는 등 진나라의 국위를 떨쳤다. 말년에 토목공사를 일으키고 정
　　　사를 게을리 하여 나라가 불안정하였다.

정치란 정직한 사람을 부정직한 사람 위에 앉히는 것이다

공자는 노나라 사람이다. 공자가 35세 때 제나라에 갔다. 제 경공이 공자에게 정치에 대해 묻자 공자가 말하였다. "군주는 군주답고, 신하는 신하답고, 아버지는 아버지답고, 자식은 자식다워야 합니다." 제 경공이 듣고 말하였다. "맞는 말이오. 만약 군주가 군주답지 못하고, 신하가 신하답지 못하며, 아버지가 아버지답지 못하고, 자식이 자식답지 못하면 비록 양식이 매우 많을지라도 내 어찌 먹을 수 있겠소." 다른 날 제 경공이 다시 공자에게 정치에 대해 묻자 공자가 말하였다. "정치의 요점은 절제하여 낭비가 없도록 하는 것입니다."

공자가 62세 때 섭나라에 갔다. 섭공이 공자에게 정치에 대해 묻자 공자가 말하였다. "정치란 먼 곳에 있는 현인을 불러오고 가까이에 있는 사람의 마음을 얻는데 있습니다."

공자의 나이 64세 때 자로가 공자에게 물었다. "위나라가 선생님께 정사를 맡기고자 하는데, 만약 맡으신다면 제일 먼저 무슨 일을 하겠습니까?" 공자가 말하였다. "제일 먼저 명분(名分)을 바로 잡겠다." 자로가 말하였다. "선생님은 너무 현실적이지 않으십니다. 어찌 제일 먼저 명분을 바로 잡는다는 말씀을 하십니까?" 공자가 말하였다. "명분이 바르지 않으면 말이 합당하지 않게 되고, 말이 합당하지 않으면 일을 달성할 수 없으며, 일이 달성되지 않으면 예악(禮樂)이 일어나지 않는다. 예악이 일어나지 않으면 형벌이 정확하지 않게 되고, 형벌이 정확하지 않으면 백성이 어찌할 바를 모르게 된다. 그러므로 군자가 하는 일은 반드시 명분에 부합해야 하고, 말한 것은 반드시 실행해야 한다. 군자는 자신의 말에 조금치의 구차함도 없어야 한다."

공자는 65세 때 노나라를 떠난 지 14년 만에 다시 노나라로 돌아갔다. 노 애공이 공자에게 정치에 대해 묻자 공자가 말하였다. "정치는 신하를 선발하는 데 있습니다." 계강자 역시 공자에게 정치에 대해 묻자 공자가 말하였다. "정직한 사람을 뽑아서 부정직한 사람 위에 앉히면 부정직한 사람도 정직해집니다."

출처 : 『사기』, 「공자세가(孔子世家)」, 주제 원문 : 擧直錯諸枉　則枉者直.

공자(孔子, B.C 551년~B.C 479년) : 이름은 구(丘)이고 자는 중니(仲尼)이다. 춘추시기 노나라 곡부 사람이다. 수십 년 간 제후국을 떠돌았다. 제자가 3천 명을 헤아렸고 뛰어난 제자가 72명이었다. 『시경』, 『상서』, 『예기』, 『악경』, 『주역』을 정리하고 『춘추(春秋)』를 저술하였다. 공자 사후 그의 제자들이 공자와 제자 간의 문답을 정리하여 편찬한 책이 『논어(論語)』이다. 후세에 성인(聖人), 지성(至聖), 선사(先師), 지성선사(至聖先師), 만세사표(萬世師表) 등으로 받들어지고 있다.

자로(子路, B.C 542년~B.C 480년) : 춘추시기 노나라 사람이다. 본명은 중유이고 자는 자로이다. 공자의 제자이다. 성격이 거칠고 강직하였으며 용맹하였다. 위(衛)나라 관리로 있던 중 내란이 일어났는데 지조를 지키다 피살되었다.

계강자(季康子, ?~B.C 468년) : 춘추시기 노 애공 때의 경대부이다. 계환자의 아들이다. 노나라 왕실이 쇠약해지면서 계씨를 필두로 하는 맹씨, 숙손씨 등 세 집안이 강성했다.

나라의 보배는 험고한 산천이 아니라 덕행이다

오기는 위(衛)나라 사람이다. 일찍이 증자(曾子, 공자의 제자)에게서 학문을 배웠다. 오기가 위(魏)나라로 가니, 위 문후가 대부 이극에게 오기의 사람됨에 대해 물었다. 이극이 말하였다. "오기는 탐욕스럽고 여색을 좋아합니다. 그러나 군대를 거느리고 전쟁을 함에 있어서는 사마양저(司馬穰苴, 춘추시기 제나라 병법가)도 따라갈 수 없습니다." 이에 위 문후는 오기를 장군으로 삼았다.

오기는 장군이 된 후 가장 낮은 계급의 병사들과 똑같은 옷을 입고 똑같은 음식을 먹었다. 잠잘 때는 자리를 깔지 않았고, 행군할 때는 말을 타지 않았으며, 직접 양식을 등에 걸머진 채 병사들과 수고로움을 같이 하였다. 오기는 한 병사에게 종기가 생기자 그 종기를 빨아주었다. 병사의 어머니가 그 소식을 듣고 통곡하였다. 어떤 사람이 말하였다. "군졸에 불과한 그대 아들의 종기를 장군이 직접 빨아주었는데 어찌 통곡하는 것이오?" 병사의 어머니가 말하였다. "예전에 장군께서 그 애 아버지의 종기를 빨아주었는데, 그 사람은 전쟁에서 물러서지 않고 싸우다가 전사하였습니다. 지금 장군께서 내 아들의 종기를 빨아주었다고 하니, 내 아들이 또 어디에서 죽게 될지 모르기 때문에 통곡하는 것입니다."

오기는 용병에 뛰어날 뿐만 아니라 청렴하고 공정하여 모든 군사의 신망을 얻었다. 그는 서하태수가 되어 진나라와 한나라의 침략을 방비하였다. 오기는 위 문후가 죽은 후 그의 아들 위 무후를 섬기었다. 어느 날 위 무후가 배를 타고 황하를 내려가던 중, 중간에 이르러 오기를 돌아보며 말하였다. "산천이 이처럼 험고하고 장엄하니, 이는 위나라의 보배로구나!" 오기가 말하였다. "나라의 보배는 덕행이지 산천의 험고함이 아닙니다 … 걸왕(桀王, 하나라 마지막 왕)의 영토는 왼쪽으로 황하와 제수, 오른쪽으로 태산과 화산, 남쪽으로 이궐산, 북쪽으로 양장판이 있었지만,

어진 정치를 하지 않았기 때문에 탕왕(湯王, 상나라 개국군주)에게 쫓겨 났습니다. 주왕(紂王, 상나라 마지막 왕)의 영토는 왼쪽으로 맹문산, 오른 쪽으로 태행산, 북쪽으로 상산, 남쪽으로 황하가 있었지만, 덕을 베풀지 않았기 때문에 무왕(武王, 주나라 개국군주)에게 죽임을 당하였습니다. 이로 볼 때 나라의 공고함은 덕행에 있는 것이지 산천의 험고함에 있는 것이 아닙니다. 만약 대왕께서 덕을 베풀지 않는다면 바로 이 배안에 있 는 사람 모두가 적이 될 수 있습니다." 위 무후가 듣고 "좋은 말이오!"라고 하였다.

오기는 서하태수가 되어 명성이 매우 높았으나 위나라는 전문을 재상 으로 임명하였다. 오기는 기분이 나빠서 전문에게 말하였다. "우리 서로 공로를 비교해봅시다." 전문이 좋다고 하자, 오기가 물었다. "삼군을 통솔 하고 병사로 하여금 기꺼이 목숨을 걸고 싸우도록 하여 적국이 감히 우리 나라를 넘보지 못하게 한 점에서, 그대와 나와 누가 더 낫소?" 전문이 말하였다. "내가 그대만 못하오." 오기가 물었다. "백관을 다스리고 백성 을 가까이하여 국고를 충실히 한 점에서, 그대와 나와 누가 더 낫소?" 전문이 말하였다. "내가 그대만 못하오." 오기가 또 물었다. "서하를 수비 하여 진나라 군대로 하여금 감히 동쪽으로 침범하지 못하게 하고, 한나라 와 조나라를 굴복하게 한 점에서, 그대와 나와 누가 더 낫소?" 전문이 말하였다. "내가 그대만 못하오." 오기가 말하였다. "이 세 가지 점에서 모두 그대가 나보다 못한데, 그대의 지위가 나보다 높은 까닭은 무엇이 오?" 전문이 말하였다. "지금 임금께서 나이가 어려 사람들이 불안해하고 있고, 대신들이 친밀하지 않아 백성이 신임하지 않고 있는 이때, 정사를 그대에게 맡기겠소, 아니면 나에게 맡기겠소?" 오기는 한참동안 말이 없 다가 말하였다. "마땅히 그대에게 맡길 것이오." 전문이 말하였다. "이것 이 바로 나의 지위가 그대보다 높은 까닭이오." 오기는 비로소 자신이 전문만 못하다는 것을 알게 되었다.

출처 : 『사기』, 「손자오기열전(孫子吳起列傳)」, 주제 원문 : 國之寶在德不在險.

오기(吳起, B.C 440년~B.C 381년) : 전국시대 위(衛)나라 사람이다. 처음 증자의 제자였으나 나중에 사제관계를 끊고 노나라로 갔다. 노나라에서 제나라의 침략을 물리쳤다. 위(魏)나라로 가서 진나라의 동방 영토를 정복하여 위 문후의 공업을 이룩하였다. 위 무후 때 모함을 받고 초나라로 망명하였다. 초나라에서 영윤(令尹, 초나라의 최고위직)이 되어 개혁을 주도하였으나 초나라 귀족들에 의해 살해되었다. 저술에 『오자(吳子)』가 있다.

전문(田文) : 상문(商文)이라고도 한다. 위나라 재상이다. 전문 사후 후임 재상은 공숙좌(公叔座)이다.

위 문후(魏文侯, B.C 472년~B.C 396년) : 전국시대 위나라의 개국군주이다. 위환자의 손자이다. 본래 진(晉)나라의 경대부였으나, B.C 403년 주 위열왕의 승인을 받아 정식으로 제후가 되었다. 재위 시기 오기, 이회, 악양 등 여러 인재를 등용하였다.

위 무후(魏武侯, ?~B.C 370년) : 전국시대 위나라의 군주이다. 위 문후의 아들이다. 재위 기간(B.C 396년~B.C 370년)에 위나라의 백년 기틀을 마련하였다.

이극(李克) : 전국시대 위나라 사람이다. 위 문후 때 재상인 이회(李悝, B.C 455년~B.C 395년)와 동일 인물이라는 설이 있다. 이회는 세습귀족의 특권을 폐지하고 부국강병을 실행하는 등 위나라를 대대적으로 개혁하여, 이를 역사상 '이회변법(李悝變法)'이라 한다.

칭찬이 자자한 것은 뇌물로 명예를 구한 탓이다

제나라 위왕은 수수께끼를 좋아하였다. 그는 밤새워 잔치를 벌이고 놀며 술에 취해 지내느라 정사를 모두 신하에 맡기고 돌보지 않았다. 이에 관료들이 문란해지고 여러 나라가 침범하니 나라의 운명이 조석에 달려 있었다. 그러나 신하 중 누구도 감히 제 위왕에게 간언하지 못하였다.

이때 순우곤이 수수께끼를 이용해 제 위왕에게 말하였다. "나라에 큰 새가 있는데 대왕의 뜰에 내려 앉아 있습니다. 3년 동안 날지 않고 또 울지도 않습니다. 대왕께서는 이 새가 무슨 새인지 아십니까?" 제 위왕이 말하였다. "이 새는 날지 않으면 그뿐이나 한 번 날면 구름 위로 날아오르고, 울지 않으면 그뿐이나 한 번 울면 사람을 놀라게 할 것이다."

이로부터 제 위왕은 전국 72개 현의 장관을 불러들여 상주케 하였다. 제 위왕은 즉묵(卽墨, 지명)의 장관을 불러서 말하였다. "그대가 즉묵을 다스린 이후로 그대를 비방하는 소리가 매일 끊이지 않는다. 그러나 내가 사람을 시켜서 즉묵을 살펴보니, 농토를 개간하여 백성의 생활이 풍족하고, 관청에 일이 쌓여 있지 않아 우리의 동방지역이 이로 인해 안정되었다. 이는 그대가 나의 측근에게 뇌물을 주어 명예를 구하지 않아서이다." 그리고 그에게 만호의 식읍을 내렸다.

제 위왕은 또 아(阿, 지명)의 장관을 불러서 말하였다. "그대가 아를 다스린 이후로 그대를 칭찬하는 소리가 매일 끊이지 않는다. 그러나 내가 사람을 시켜서 아를 살펴보니, 농토는 황폐하고 백성은 빈곤하다. 또한 이전에 조나라가 견(甄, 지명)을 공격했을 때 그대는 구원하지 않았고, 위나라가 설릉(薛陵, 지명)을 점령했을 때도 그대는 알지 못하였다. 이는 그대가 나의 측근에게 뇌물을 주어 명예를 구한 탓이다." 그날 제 위왕은 아의 장관과 그를 칭찬한 좌우 신하들을 모두 삶는 형벌로 처형하였다.

제나라 사람들은 소식을 듣고 모두가 놀라서 다시는 가식을 하지 않고 충성을 다하였다. 이에 제나라는 잘 다스려졌고, 이 소식을 들은 제후들은 그 후 20여 년 동안 제나라를 감히 침범하지 못했다.

출처 : 『사기』, 「전경중완세가(田敬仲完世家)」, 「골계열전(滑稽列傳)」, 주제 원문 : 譽言日聞, 是以幣厚求譽也.

제 위왕(齊威王, 재위 B.C 356년~B.C 320년) : 전국시대 제나라 군주이다. 직하학궁(稷下學宮, 제나라 수도 임치에 설립한 학교)을 발전시켰고, 추기, 전기, 손빈 등 인재를 등용하였으며, 정치개혁과 제도개선을 통하여 제나라를 부강하게 하였다. B.C 334년 제나라에서 처음으로 왕의 칭호를 사용했다.

순우곤(淳于髡, 약 B.C 386년~약 B.C 310년) : 전국시대 제나라 사람이다. 제나라 직하학궁의 학자이다. 여러 차례 제 위왕에게 개혁을 권유하였다. 상경의 지위에 올랐다. 제 선왕이 즉위한 후 인재를 소홀히 하자 위나라로 갔다. 위 혜왕이 재상의 지위로 대우했으나 사양했다. 후일 제나라로 돌아가 관직에 나가지 않고 직하학궁의 발전에 힘썼다.

▌나라를 다스리는 것은 5음을 다스리는 것과 같다

추기자는 거문고 연주를 잘하여 제 위왕을 만났다. 제 위왕이 매우 기뻐하여 그를 궁궐에 머물게 하였다. 얼마 후 제 위왕이 거문고를 타고 있는데, 추기자가 문을 열고 들어서며 "대왕께서 거문고를 매우 잘 타십니다"고 하였다. 제 위왕이 매우 불쾌하여 검을 잡은 채 "그대는 아직 자세히 살펴보지도 않고 어찌 내가 거문고를 잘 타는 줄 아는가?"라고 하니, 추기자가 말하였다. "대체로 굵은 줄은 넓고 완만하고 온화하므로 임금을 상징합니다. 가는 줄은 명쾌하고 맑으므로 재상을 상징합니다. 손가락으로 힘 있게 잡고, 놓을 때는 서서히 풀어주니 정령(政令)을 상징합니다. 소리의 크고 작은 배합이 미묘하고 굴절이 있어 서로 간섭하지 않으니 4계절을 상징합니다. 신이 이로써 대왕께서 거문고를 잘 타시는 것을 알았습니다."

이에 제 위왕이 "그대는 음에 대해서 잘 아는군!"이라고 하니, 추기자가 말하였다. "어찌 음뿐이겠습니까? 대개 나라를 다스리고 백성을 편안하게 하는 것도 5음(五音, 궁, 상, 각, 치, 우)을 다스리는 것과 같습니다." 제 위왕이 또 불쾌히 여기며 말하였다. "5음의 이치에 대해서 말한다면 내 그대만 못할 것이다. 그러나 나라를 다스리고 백성을 편안하게 하는 것이 어찌 거문고를 타는 것과 같겠는가?"

추기자가 말하였다. "소리가 반복하면서 어지럽지 않은 것은 정치가 창성한 까닭이고, 계속 이어지면서 경쾌한 것은 망할 나라를 보존하였기 때문입니다. 그러므로 거문고의 음이 조화로우면 천하가 태평해지는 것입니다. 나라를 다스리고 백성을 편안하게 하는 것은 5음의 도리에 비할 것이 없습니다." 제 위왕이 듣고 "참으로 좋은 말이군!"이라고 하였다.

추기자가 제 위왕을 만난 지 3개월 만에 재상의 인을 받았다. 순우곤이 추기자를 보고 말하였다. "말을 참 잘하십니다. 저의 어리석은 의견을 말씀드리고자 합니다." 추기자가 "삼가 가르침을 받겠습니다"고 하였다.

순우곤이 말하였다. "임금을 주도면밀히 보필하면 명성이 창성할 것이나, 만약 조금이라도 그렇지 않거나 실수가 있으면 명성이 모두 훼손될 것입니다." 추기자가 대답하였다. "삼가 가르침을 받겠습니다. 그 말씀을 마음에 새겨 두겠습니다."

순우곤이 말하였다. "수레바퀴 축에다가 돼지기름을 칠하는 것은 바퀴 회전을 원활하게 하기 위한 것입니다. 만약 구멍이 사각형이면 돌아가지를 않습니다." 추기자가 대답하였다. "삼가 가르침을 받겠습니다. 임금의 좌우에서 조심히 받들도록 하겠습니다."

순우곤이 말하였다. "활에 아교를 오래 칠하는 것은 봉합을 잘하기 위한 것입니다. 만약 봉합이 잘 안 되면 틈새가 생겨납니다." 추기자가 대답하였다. "삼가 가르침을 받겠습니다. 스스로 백성에게 다가가도록 하겠습니다."

순우곤이 말하였다. "여우가죽옷이 해어졌다고 개가죽으로 기우면 안 됩니다." 추기자가 대답하였다. "삼가 가르침을 받겠습니다. 조심스럽게 군자를 선발하여 소인배가 그 속에 끼지 못하도록 하겠습니다."

순우곤이 말하였다. "큰 수레가 균형이 맞지 않으면 물건을 평상시만큼 싣지 못하고, 거문고의 줄이 균형이 맞지 않으면 5음을 이룰 수 없습니다." 추기자가 대답하였다. "삼가 가르침을 받겠습니다. 법률을 제정하고 간사한 관리를 잘 감독하겠습니다."

순우곤이 말을 마치고 급히 문밖으로 걸어 나가 그의 시종들에게 말하였다. "내가 저 사람에게 다섯 가지 비유를 들어 말하였는데 대답이 모두 질문과 꼭 맞았다. 저 사람은 머지않아 반드시 토지와 작위를 받을 것이다." 그로부터 꼭 1년이 지난 후 제 위왕은 추기자를 성후에 임명하고 하비 땅을 내렸다.

출처 : 『사기』, 「전경중완세가(田敬仲完世家)」, 주제 원문 : 夫治國家而弭人民
者, 無若乎五音者.

추기자(鄒忌子, 약 B.C 385년~B.C 319년) : 추기를 말한다. 전국시대 제나라
사람이다. 제 환공, 제 위왕, 제 선왕 3대를 섬겼다. 제 위왕 때 재상을
역임했고 성후에 봉해졌다.

다스림은 이익이 아니라 인의로 해야 한다

　맹자는 추나라 사람이다. 자사(子思, 공자의 손자)의 제자에게서 학문을 배웠다. 학문을 통달한 후 제나라 선왕에게 유세하였으나 등용되지 않았다.

　후일 위나라 혜왕이 여러 차례 전쟁에서 패한 후 공손한 예절과 후한 예물로 현인을 초빙하였다. 이에 맹자는 추연, 순우곤 등과 함께 위나라로 갔다. 위 혜왕이 말하였다. "과인이 재주가 없어서 세 차례나 군대가 국외에서 패하여 태자는 포로가 되고 상장군은 전사하였소. 그리하여 나라가 공허해지고 선왕의 종묘사직을 치욕스럽게 하였으니 부끄럽기 그지없소. 선생께서 천리 길을 멀다하지 않고 우리나라에 왕림하셨으니 장차 이 나라에 어떻게 이익을 주겠소?"

　맹자가 말하였다. "대왕께서는 어찌 이익을 말씀하십니까? 대왕께서 이익을 바라면 대부들도 이익을 바랄 것이고, 대부들이 이익을 바라면 백성들도 이익을 바랄 것입니다. 이처럼 상하가 모두 이익을 다툰다면 나라가 위태로워질 것입니다. 임금이 되는 데에는 인의가 있을 뿐입니다. 어찌 이익을 말씀하십니까?" 이에 대해 위 혜왕은 맹자의 말이 현실성이 없다고 여기어 믿지 않았다.

　그 후 맹자는 가는 곳마다 요, 순과 하, 상, 주 3대의 덕정을 이야기하였지만, 그 나라들이 필요로 하는 것과 부합하지 않았기 때문에 받아들여지지 않았다. 이에 그는 고향에 돌아가 만장(萬章, 맹자의 제자) 등과 함께 『시경』, 『서경』을 정리하여 공자의 뜻을 나타내는 『맹자』 7편을 썼다.

　사마천이 말하였다. "내가 일찍이 『맹자』를 읽다가 위 혜왕이 '우리나라에 어떻게 이익을 주겠는가?'라고 질문한 대목에 이르러, 책을 덮고 '아! 진실로 이익은 어지러움의 시작이구나!'라며 탄식하지 않은 적이 없다. 때문에 공자가 늘 '이익을 쫓아 행동하면 원한이 많아진다'며 이익에 대해서 거의 말하지 않았는데, 이는 바로 어지러움의 근원을 방지하기 위해서이다. 천자로부터 일반서민에 이르기까지 이익을 좋아해서 생기는 폐단이 어찌 다르겠는가!"

출처 : 『사기』, 「위세가(魏世家)」, 「맹자순경열전(孟子荀卿列傳)」, 주제 원문 : 爲人君, 仁義而已矣, 何以利爲.

맹자(孟子, 약 B.C 372년~B.C 289년) : 전국시대 추(鄒)나라 사람이다. 이름은 가(軻)이다. 20여 년 동안 노나라, 위나라, 제나라, 등나라, 송나라 등을 떠돌았다. 저서에 『맹자(孟子)』가 있다. 후세에 아성(亞聖)으로 받들어지고 있다.

위 혜왕(魏惠王, B.C 400년~B.C 319년) : 전국시대 제나라 군주이다. 위 무후의 아들이다. 도읍을 대량(大梁, 지금의 개봉)으로 옮기어 양 혜왕이라고도 한다. B.C 334년 제 위왕과 서주에서 회맹하여 서로가 왕의 칭호를 승인했다. 재위 50년 동안에 위나라의 국력이 크게 쇠퇴하였다.

▌천하와 더불어 이익을 함께 해야 천하를 얻는다

한왕(漢王, 한 고조 유방)은 승상 소하의 건의를 받아들여 한신을 대장 군으로 임명하였다. 한왕이 한신에게 물었다. "승상이 자주 장군을 이야 기 하였소. 장군은 무슨 계책으로 나를 가르치겠소?" 한신이 겸손한 태도 로 물었다. "지금 동쪽을 향해 천하를 다투고 있는데 적은 항왕(項王, 항 우)이 아니겠습니까?" 한왕이 "그렇소"라고 하자, 한신이 말하였다. "대왕 께서는 항왕과 비교하여 용감하고 강인하며 후덕한 면에서, 또 군사력 면에서 스스로 누가 더 낫다고 생각하십니까?" 한왕이 한참 침묵한 후 "항왕보다 못하오"라고 하자, 한신이 두 번 절하고 찬성하며 말하였다. "신도 대왕께서 항왕보다 못하다고 생각합니다. 그러나 신은 일찍이 항왕 을 섬긴 적이 있기에 항왕의 사람됨에 대해 말씀드리겠습니다. 항왕은 성내어 큰 소리로 꾸짖으면 천 사람이 놀라서 감히 움직이지 못합니다. 그러나 유능한 장군을 쉽게 임용하지 못하니 이는 필부의 용기일 뿐입니 다. 항왕은 사람을 대할 때 태도가 공손하고 자애로우며 말씨도 온화합니 다. 병든 사람이 있으면 눈물을 흘리며 자신의 음식을 나누어줍니다. 그 러나 누군가 공로를 세워 마땅히 상을 주어야 할 때에는 큰 인장을 손에 쥐고서 그것이 다 닳아 없어질 때까지 차마 주지를 못합니다. 이는 이른바 아녀자의 인(仁)일 뿐입니다." 한왕은 한신의 말을 듣고 매우 기뻐하였다.

그 후 한왕은 역생을 제나라에 파견하여 제왕을 설득하게 하였다. 역생 이 제왕에게 말하였다. "한왕은 성을 점령하면 즉시 공로 있는 장군을 제후에 봉하고, 재물을 얻으면 곧바로 병사에게 나누어줍니다. 이렇게 천하와 더불어 이익을 함께 하기에 뛰어난 인재가 모두 한왕을 위해 헌신 하고, 제후의 군대가 사방에서 몰려들며, 양곡을 실은 촉한의 배가 끊임 없이 운송되고 있습니다. 그러나 항왕은 약속을 배반하였다는 오명과 의 제(義帝, 초 회왕)를 살해하였다는 불의가 있습니다. 또한 항왕은 다른 사람의 공로에 대해서는 기억하지 못하나, 다른 사람의 죄에 대해서는 절대 잊어버리지 않습니다. 장군이 전투에서 승리해도 상을 주지 않고, 성을 함락시켜도 봉작을 내려주지 않습니다. 게다가 항씨 일족이 아니면 중용하지 않고, 공로 있는 사람에게 줄 인장을 새겨두고도 손에 쥐고 있을 뿐 주지 않습니다. 성을 공격하여 얻은 재물을 쌓아둘지언정 남에게 상으로 주지 않습니다. 때문에 천하 사람이 배반하고 현인이 원망하며 그를 위해 헌신하려는 사람이 없습니다. 그러므로 천하의 선비들이 한왕을 따를 것이고, 한왕은 가만히 앉아서 그들을 부릴 것입니다." 제왕은 역생의 말이 맞다고 여기고, 역생의 말에 따라 역하의 방비를 풀었다.

후일 한왕이 천하를 통일하여 황제의 자리에 오르니 이가 한 고조이다. 한 고조는 낙양의 남궁에서 주연을 베풀고 말하였다. "여러 제후와 장수는 짐을 속이지 말고 모두 사실대로 이야기해보라. 짐이 천하를 얻은 까닭은 무엇이고, 항우가 천하를 얻지 못한 까닭은 무엇인가?"

여러 신하들이 대답하였다. "폐하는 오만하고 다른 사람을 모욕하기 좋아하나, 항우는 인자하고 다른 사람을 사랑합니다. 그러나 폐하는 성을 점령하고 땅을 얻으면 그 성과 땅을 다른 사람에게 나누어 주어, 천하와 더불어 이익을 함께 하였습니다. 반면 항우는 어진 사람을 시기하고, 공로 있는 사람을 질투하며, 재능 있는 사람을 의심하였습니다. 전투에 승리하고도 다른 사람에게 공을 돌리지 않고, 땅을 얻고서도 다른 사람에게 나누어 주지 않았습니다. 이것이 항우가 천하를 얻지 못한 까닭입니다."

이에 한 고조가 말하였다. "그대들은 하나만 알고 둘은 모르고 있다. 군막 속에서 계책을 내어 천리 밖에서 승리를 결정짓는 일에서는 내가 장량만 못하고, 나라를 안정시키고 백성을 위로하며 양식을 공급하고 운송도로가 끊기지 않게 하는 일에서는 내가 소하만 못하다. 또한 백만 대군을 통솔하여 싸우면 반드시 승리하고 공격하면 반드시 빼앗는 일에서는 내가 한신만 못하다. 이 세 사람은 모두 걸출한 인재이다. 내가 그들을 등용할 수 있었던 것이 바로 천하를 얻게 된 까닭이다. 항우에게는 범증이 있었으나 그마저도 끝까지 신임하지 못했으니, 이것이 바로 항우가 나에게 포로가 된 까닭이다."

출처 : 『사기』, 「고조본기(高祖本紀)」, 「회음후열전(淮陰侯列傳)」, 「역생육고열전(酈生陸賈列傳)」, 주제 원문 : 所以有天下者, 與天下同利也.

유방(劉邦, B.C 256년~B.C 195년) : 한나라를 건국한 한 고조이다. 정장(亭長, 하급지방관) 출신으로 진나라 말기 기병하여 패현을 점령하여 패공이 되었다. B.C 206년 진나라 수도 함양을 점령한 공으로 한왕에 봉해졌다. B.C 202년 5년간에 걸친 항우와의 전쟁에서 승리하여 천하를 통일하였다. B.C 195년 개국공신 영포의 반란 토벌 중 부상당한 후유증으로 병사하였다.

한신(韓信, 약 B.C 231년~B.C 196년) : 한나라 개국공신이다. 처음 항우에 소속되었으나 중용되지 않자 항우를 떠나 한나라로 가서 대장군이 되었다. 한나라 대장군이 된 후 위나라, 조나라, 대나라, 연나라, 제나라, 초나라를 차례로 격파하여 한나라 건국에 큰 공을 세웠다. 한나라 건국 후 초왕에 봉해졌으나 모반죄로 처형되었다.

역생(酈生, ?~B.C 203년) : 역이기를 말한다. 동생 역상과 함께 한나라 건국에 큰 공을 세웠다. 한나라 사신으로 제나라를 설득하여 70여개 성을 항복받았으나, 그의 공을 시기한 한신이 제나라를 침공함으로써 제나라로부터 팽형 당했다.

항우(項羽, B.C 232년~B.C 202년) : 이름은 적이고 자는 우(羽)이다. 초나라 명장 항연의 손자이다. 진 이세황제 때 기병한 후 제후의 군대를 통솔하여 진나라 군대를 격파하였다. 진나라를 멸망시킨 후 스스로 서초패왕이 되고 다른 공신과 6국의 귀족을 왕으로 봉하였다. 그 후 한나라와의 초한전쟁에서 패한 후 자결하였다.

장량(張良, 약 B.C 250년~B.C 186년) : 한나라 개국공신이다. 자는 자방으로 전국시대 한(韓)나라 귀족의 후예이다. 계책과 전략으로 한 고조를 보좌하여 한나라 건국에 지대한 공을 세웠다. 또한 여태후의 아들 혜제가 태자에서 폐위되는 것을 막았다. 한나라 건국 후 모든 직책에서 물러나 은거하였다. 유후에 봉해졌다.

소하(蕭何, B.C 257년~B.C 193년) : 한나라 개국공신이며 초대 승상이다. 진나라 때 패현의 하급관리로 유방과 함께 기병하여 주로 후방에서 행정업무를 주관하였다. 유방이 진나라 수도 함양을 점령하자 진나라 율령, 도서를 접수하여 전국의 지세와 군현호구를 장악하였다. 한나라 건국 후 율령제도를 재정비하였다. 찬후에 봉해졌다.

범증(范增, B.C 277년~B.C 204년) : 초나라 항우의 모사이다. 처음 항우로부터 아부(亞父)라는 존칭을 받았다. 뛰어난 계책으로 여러 차례 항우의 군대를 승리로 이끌었다. 후일 한나라의 이간책에 의해 항우로부터 배척을 받고 물러나 고향으로 돌아가던 중 병사하였다.

다스리는 자는 하늘처럼 만민을 덮고 땅처럼 만민을 받아들여야 한다

여태후는 한 고조가 빈천할 때의 부인으로 아들 혜제와 딸 노원공주를 낳았다. 한 고조는 한왕이 되자 새로 척희를 부인으로 맞아들여 매우 총애하였고, 척희는 아들 여의를 낳았다. 한 고조는 어질고 유약한 혜제보다 여의가 자신을 닮았다고 생각하여, 태자인 혜제를 폐위시키고 여의를 태자로 세우려 하였다. 총애를 받아 늘 한 고조의 출정을 따라 다닌 척희는 주야로 눈물을 흘리며 자신의 아들을 태자로 세워주기를 바랐다. 나이가 많아 늘 집안에 있던 여후는 한 고조를 만날 기회가 없어지면서 한 고조와의 사이가 점점 더 소원해졌다. 여의가 조왕(趙王)이 된 후 여러 차례 태자가 될 기회가 있었지만 대신들의 간쟁과 장량의 계책에 힘입어 혜제는 끝내 태자에서 폐위되지 않았다.

여후는 사람됨이 굳세고 결단성이 있어 일찍이 한 고조를 도와서 천하를 평정했고, 대신을 주살할 때도 여후의 힘이 컸다. 한 고조가 죽고 혜제가 황제에 즉위하자 여태후는 가장 미워한 척희를 별궁에 감금하고, 그녀의 아들 조왕 여의를 불러오게 하였다.

당시 조왕은 길을 떠났으나 아직 도성에 도착하지 못했다. 인자한 혜제는 태후의 분노를 알고 있었기 때문에 스스로 패상(覇上, 지명)에 나가서 조왕을 맞이하였다. 궁궐에 도착해서는 조왕과 기거를 함께 하고 음식도 같이 하였다. 이 때문에 여태후는 조왕을 죽이려고 했으나 기회를 얻지 못했다. 혜제 원년 12월, 혜제가 새벽에 활을 쏘러 나갔을 때 조왕은 나이가 어려서 일찍 일어나지 못하였다. 여태후는 조왕이 혼자 있는 것을 알고 사람을 보내 독주를 마시게 하였다. 혜제가 돌아왔을 때 조왕은 이미 죽어 있었다.

다음으로 여태후는 척희의 손발을 자르고, 눈을 뽑고, 귀를 태우고, 벙

어리가 되는 약을 먹인 후, 돼지우리에 집어넣고 사람돼지라고 불렀다. 며칠 지난 후 여태후는 혜제를 불러서 사람돼지를 보게 하였다. 혜제는 다른 사람에게 물어보고, 그것이 척희임을 알고 크게 통곡하였다. 혜제는 사람을 보내어 여태후에게 말했다. "이는 사람이 할 짓이 아닙니다. 나는 태후의 아들로서 다시는 천하를 다스리지 못할 것입니다." 이로부터 혜제는 온종일 주색에 빠져 정사를 돌보지 않았고, 이로 인해 병이 생기었다.

혜제의 황후는 아들이 없었다. 그녀는 거짓으로 임신한 척 한 후 후궁의 아들을 데려다 자신의 아들로 삼아 태자로 세우고, 태자의 생모는 몰래 죽였다. 혜제가 죽은 후 태자가 황제에 즉위하였다. 후일 황제는 우연히 자신이 황후의 친아들이 아니고, 자신의 생모가 황후에 의해 살해된 것을 알고 원한에 차서 말하였다. "태후(황후 지칭)는 어찌하여 내 어머니를 죽이고 나를 자신의 아들이라고 하는가? 내가 지금은 아직 어리지만 장성하면 변란을 일으킬 것이다."

여태후는 이 말을 듣고 장차 황제가 변란을 일으킬 것이 매우 걱정되어 그를 별궁에 감금하였다. 좌우의 대신들에게는 황제가 중병이 들었다며 누구도 만나지 못하게 하고는 말하였다. "무릇 천하를 소유하여 만민을 다스리는 자는 하늘처럼 만민을 덮고 땅처럼 만민을 받아들여야 한다. 황제가 즐거운 마음으로 백성을 위로하면 백성이 기쁜 마음으로 황제를 섬길 것이고, 이렇게 상하가 서로 즐거운 마음으로 소통하면 천하가 태평할 것이다. 지금 황제는 병이 오래되어 정신이 혼미한 까닭에 제위를 계승해서 종묘사직을 받들 수가 없다. 그에게 천하를 맡길 수 없으므로 마땅히 다른 황제를 세워야 할 것이다."

모든 신하가 머리를 조아리며 말하였다. "황태후께서 천하백성을 위하고 종묘사직을 안정시킬 생각이 이처럼 깊으시니, 신들은 삼가 명을 받들 따름입니다." 이에 황제는 폐위되고 여태후는 몰래 그를 죽였다.

출처 : 『사기』, 「여태후본기(呂太后本紀)」, 주제 원문 : 凡有天下治爲萬民者, 蓋
 之如天, 容之如地.

여태후(呂太后, B.C 241년~B.C 180년) : 본명은 여치이다. 여후, 고후, 여태후
등으로 불린다. 한 고조 유방이 평민이었을 때의 부인이다. 유방이 황제가
된 후 황후가 되었다. 아들 혜제와 딸 노원공주를 두었다. 한 고조 사후
태후와 황태후 신분으로 죽을 때까지 15년 동안 수렴청정 하였다.

혜제(惠帝, B.C 210년~B.C 188년) : 한나라 제2대 황제이다. 여태후의 아들로
한 고조의 적장자이다. 태자 시절 척희의 계략으로 여러 차례 폐위 위기에
몰렸으나 여태후와 대신들의 계책에 의해 모면했다. 황제 즉위 후 정사를
외면하여 여태후가 수렴청정 하였다.

척희(戚姬, ?~B.C 194년) : 한 고조의 총비로 노래와 춤에 능했다. 아들은 여의
로 조왕에 봉해졌다. 자기 아들을 태자로 세우기 위해 여태후와 여러 차례
권력투쟁을 벌였다. 한 고조 사후 여태후에 의해 감금된 후 비참하게 최후
를 마쳤다.

▌재상의 역할은 관리를 잘 다스리는 것이다

진평은 양무현 사람이다. 젊은 시절 가난하였으나 독서하기를 좋아하였다. 어느 날 그가 사는 마을에서 토지신에게 제사를 지냈다. 마침 진평이 제사지낸 고기를 나누는 것을 맡았는데, 이를 매우 공평히 분배하였다. 마을 어른들이 "진씨 집안의 젊은이가 제사고기를 참 잘 나눈다"고 하자, 진평이 말하였다. "아! 이 진평으로 하여금 천하를 다스리게 할지라도 고기를 나누듯 공평하게 할 텐데!"

진평은 처음에 위왕을 섬겼으나 모함을 받고 초나라에 귀순하였다. 그는 초나라에서 죄를 짓고 다시 한나라에 귀순하였다. 진평은 위무지(魏無知, 한나라 관료)의 추천을 받아 한왕(漢王, 유방)을 만났다. 한왕은 진평을 만나본 후 곧바로 그를 호군(護軍, 고위무관직)에 임명하였다. 주발, 관영 등이 진평을 헐뜯었다. "진평은 비록 미남이나 모자에 장식하는 아름다운 옥과 같은 존재일 뿐, 속에는 별것이 없을 것입니다. 듣건대 진평이 집에 있을 때는 형수와 사통하였고, 위나라를 섬겼으나 받아들여지지 않자 도망쳐 초나라에 귀순하였으며, 초나라에서 뜻대로 되지 않자 다시 도망쳐 우리 한나라에 귀순하였다고 합니다. 그런데 오늘 대왕께서 그를 숭시하여 호군으로 삼으셨습니다. 또 늘건대 진평은 여러 장군으로부터 금을 받았는데, 금을 많이 준 사람에게는 좋은 대우를 하고, 금을 적게 준 사람에게는 나쁜 대우를 하였다고 합니다. 진평은 변덕이 심한 간신이니 대왕께서 밝게 살피시기 바랍니다."

이에 한왕이 진평을 의심하고 위무지를 불러 질책하였다. 위무지가 말하였다. "신이 말씀드린 것은 능력이고 대왕께서 물으신 것은 품행입니다. 지금 어떤 사람에게 미생(尾生, 춘추시기 다리 밑에서 약속을 지키다 익사함)이나 효기(孝己, 상나라 무정왕의 효자)와 같은 품행이 있을지라도 승부를 다투는 데에는 좋은 점이 없을 것입니다. 대왕께서 어찌 한가히 그런 사람을 쓸 수 있겠습니까? 초나라와 한나라가 대치하고 있는 이 때, 신은 지략 있는 사람을 천거하면서 단지 그의 계책이 나라에 도움이 되는지에 대해서만 관심을 가졌습니다. 형수와 사통하거나 금을 받은 것이 무슨 의심할 가치가 있습니까?" 한왕은 진평에게 사과하고 후한 상을 내렸다.

후일 한 문제(漢文帝, 한나라 제5대 황제) 때 진평은 좌승상이 되었다. 한 문제가 우승상 주발에게 "1년 동안 전국의 판결안건이 얼마나 되오?" 라고 물으니, 주발이 사죄하며 "모르겠습니다"고 하였다. 한 문제가 또 "1년 동안 전국의 재정수입과 지출이 얼마나 되오?"라고 물으니, 주발은 또 사죄하며 "모르겠습니다"고 하였다. 그는 땀으로 등을 적시면서 대답하지 못한 것을 수치스러워하였다.

이에 한 문제가 진평에게 물으니, 진평이 "주관하는 사람이 있습니다"고 하였다. 한 문제가 "주관하는 사람이 누구이오?"라고 하자, 진평이 대답하였다. "폐하께서 판결안건에 대해서 묻고자하시면 정위(廷尉, 사법장관)에게 물으시고, 재정수입과 지출에 대해서 묻고자하시면 치속내사(治粟內史, 양곡담당장관)에게 물으십시오." 한 문제가 "각기 주관하는 관리가 있다면 경이 주관하는 일은 무엇이오?"라고 하자, 진평이 사죄하며 말하였다. "황공하옵니다. 폐하께서는 신의 노둔함을 알지 못하고 신에게 재상 직을 맡기셨습니다. 무릇 재상은 위로 천자를 보좌하여 음양을 다스리고 사계절에 순응하며, 아래로 만물이 제때에 성장하도록 양육하고, 밖으로 사방의 오랑캐와 제후를 다스리며, 안으로 백성을 아끼고 단결시키어 관료로 하여금 각자 그 직책을 잘 수행하게 하는 것입니다." 한 문제가 듣고 훌륭하다고 칭찬하였다.

주발이 조정에서 나온 후 매우 부끄러워하며 진평에게 원망하여 말하였다. "그대는 어찌 평소 나에게 이렇게 대답하는 것을 가르쳐주지 않았소?" 진평이 웃으며 말하였다. "그대는 재상의 자리에 있으면서 재상의 역할을 모르시오? 만약 폐하께서 장안(長安, 한나라 수도)의 도둑의 숫자가 얼마냐고 물으셨다면, 그대는 억지로 수를 세어 대답하려고 하였소?"
이에 주발은 자신의 재능이 진평에게 훨씬 미치지 못한다는 것을 알았다.

출처 : 『사기』, 「진승상세가(陳丞相世家)」, 주제 원문 : 宰相者, 使卿大夫各得任 其職焉.

진평(陳平, ?~B.C 178년) : 한나라 개국공신이다. 다양한 계책으로 한 고조를 보좌하여 한나라 건국에 큰 공을 세웠다. 여태후 사망 후 주발 등과 함께 여태후 일족을 제거하고 한 문제를 황제로 옹립하였다. 승상을 역임하였다.

주발(周勃, ?~B.C 169년) : 한나라 개국공신이다. 한 고조와 동향인 패현 사람으로 평민출신이다. 진나라 말기 한 고조를 따라 기병하여 많은 전공을 세웠다. 여태후 사망 후 진평 등과 함께 여태후 일족을 제거하고 한 문제를 황제로 옹립하였다. 태위, 승상 등을 역임했고 강후에 봉해졌다. 사람됨이 우직하고 어눌했다.

▌말 위에서 천하를 얻었으나 말 위에서 천하를 다스릴 수 없다

육고는 초나라 사람이다. 그는 언변이 매우 뛰어나 한 고조를 보좌하여 여러 차례 제후국에 사신으로 나갔다. 그는 황제 앞에서 자주 『시경』, 『상서』를 거론하였다. 한 고조가 불쾌하여 육고를 꾸짖으며 말하였다. "나는 말 위에서 천하를 얻었는데 어찌 『시경』, 『상서』 따위에 얽매이겠는가?" 그러자 육고가 말하였다. "말 위에서 천하를 얻었으나 어찌 말 위에서 천하를 다스릴 수 있겠습니까? 옛날 탕왕(湯王, 상나라 개국군주)과 무왕(武王, 주나라 개국군주)은 무력으로 천하를 정복했으나 형세에 순응하여 문치(文治)로 나라를 다스렸습니다. 이와 같이 문무(文武)를 함께 사용하는 것이 국가를 길이 보존하는 방법입니다."

말년에 육고는 관직을 사직하고 집에 칩거하였다. 그에게는 다섯 명의 아들이 있었는데, 그는 아들마다 각각 200금씩 주고 각자 생업을 마련토록 하였다. 육고 자신은 늘 백금의 값이 나가는 보검을 찬 채 네 마리 말이 끄는 수레를 타고, 가무를 하고 거문고를 타는 시종 열 명과 함께 각지를 유람하였다.

육고는 일찍이 그의 아들들에게 다음과 같이 말하였다. "나는 너희와 약속을 하겠다. 내가 너희 집에 들르면 너희는 내 시종과 말에게 마음껏 먹고 마시게 하라. 열흘이 되면 나는 다음 아들 집으로 갈 것이다. 그러다 내가 죽는 집에서 보검과 시종, 수레, 말을 가지도록 하라. 나는 또한 다른 친구 집에도 갈 것이다. 그러므로 1년 중 너희 각 집에 들르는 것은 대략 두세 차례 될 것이다. 아무래도 자주 보면 반갑지 않을 것이기에 내 이렇게 하여 너희를 귀찮게 하지 않겠다."

출처 : 『사기』, 「역생육고열전(酈生陸賈列傳)」, 주제 원문 : 居馬上得之, 寧可以 馬上治之乎?

육고(陸賈, 약 B.C 240년~B.C 170년) : 한나라 초기 대신이다. 한 고조를 도와
    한나라 건국에 큰 공을 세웠다. 두 차례에 걸쳐 남월에 사신으로 파견되어
    남월을 한나라에 복속시켰다. 여태후 사후 진평, 주발 등과 함께 여씨 일족
    을 제거하고 한 문제를 황제로 옹립하였다.

법이 바르면 백성이 성실해지고 처벌이 합당하면 백성이 따른다

한 문제는 한 고조의 넷째 아들이다. 여태후가 죽은 후 대신들이 여씨 일족을 제거하고 한 문제를 황제로 옹립하였다. 한 문제는 평소 질박한 방직 옷을 입었고, 총애하는 신부인에게도 땅에 끌릴 정도로 긴 옷을 입지 못하게 했으며, 휘장에 수를 놓지 못하게 하는 등 검약으로써 천하의 모범이 되었다. 또한 자신의 능 건립에 와기를 사용하고 금, 은, 구리, 주석 등을 장식하지 못하게 했으며, 무덤을 높이 쌓지 못하게 하는 등 절약으로써 백성을 번거롭게 하지 않았다.

한 문제는 남월왕 위타가 자립하여 황제라 칭하자, 그의 형제를 불러 귀하게 대접하여 은덕을 베풀었다. 남월왕은 그 은덕에 감복하여 황제 칭호를 버리고 한나라의 신하가 되었다. 한나라와 흉노는 서로 화친을 약속했는데, 흉노가 약속을 어기고 변경을 침범하여 약탈하자, 한 문제는 변경에서 수비만하고 군대를 흉노 땅 깊숙이 진군하지 못하게 하였다. 이렇게 하여 백성을 수고롭게 하지 않았다.

한 문제는 오왕 유비(劉濞, 한 문제의 사촌)가 거짓으로 병을 핑계 삼아 황제를 배알하지 않자, 오히려 그에게 탁자와 지팡이를 하사하여 노인을 존중한다는 뜻을 나타내고, 동시에 그가 도성까지 와서 황제를 배알하는 예를 면제해주었다. 또 신하 원앙이 신랄하고 직설적으로 진언을 하여도 늘 관대하게 그의 의견을 받아들였다. 장무 같은 신하가 뇌물을 받았다가 발각되었으나 법관에게 넘기지 않고 황실의 창고에서 금전을 꺼내 주어 그로 하여금 부끄럽게 하였다. 이렇듯 한 문제는 전심전력을 다하여 덕으로써 신하와 백성을 감화시켰다. 이리하여 천하는 풍족해지고 예의는 흥성해졌다.

한 문제 원년 12월, 한 문제가 법관에게 말하였다. "법령은 나라를 다스리는 기준으로 폭행을 금지시키고 선한 곳으로 사람을 인도하는 도구이다. 그런데 지금 이미 죄인을 죄로 다스렸건만 죄 없는 그들의 부모형제, 처자식까지 죄를 주고 심지어 노비가 되게 하고 있다. 짐은 이러한 방법이 매우 부당하다고 생각하니, 그대들은 이에 대해 논의하기를 바란다." 담당 관리들이 말하였다. "백성은 스스로 다스리지 못하기 때문에 법령을 제정하여 나쁜 일을 하지 못하도록 금지시키는 것입니다. 죄 없는 가족을 연좌시켜 죄인과 함께 처벌하는 것은 그들에게 범죄가 심각한 것임을 알게 하여 마음에 부담을 주려는 것입니다. 이 법을 시행한지 이미 오래되었으므로 그대로 두는 것이 좋을 것 같습니다."

한 문제가 말하였다. "짐은 법이 바르면 백성이 성실해지고, 처벌이 합당하면 백성이 따른다고 들었다. 관리는 백성을 이끌고 선한 곳으로 인도해야 한다. 만약 백성을 선한 곳으로 인도하지 못하면서 공정하지 못한 법령으로 처벌한다면, 이는 오히려 백성에게 해를 끼치는 것이다. 어찌 범죄를 금지할 수 있겠는가? 짐은 이러한 법에 무슨 좋은 점이 있는지 모르겠으니 이에 대해 더 숙고하기 바란다." 이에 모든 담당 관리가 말하였다. "폐하께서 큰 은혜를 내리어 공덕이 무량하시니, 이는 신들이 미칠 바가 아닙니다. 신들은 조서를 받들어 죄인 가족을 구금하고 노비로 삼는 것 같은 각종 연좌제를 폐지하겠습니다."

후일 한 문제는 죽음에 임히여 다음과 같은 조서를 내렸다. "짐은 천하 만물은 태어나고 자라나서 마지막에 죽지 않는 것이 없다고 들었다. 죽음이란 세상의 이치이고 사물의 자연스러운 귀결이니 지나치게 슬퍼할 것이 무엇이 있겠는가? 지금 세상은 모두 살아있는 것을 좋아하고 죽는 것을 싫어하면서, 죽은 자에 대한 장례를 후하게 치르느라 가산을 탕진하고 몸까지 상하는 일이 있는데, 이는 매우 부당한 일이다 … 전국의 모든 관리와 백성은 이 조서를 받은 후 사흘 동안만 조곡하고 상복을 벗어라! 신부를 맞이하고 시집을 보내며, 제사지내고 술 마시며 고기 먹는 것을 금지하지 마라! 장례에 참가하여 상복을 입고 곡하는 자 모두 맨발로 땅

을 밟지 마라!(당시는 장례 때 맨발로 땅을 밟고 비통함을 표시함). 머리
나 허리에 묶는 상복의 띠 넓이를 세 치 넘지 않게 하고, 수레와 병기를
진열하지 말며, 민간의 남녀를 궁중에 동원하여 곡하게 하지 마라!"

출처 : 『사기』, 「효문본기(孝文本紀)」, 주제 원문 : 法正則民慤, 罪當則民從.
한 문제(漢文帝, B.C 202년~B.C 157년) : 한나라 제5대 황제이다. 한 고조의
    넷째 아들로 7세에 대왕(代王)에 봉해졌고, 여태후 사후 주발, 진평 등 대신
    들에 의해 황제로 옹립되었다. 재위 기간 어진 정치를 펼치어 역사상 한
    문제와 그의 아들 한 경제의 통치시기를 '문경지치(文景之治)'라 한다.
위타(尉佗, ?~B.C 137년) : 본명은 조타이다. 본래 진정(眞定, 지금의 석가장
    시) 사람이다. B.C 218년 진시황제의 명을 받고 남월지역을 점령하여 남해
    군위가 되었다. 진나라 멸망 후 군대를 일으켜 남해군, 계림군, 상군을 병합
    하고 자립하여 남월국을 건립하였다. B.C 196년 남월왕에 봉해졌다.
원앙(袁盎, 약 B.C 200년~B.C 150년) : 한나라 초기 초나라 사람이다. 섬서도
    위를 역임했다. 오초7국의 난이 일어나자 조착(晁錯, 제후국의 영토 삭감정
    책을 주장하여 오초7국 난의 시발점이 됨)을 처형할 것을 건의하였다. 오초
    7국의 난이 평정된 후 초나라 승상이 되었다. 후일 양 효왕(梁孝王, 한 경제
    의 동생)의 황제 계승을 반대한 까닭으로 양 효왕의 원한을 사서, 그가 보낸
    자객에 의해 피살되었다.

다스림은 말이 아니라 힘써 행함에 있다

신공은 노나라 사람이다. 그는 여태후 시기 장안(長安, 한나라 수도)으로 공부하러 갔을 때 유영(劉郢, 초왕 유교의 아들)과 함께 부구백 문하에서 배웠다. 유영은 학업을 마치고 초왕이 된 후 신공을 태자 유무의 스승으로 삼았다. 유무는 학업을 싫어하여 신공을 미워하였다. 유영이 죽은 후 유무가 초왕이 되자 유무는 신공을 구금하였다. 신공은 이를 치욕스럽게 여겨 노나라로 돌아가 은퇴하고 집에서 제자를 가르치며 평생 집밖을 나가지 않았다. 손님의 방문도 모두 거절하고 오직 노나라 공왕이 초청할 때만 갔다. 그의 명성을 흠모하여 먼 지역에서 배우러 모여든 학생이 백여 명에 이르렀다. 신공은 『시경』을 가르치면서 단지 글자의 뜻만을 강의하고 경전의 뜻에 대해서는 말하지 않았다. 또한 의혹이 있으면 건너뛰고 억지로 가르치지 않았다.

왕장은 신공에게서 『시경』을 배운 후 한 경제(漢景帝, 한나라 제6대 황제)를 섬겨 태자소부가 되었다. 나중에 면직되어 물러났다가 한 무제(漢武帝, 한나라 제7대 황제) 즉위 후 상서를 올려 황제의 시종관이 되었다. 그는 계속 승진하여 1년 만에 낭중령이 되었다. 조관 역시 신공에게서 『시경』을 배웠고 어사내부가 되었다. 왕장과 조관은 황제에게 명당(明堂, 제왕이 정령반포, 제천의식 등을 행하는 곳)을 세워 제후들을 입조하도록 건의하였다. 그들은 황제의 동의를 얻지 못하자 그들의 스승 신공을 추천하였다.

이에 황제는 사신을 파견하여 신공에게 비단과 벽옥 등 귀중한 예물을 보냄과 동시에 네 필의 말이 끄는 안거(安車, 앉아서 타는 수레)로 맞이하도록 하였다. 왕장과 조관 두 제자는 보통의 수레를 타고 신공을 뒤따랐다. 신공이 도성에 도착하여 황제를 알현하자, 황제가 그에게 국가사직의 안위에 대해 물었다. 당시 신공은 이미 80여세가 넘은 노인이었다. 그는

"다스림이란 말을 많이 하는 것이 아니라 힘써 행하는 것입니다"고 대답하였다. 그 무렵 황제는 마침 문장으로 꾸미는 것을 좋아하였기에 신공의 말을 듣고는 침묵한 채 즐거워하지 않았다. 그러나 신공을 이미 조정에 초빙하였으므로 태중대부에 임명하고 명당 건립에 관한 일을 의논하게 하였다.

그 당시 두태후(竇太后, 한 무제의 조모)는 노자학설을 좋아하고 유가학설을 좋아하지 않았다. 두태후는 조관과 왕장의 과실을 찾아내 황제를 질책하였다. 이에 황제는 명당 건립에 대한 논의를 중단시키고 조관과 왕장을 법관에 넘겨 죄를 다스리게 하였다. 후일 두 사람은 모두 자살하였고, 신공도 병을 핑계 삼아 관직에서 물러난 후 노나라로 돌아간 지 몇 년이 지나지 않아서 죽었다.

출처 : 『사기』, 「유림열전(儒林列傳)」, 주제 원문 : 爲治者不在多言, 顧力行何如耳.
신공(申公) : 한나라 초기 유학자이다. 본명은 신배로 노나라 사람이다. 『시경』에 능통하여 노나라 시학(詩學)의 창시자로 일컬어진다. 그의 스승은 부구백이고, 그의 제자로는 왕장, 조관 등이 있다.
부구백(浮丘伯) : 한나라 초기 유학자이다. 제나라 사람으로 순자의 제자이다. 초왕과 교류가 돈독하였고 『시경』에 정통했다.
왕장(王臧, ?~B.C 139년) : 한나라 초기 유학자이다. 신공의 제자로 낭중령을 역임했다. 유가학설을 주장하고 황노학설을 배척하였다. 조관과 함께 한 무제에게 그의 할머니인 두태후에게 더 이상 정무를 보고하지 말라는 건의로 인해, 두태후의 노여움을 사 관직에서 파면된 후 옥사했다.
조관(趙綰) : 한나라 초기 유학자이다. 신공의 제자로 어사대부를 역임했다. 유가학설을 주장하고 황노학설을 배척했다. 두태후의 노여움을 사 관직에서 파면된 후 옥사했다.

자신을 다스리지 못하며 남을 다스릴 수 없다

공손홍은 제나라 설현 사람이다. 젊은 시절 그는 설현의 옥리가 되었으나 죄를 지어 면직되었다. 집안이 가난하여 바닷가에서 돼지를 기르며 살았다. 40세가 넘어서 비로소 『춘추』 및 『춘추』를 해석한 각 학자들의 저술을 공부하였다. 한 무제가 즉위하면서 덕행과 재능이 있고 문학에 뛰어난 인재를 초빙하였다. 공손홍은 이미 60세의 나이였으나 덕행과 재능이 있는 인재로 초빙되어 박사(博士, 관직명)가 되었다. 그는 명을 받고 흉노에 사신으로 다녀온 후 황제에게 보고하였는데, 그 내용이 황제의 마음에 들지 않았다. 황제가 화를 내며 무능하다고 하자, 공손홍은 병을 핑계로 사직하고 고향으로 돌아갔다.

10년이 지난 후, 공손홍은 추천을 받아 다시 박사가 되었다. 그리고 4년이 지난 후 어사대부가 되었다. 공손홍은 사람됨이 비범하고 포부가 컸으며 견문이 넓었다. 그는 늘 군주의 결점은 포부가 크지 않은 것이고, 신하의 결점은 검소하지 않은 것이라고 말하였다. 공손홍 자신은 늘 잘 때 삼베이불을 덮고 자고, 식사 때 두 종류 이상의 고기반찬을 먹지 않았다.

이에 대해 급암이 말하였다. "공손홍은 지위가 삼공(三公, 최고위직인 승상, 어사대부, 대위의 합칭)이고, 봉록 또한 많은데 삼베이불을 덮고 잔다는 것은 거짓입니다." 황제가 공손홍에게 물으니 그는 사죄하며 말하였다 "신은 구경(九卿, 중앙정부 9개 부처 장관) 가운데 급암보다 사이가 좋은 사람이 없습니다. 그가 오늘 조정에서 신을 비난하였는데, 이는 확실히 신의 결점을 지적한 것입니다. 신이 삼공의 고귀한 지위에 있으면서 삼베이불을 덮고 잔다는 것은 분명히 명성을 얻고자 한 거짓행동입니다. 하지만 신은 예전에 안영(晏嬰, 춘추시기 제나라 대부)이 제 경공의 재상이었으나 식사 때 두 가지 이상의 고기반찬을 먹지 않았고, 그의 첩들에게 비단옷을 입지 못하게 하였으나 제나라가 잘 다스려졌다고 들었습니다. 이는 안영이 아래의 백성들과 나란히 하였기 때문입니다. 지금 신은 어사대부이건만 삼베이불을 덮고 지냅니다. 그래서 구경으로부터 말단 관리에 이르기까지 귀천의 차별을 없애버렸습니다. 분명히 급암이 말한 바와 같으니, 만약 급암의 충성이 없었다면 폐하께서 어찌 이런 말을 들을 수 있겠습니까?" 이에 황제는 공손홍을 겸양의 예절이 있다고 여기어 더욱 후대하고, 마침내 승상으로 삼은 후 평진후에 봉하였다.

후일 공손홍은 병이 들자 황제에게 글을 올려 말하였다. "신은 천하에 불변하는 도리가 다섯 가지 있고, 이것을 실행하는 덕이 세 가지 있다고 들었습니다. 군신, 부자, 형제, 부부, 장유의 질서, 이 다섯 가지가 불변의 도리입니다. 지(智), 인(仁), 용(勇), 이 세 가지가 불변의 덕으로 불변의 도리를 실행합니다. 공자가 일찍이 힘써서 실천하는 것은 인에 가깝고, 묻기를 좋아하는 것은 지에 가까우며, 부끄러움을 아는 것은 용에 가깝다고 하였습니다. 따라서 이 세 가지를 이해하면 자신을 어떻게 다스려야 할지 알 수 있습니다. 자신을 어떻게 다스려야 할지 안 연후에야 다른 사람을 어떻게 다스려야 할지 알 수 있습니다. 지금까지 천하에 자신을 다스리지 못하면서 남을 다스린 사람은 없으니, 이는 영원히 변치 않을 도리입니다."

출처 : 『사기』, 「평진후주보열전(平津侯主父列傳)」, 주제 원문 : 天下未有不能
    自治而能治人者也.
공손홍(公孫弘, B.C 200년~B.C 121년) : 한나라 초기 승상이다. 40세 이후 학
    업에 정진하여 60세 무렵 추천을 받아 박사가 되었다. 그 후 어사대부, 승상
    등을 역임하였고 평진후에 봉해졌다. 승상 재직 시 널리 어진 인재를 초빙
    하고 민생정책을 추진하였으며 유학보급에 힘썼다. 저서 『공손홍』 10편이
    있으나 지금 전해지지 않는다.
급암(汲黯, ?~B.C 112년) : 한나라 초기 하남 사람이다. 동해태수, 회양태수,
    주작도위 등을 역임했다. 성품이 강직하여 한 무제 때 직간으로 유명했다.

▌천하의 걱정은 와해가 아니라 토붕이다

서악은 한 무제(漢武帝, 한나라 제7대 황제) 때 사람이다. 그는 황제에게 다음과 같이 상서하였다.

"신은 천하의 걱정은 토붕(土崩, 땅이 무너짐)에 있고, 와해(瓦解, 기와가 흩어짐)에 있는 것이 아니라고 들었습니다. 이는 예로부터 지금까지 마찬가지입니다. 토붕이란 바로 진나라 말기와 같은 경우입니다. 진나라 말기 진섭은 제후의 신분도 없었고 손바닥크기만한 땅도 없었습니다. 왕공대인이나 명망 있는 귀족의 후손도 아니었고, 고향사람이 그를 칭찬하지도 않았습니다. 공자, 묵자, 증자와 같은 현능함도 없었고, 도주공(陶朱公, 거부가 된 월나라 장군 범려)이나 의돈(猗頓, 전국시대 대상인)과 같은 부유함도 없었습니다. 그러나 그가 가난한 민간에서 일어나 어깨를 들어낸 채 창을 휘두르고 큰 소리로 외치자, 천하 사람이 바람에 쏠리듯 그에게 몰려들었습니다. 이는 무슨 까닭이겠습니까? 이는 백성이 빈곤하건만 군주가 구제해주지 않았고, 아랫사람이 원망하건만 윗사람이 알지 못하였으며, 세상의 풍속이 무너졌건만 나라에서 정치를 잘하지 못했기 때문입니다. 이 세 가지가 바로 진섭이 의존한 자산입니다. 이것을 토붕이리고 합니다. 때문에 친하의 긱정은 도붕에 있다는 것입니다. 와해란 바로 유비가 제, 초, 조 등 나라들과 함께 반란을 일으킨 것과 같은 경우입니다. 오, 초, 제, 조 등 일곱 나라는 반란의 음모를 꾸미고 각자가 모두 만승(萬乘, 큰 제후국)의 군왕이라고 칭하였습니다. 갑옷으로 무장한 병사가 수십만 명이었습니다. 그들의 위엄은 자기나라 백성을 굴복시키기에 충분했고, 그들의 재물은 자기나라 백성을 격려하기에 충분하였습니다. 그러나 그들은 서쪽으로 한 치의 땅도 빼앗지 못하고 오히려 중원에서 사로잡히게 되었습니다. 이는 무슨 까닭이겠습니까? 이는 그들의 권세가 백성보다 가벼워서도 아니고, 그들의 군사가 진섭보다 적어서도 아닙니다. 이는 바로 당시에는 선제(先帝)의 은택이 아직 쇠약하지 않아서 고향에 정착하여 풍속을 좋아하는 백성이 매우 많았으므로, 반란을 일으킨 제후들이 자기국경 밖에서 그들의 도움을 받지 못했기 때문입니다. 이것을 와해라고 합니다. 때문에 천하의 걱정은 와해에 있지 않다는 것입니다. 이로 볼 때 만약 천하에 토붕의 형세가 있다면 비록 가난한 백성이 일으킨 난일지라도 나라의 큰 위협이 될 수 있습니다. 진섭이 바로 그러한 경우입니다. 하물며 전국시대의 위나라, 조나라, 한나라 군주와 같은 군주가 또 있다면 어찌되겠습니까? 만약 천하에 토붕의 형세가 없다면 비록 잘 다스려지지 않음이 있고, 또 강대국이나 강대한 군대가 모반할지라도 그들은 매우 빠르게 진압될 것입니다. 오, 초, 제, 조 등의 나라가 바로 그러한 경우입니다. 하물며 신하나 백성이 난을 일으킬 수 있겠습니까? 이 두 가지 상황은 국가안위의 핵심이기 때문에 현명한 군주께서 유의하고 깊이 고찰해야 할 일입니다."

상서가 올라가자 황제가 서악을 불러 말하였다. "그대는 지금껏 어디에 있었는가? 어찌 그대와의 만남이 이렇게 늦었는가?" 이리하여 황제는 서악을 낭중(郎中, 관직명)에 임명하였다.

출처 : 『사기』, 「평진후주보열전(平津侯主父列傳)」, 주제 원문 : 天下之患在於
　　土崩, 不在於瓦解.
서악(徐樂, 약 B.C 156년~B.C 87년) : 한 무제 때의 사람이다. B.C 128년 주부
　　언, 엄안 등과 함께 황제에게 토붕와해(土崩瓦解, 땅이 무너지고 기와가
　　흩어지듯, 사물이 여지없이 무너져 수습할 수 없는 상태)의 형세에 대해
　　논하는 글을 올려 낭중이 되었다.
진섭(陳涉, ?~B.C 208년) : 본명은 진승이다. 섭은 자이다. 진나라 말기 머슴
　　출신으로 최초로 진나라에 항거하는 군대를 일으켰다. 장초(張楚)라는 국가
　　를 건립하고 왕이 되었으나 6개월 만에 진나라 군대에 패하여 피살되었다.
유비(劉濞, B.C 216년~B.C 154년) : 한 고조의 조카이다. 20세 때 패후에 봉해
　　졌고, 영포가 반란을 일으켰을 때 한 고조를 수행하여 세운 공로로 오왕에

봉해졌다. 한 경제 때 중앙정부의 제후국 삭감 정책에 반발하여 B.C 154년 교서, 교동, 치천, 제남, 초, 조 등 제후국과 연합하여, 소위 '오초7국의 난'을 일으켰으나 패한 후 피살되었다.

치용致用

▌창고가 차야 예절을 알고 의식이 족해야 영욕을 안다

관중은 제나라 사람이다. 그는 젊은 시절 포숙아와 교제하였는데, 포숙아는 그의 재능과 현명함을 알아주었다. 관중은 가난하였기 때문에 자주 포숙아를 이용하였지만, 포숙아는 원망하지 않고 늘 그를 잘 대해주었다.

제나라 양공이 포악한 정치를 하자 그의 동생 소백과 규는 화가 미칠까 두려워하여 다른 나라로 도망쳤다. 규는 노나라로 도망쳤는데 관중과 소홀이 보좌했고, 소백은 거나라로 도망쳤는데 포숙아가 보좌하였다. 후일 제나라에 정변이 일어났다. 이에 노나라는 규를 군대로 호송하여 제나라에 돌아가게 하고, 동시에 관중에게 군대를 주어 거나라의 통로를 막게 하였다. 소백이 지나가려하자 관중이 활을 쏘아 소백의 허리띠를 맞추었다. 소백은 죽은 척하여 관중을 속이고, 수레에 몸을 숨긴 채 빠른 속도로 행군하여 규보다 먼저 제나라에 도착했다. 대부 고혜가 소백을 왕으로 옹립하니, 이가 제 환공이다.

제 환공은 즉위 후 노나라를 공격하여 관중을 죽이려 했다. 그때 포숙아가 말하였다. "신은 다행히 대왕을 섬겼고 마침내 임금님이 되셨습니다. 이제 신은 대왕의 존귀한 지위를 더 이상 높여드릴 수가 없습니다. 대왕께서 단지 제나라만을 다스리고자 하신다면 신과 고혜만으로 충분할 것입니다. 그러나 대왕께서 패왕의 공업을 이루고자 하신다면 관중이 없어서는 안 될 것입니다. 관중이 있는 나라는 반드시 강성해질 것이니 그를 놓쳐서는 안 됩니다." 이에 제 환공은 포숙아의 말을 따라 후한 예로 관중을 대우하고 대부에 임명하여 정사를 맡겼다. 포숙아는 관중을 추천한 후 스스로 관중보다 낮은 지위에 임하였다.

관중은 제나라의 정사를 맡은 후 말하였다. "창고가 차야 예절을 알고 의식이 족해야 영욕을 알게 된다. 군주가 법을 지키면 육친이 공고해진다." "예의염치를 제창하지 않으면 나라가 멸망한다." 또 "나라의 정령은 근원에서 흐르는 물처럼 백성의 마음에 따라 실행해야 한다." 이처럼 관중은 정령을 백성의 정서에 맞추어서 실행하였다. 그는 백성이 원하는 것은 주었고, 백성이 반대하는 것은 폐지하였다. 이리하여 제나라는 부강해졌고, 제 환공은 제후 가운데 으뜸이 되어 제후들과 여러 차례 회맹하고 천하를 바로잡았다.

후일 관중이 말했다. "처음 내가 가난하였을 때 포숙아와 함께 장사를 하였는데, 이익을 나눌 때면 늘 내가 더 많이 차지하였다. 그러나 포숙아는 나를 탐욕스럽다 여기지 않았다. 그는 우리 집이 가난하다는 것을 알고 있었기 때문이다. 예전에 내가 포숙아를 대신해서 일을 계획하였는데, 그것이 오히려 그를 더욱 곤란하게 만들었다. 하지만 포숙아는 나를 어리석다고 여기지 않았다. 그는 나의 시운에 좋고 나쁨이 있다는 것을 알고 있었기 때문이다. 일찍이 내가 여러 차례 관직에 나갔으나 그때마다 군주에게 쫓겨난 적이 있는데, 포숙아는 나를 무능하다고 여기지 않았다. 그는 내가 아직 좋은 때를 만나지 못하였다는 것을 알고 있었기 때문이다. 내가 여러 차례 전쟁에 나가 싸울 때마다 도망친 적이 있는데, 포숙아는 나를 겁쟁이라고 여기지 않았다. 그는 내가 집에 노모가 있어 부양해야 한다는 것을 알고 있었기 때문이다. 왕자 규가 패하였을 때 소홀은 그를 위해 죽었지만 나는 붙잡혀 굴욕을 당하였는데, 포숙아는 나를 수치를 모르는 사람이라고 여기지 않았다. 그는 내가 작은 잘못에 수치를 느끼지 않고 천하에 이름을 날리지 못하는 것을 치욕으로 여긴다는 것을 알고 있었기 때문이다. 나를 낳아준 이는 부모이나 나를 알아준 이는 포숙아이다."

출처 : 『사기』, 「제태공세가(齊太公世家)」, 「관안열전(管晏列傳)」, 주제 원문 :
　　倉廩實而知禮節, 衣食足而知榮辱.
관중(管仲, B.C 719년~B.C 645년) : 이름은 이오(夷吾)이고 자는 중(仲)이다.

관자라고도 한다. 춘추시기 제 환공을 보좌하여 제나라의 부국강병을 실천
하였다. 저서에 『관자(管子)』가 있다.

포숙아(鮑叔牙, 약 B.C 723년~B.C 644년) : 춘추시기 제나라 대부이다. 관중의
절친한 친구로 관중을 잘 이해하여주었다. 포숙아와 관중의 깊고 돈독한
우정을 '관포지교(管鮑之交)'라 한다.

제 환공(齊桓公, ?~B.C 643년) : 춘추시기 제나라 군주이다. 제 양공의 동생이
다. 관중, 포숙아 등 유능한 인재를 등용하여 제나라의 부국강병을 실천하
였다. B.C 681년 최초로 여러 제후를 소집하여 회맹하였다. 춘추오패(春秋
五霸, 춘추시기 가장 강대한 제후 5명) 중의 한 사람이다. 말년에 후계자를
분명히 정하지 않아 사후 자식 간의 왕위 다툼이 발생하였고, 그로 인해
거의 두 달 동안 누구도 그의 시신을 거두지 않아 시신에서 구더기가 생길
지경에 이르렀다.

법관은 자신의 판결에 책임져야 한다

이리는 진나라 문공 때의 법관이다. 그는 잘못된 안건으로 인하여 무고한 사람을 사형에 처하였다. 나중에 이 사실을 알게 된 그는 스스로를 구금하고 자신에게 사형을 판결하였다. 진 문공이 말하였다. "관직에 높고 낮음의 구별이 있듯이 법에도 무겁고 가벼움의 구별이 있소. 이는 그대의 하급관리가 잘못한 것이므로 그대의 죄가 아니오." 이리가 말하였다. "신은 장관이란 높은 지위에 있으면서 아래 관리에게 지위를 양보하지 않았고, 봉록을 많이 받으면서 아래 관리에게 이익을 나누어 주지도 않았습니다. 그런데 지금 잘못된 안건으로 무고히 사람을 죽이고 그 죄를 아래 관리에게 떠넘긴다면, 이는 도리에 맞지 않는 일입니다." 이리는 진문공의 명령을 받아들이지 않았다.

이에 진 문공이 "그대에게 죄가 있다면 과인에게도 죄가 있는 것이 아닌가?"라고 하니, 이리가 말하였다. "법관의 판결에는 법규가 있습니다. 형벌을 잘못 판결하면 자신이 형벌을 받아야하고, 사형을 잘못 판결하면 죽음으로써 보상해야 합니다. 대왕께서는 신을 매우 작은 안건의 의혹까지 해결할 수 있을 것이라 여기어 법관으로 임명하셨습니다. 그런데 지금 잘못된 안건으로 무고한 사람을 죽였으니, 그 죄는 사형에 해당합니다." 이리는 끝내 사면령을 받지 않고 자결하였다.

출처 : 『사기』, 「순리열전(循吏列傳)」, 주제 원문 : 理有法, 失刑則刑.
이리(李離) : 춘추시기 진나라의 법관이다. 잘못된 자신의 판결에 책임을 지고 자결하였다.
진 문공(晉文公, B.C 697년~B.C 628년) : 춘추시기 진나라의 군주이다. 진 헌공의 아들로 이름은 중이(重耳)이다. 오랜 망명생활 끝에 60세 넘어 왕위에 등극했다. 재위기간 문치(文治)와 무공(武功)이 탁월하였다. 춘추5패(春秋五覇) 중의 한 사람이다.

역사가는 기록에 숨김이 없어야 한다

조순은 진(晉)나라 양공 때의 대부이다. 진 양공이 죽었으나 태자가 아직 어렸다. 진나라 사람은 여러 차례 재난을 당했기 때문에 나이 많은 왕을 세우려 하였다. 조순이 말하였다. "양공의 동생을 왕으로 세웁시다. 그는 온화하고 선량하며 나이도 많습니다. 선군께서도 그를 총애하였습니다. 또 진(秦)나라와 사이가 좋은데, 진나라는 우리와 이웃한 나라입니다. 선량한 사람을 세우면 나라가 공고해지고, 나이든 사람을 받들면 순리에 맞으며, 선군께서 총애한 사람을 섬기면 효가 되고, 이웃한 우방과 외교관계를 맺으면 안정될 것입니다."

그러자 태자의 어머니가 밤낮으로 태자를 껴안고 조정에 나가 울면서 말하였다. "선군께서 무슨 죄가 있는가? 또 그의 후계자가 무슨 죄가 있는가? 그대들은 적자를 버리고 외부에서 임금을 찾고 있으니, 장차 태자를 어찌하려 하는가?" 그리고 그녀는 태자를 안고 조순의 처소로 가서 조순에게 머리를 숙이고 말하였다. "선군께서 이 아이를 대부께 맡기며 '이 아이가 쓸모 있는 재목이 되면 내 그대에게 감사할 것이고, 그렇지 않으면 그대를 원망할 것이네'라고 하셨습니다. 지금 선군께서 돌아가셨으나 그 말씀이 아직노 귀에 생생하건만 대부께서 이를 저버리려 하시니, 이 어찌 옳은 일입니까?" 이에 조순과 여러 대부들은 주살당할 것을 두려워하여 진 양공의 동생을 버리고 태자를 왕으로 옹립하였다. 이가 진 영공이다.

진 영공은 장성하면서 매우 사치스러웠고 포악했다. 백성을 착취하여 궁궐 담장을 그림으로 채색하였고, 높은 누각에서 사람에게 활을 쏜 후 그것을 피하는 것을 보고 즐거워하였다. 또 요리사가 곰발바닥 요리를 덜 구웠다고 화를 내며 요리사를 죽인 후, 그의 부인으로 하여금 시신을 거두어 궁궐을 지나가도록 하였다. 이에 조순이 여러 차례 간언하였다.

그러자 진 영공은 조순을 두려워하여 자객을 보내 죽이려 하였다. 자객이 조순의 집에 가서 보니, 내실 문이 열려 있고 처소가 아주 검소하였다. 자객이 물러나 탄식하며 말하였다. "충신을 죽이는 것과 임금의 명령을 어기는 것은 똑같은 죄이다." 그는 스스로 머리를 나무에 부딪치고 죽었다.

진 영공은 다시 군사를 매복시킨 후 조순을 초청하여 술을 먹이고 죽이려 하였다. 일찍이 조순의 은혜를 받은 적이 있는 진 영공의 주방장이 이 사실을 조순에게 알렸다. 이리하여 조순은 도망치고 아직 진나라의 경계를 벗어나지 않았다. 그때 조순의 동생 장군 조천이 진 영공을 습격하여 살해한 후 조순을 맞이하였다. 조순은 다시 원래의 관직으로 복귀하였다.

이에 대해 진나라의 태사(太史, 사관) 동호는 "조순이 그의 임금을 시해하였다"고 기록하였다. 그리고 그것을 조정에서 모두에게 알렸다. 조순이 "임금을 시해한 것은 조천이다. 나는 죄가 없다"고 하자, 동호가 말하였다. "대부께서는 수석대신으로서 도망치고는 국경을 벗어나지 않았고, 돌아와서도 난을 일으킨 자를 주살하지 않았으니, 대부가 아니면 임금을 시해한 자가 누구이겠습니까?"

후일 공자가 말하였다. "동호는 옛날의 훌륭한 역사가이다. 원칙에 따라 숨기지 않고 사실을 사실대로 기록하였다. 조순은 훌륭한 대부이다. 원칙에 따라 오명을 받아들였다. 애석하다! 만약 조순이 국경을 벗어났다면 오명은 면했을 것이다."

최서는 제나라 영공 때의 대부이다. 제 영공은 처음 아들 광을 태자로 삼았으나, 나중에 총애하는 후궁이 아들을 낳자 그를 태자로 삼고 광을 변방으로 보냈다. 후일 최서는 제 영공이 병든 사이 원래의 태자 광을 맞이하여 왕으로 세웠다. 이가 제 장공이다.

제 장공은 왕이 된 후 최서의 부인이 미인인 것을 보고 자주 최서의 집에 가서 그녀와 사통하였다. 화가 난 최서는 병을 핑계 삼아 조정에 나가지 않았다. 어느 날 제 장공이 최서를 문병하러 가는 척 하고는 그의 부인을 찾았다. 최서의 부인이 최서와 함께 방에 들어가 문을 잠그고 나가지 않았다. 제 장공은 집 앞의 기둥을 끌어안고 노래를 불렀다. 이때 (제 장공에게 원한이 있는) 환관이 제 장공의 시종들을 밖에 둔 채 집안으로 들어가 문을 안에서 잠갔다. 최서의 수하들이 무기를 지니고 몰려들었다. 제 장공이 높은 누각에 올라 화해할 것을 청하였지만 그들은 들어주지 않았다. 제 장공이 다시 약속을 지키겠다고 맹세하였으나 그 역시 들어주지 않았다. 마지막에 제 장공은 종묘에 가서 자결할 것을 요청하였으나, 그들은 역시 들어주지 않았다. 그들이 말하였다. "임금의 신하 최서는 병이 위독하여 임금님의 분부를 들을 수 없습니다. 이곳은 임금님의 궁궐과 매우 가까운 곳이라, 저희는 음란한 자를 체포하라는 명령을 받았을 뿐 다른 명령에 대해서는 알지 못합니다." 이에 제 장공은 담을 넘어 도망치려다 다리에 화살을 맞고 떨어진 후 살해되었다. 최서는 제 장공의 이복동생을 왕으로 옹립하였다. 이가 제 경공이다. 제 경공이 즉위한 후 최서는 우상이 되었다.

이에 대해 제나라의 태사가 "최서가 장공을 시해하였다"고 기록하였다. 최서가 그를 죽이자 태사의 동생이 다시 "최서가 장공을 시해하였다"고 기록하였다. 최서가 그도 죽이자 그 다음 동생이 또 똑같이 기록하였다. 이에 최서는 그를 놓아주었다.

출처 : 『사기』, 「진세가(晉世家)」, 「제태공세가(齊太公世家)」, 주제 원문 : 古之
　　良史也, 書法不隱.
동호(董狐) : 진나라의 태사(太史, 사관)이다.
조순(趙盾, B.C 655년~B.C 601년) : 춘추시기 진나라의 경대부이다. 조선자라
　　고도 한다. 진 문공 시기 대부 조최의 아들이다. 진 문공 이후 진나라 정권

을 장악하였다.

최서(崔杼, ?~B.C 546년) : 춘추시기 제나라의 대부이다. 제 장공을 왕으로 옹립하였으나 제 장공이 자신의 부인과 사통하자, 제 장공을 살해하고 그의 동생을 왕(제 경공)으로 옹립했다. 최서 일가는 B.C 546년 아들 간의 내분으로 인해 경쟁세력에 의해 멸족되었다.

소가 밭을 짓밟았다고 그 소를 빼앗으면 안 된다

진(陳)나라 영공은 자신의 신하 두 명과 함께 하희를 간통하고, 그녀의 옷을 입고 조정에서 희롱하였다. 이에 한 신하가 "임금과 신하가 이처럼 음란한 짓을 하면서 어찌 백성에게 법을 따르라 할 수 있겠습니까?"라고 간하자, 진 영공이 이 사실을 함께 간통한 두 신하에게 알렸다. 그러자 두 신하가 "그 자를 죽일 테니 말리지 마십시오"라고 하고는 그를 죽였다.

어느 날 진 영공이 두 신하와 함께 하희의 집에 가서 술 마시며 놀았다. 진 영공이 "하징서(夏徵舒, 하희의 아들, 진나라 대부)가 그대들을 닮았군!"이라며 두 신하를 놀리자, 두 신하가 "대왕을 닮은 것 같기도 합니다"고 대꾸하였다. 하징서는 그 말을 듣고 매우 화가 나서 마구간 뒤에 숨어 있다가 진 영공이 술자리를 마치고 나올 때 활을 쏘아 살해하였다. 놀란 두 신하와 진나라 태자는 다른 나라로 도망쳤다. 하징서는 자립하여 진후(陳侯)가 되었다.

초 장왕은 하징서가 진 영공을 죽인 틈을 타 제후들을 거느리고 진나라를 공격하였다. 초 장왕은 진나라 사람에게 "두려워하지 마라. 나는 단지 하징서를 주살하러 왔을 뿐이다"고 하였다. 마침내 초 장왕은 진나라를 점령하고 하징서를 죽인 후 진나라를 초나라의 땅으로 편입시켰다. 초나라의 모든 신하가 축하하였다. 그때 오직 제나라에 사신으로 갔다가 돌아온 신숙시만은 축하하지 않았다. 초 장왕이 그 까닭을 물으니 신숙시가 말하였다.

"속담에 어떤 사람의 소가 남의 밭을 짓밟자 밭주인이 그 소를 빼앗아서 돌아갔다는 말이 있습니다. 남의 밭을 짓밟은 것은 분명 죄가 됩니다. 하지만 남의 소를 빼앗는 것 역시 지나친 것이 아니겠습니까? 지금 대왕께서 자기 임금을 죽인 하징서가 불의하다며 제후의 군대를 이끌고 하징서를 정벌하여 정의를 드러냈습니다. 그런데 일이 끝났음에도 불구하고 진나라를 점령한 채 남의 땅을 탐내고 있습니다. 이렇게 한다면 앞으로 어떻게 천하의 제후 위에 군림할 수 있겠습니까? 그래서 축하하지 않은 것입니다." 초 장왕은 신숙시의 말을 옳다고 여기고 곧 다른 나라로 도망친 진나라 태자를 데려다 왕으로 세워서 진나라의 왕위가 계속 이어지도록 하였다.

공자는 역사책에서 초나라가 진나라를 원래대로 회복시켜준 대목을 읽고 말하였다. "초 장왕은 천승(千乘, 전차 천대 보유의 제후국)의 국가를 가볍게 여기고 유익한 말 한마디를 무겁게 여기었으니, 정말 덕이 있구나!"

출처 : 『사기』, 「진기세가(陳杞世家)」, 주제 원문 : 牽牛徑人田, 田主奪之牛, 不亦甚乎.

신숙시(申淑時) : 춘추시기 초 장왕 때의 대부이다. 속담을 인용하여 초 장왕의 잘못된 행위를 바로 잡았다.

하희(夏姬) : 정나라 목공의 딸이다. 진(陳)나라 사마 하어숙과 결혼하였기 때문에 하희라고 부른다. 하어숙은 일찍 죽고 그와의 사이에 낳은 아들이 하징서이다. 춘추시기 4대 미인 중의 하나로 일컬어진다. 진 영공(陳靈公, 재위 B.C 613년~B.C 599년)을 비롯하여 여러 사람과 간통하였다.

초 장왕(楚莊王, 재위 B.C 613년~B.C 591년) : 초나라의 군주이다. 재위 초기 향락을 일삼았으나 나중에 국정에 전념하여 부국강병을 실천했다. B.C 597년 진(晉)과의 전쟁에서 승리한 후 제후의 맹주가 되었다. 춘추5패(春秋五霸) 중의 하나로 일컬어진다.

가축은 사람의 뱃속에 장사지내야 한다

　우맹은 본래 초나라의 악인(樂人)이다. 키가 8척이고 변설에 뛰어나
늘 풍자로써 초나라 왕을 권고하였다. 초나라 장왕 때이다. 초 장왕에게
좋아하는 말이 있었다. 초 장왕은 그 말에게 아름다운 비단옷을 입히고,
크고 화려한 집에서 기르며, 장막이 없는 침대에서 자게하고, 꿀 바른
대추를 먹였다. 나중에 그 말이 너무 살이 쪄서 죽자 초 장왕은 신하에게
말의 장례를 주관하게 하고, 관을 갖추어 대부의 예로써 장사 지내게 하
였다. 좌우의 신하들이 옳지 않다고 만류하자 초 장왕이 말하였다. "감히
말의 장례를 가지고 말하는 자가 있으면 처형할 것이다."

　우맹은 소식을 듣고 궁궐에 들어가서 하늘을 우러러보며 통곡하였다.
초 장왕이 놀라서 그 까닭을 물으니 우맹이 말하였다. "대왕께서는 말을
매우 좋아 하셨습니다. 강대한 초나라가 무슨 일을 할 수 없겠습니까?
대부의 예로써 장사 지내는 것은 너무 야박하므로 왕의 예로써 장사 지내
기를 바랍니다." 초 장왕이 "어떻게 하면 좋겠는가?"라고 하자, 우맹이
말하였다. "아름답게 조각한 옥으로 관을 만들고, 무늬 있는 가래나무로
바깥 곽을 만들며, 단풍나무, 느릅나무, 녹나무와 같은 귀한 나무로 횡대
를 만드십시오. 군사를 동원하여 무덤을 파고, 노인과 이이에게 흙을 날
라서 무덤을 쌓게 하며, 제나라와 조나라의 사신에게 앞에서 이끌게 하
고, 한나라와 위나라의 사신에게 뒤에서 호위하게 하십시오. 사당을 세우
고, 소, 양, 돼지를 잡아 제사지내며, 만호의 읍으로써 받들게 하십시오.
이렇게 하면 제후들이 소식을 듣고 모두 대왕께서 사람을 천시하고 말을
귀하게 여긴다는 것을 알 것입니다."

　초 장왕이 "과인의 잘못이 이에 이르렀는가! 어찌하면 좋겠는가?"라고
하자, 우맹이 말하였다. "바라건대 대왕을 위하여 말을 가축의 방식으로
장사지내십시오. 부뚜막으로 관을 둘러싸는 곽으로 삼고, 큰 구리 가마솥

으로 관으로 삼으십시오. 생강과 대추로 맛을 내고, 목란으로 비린내를 없애고, 쌀로 제사 음식으로 삼고, 불로 옷으로 삼아, 이를 사람의 뱃속에 장사지내십시오." 이에 초 장왕은 곧 말을 음식담당 관리에게 주고 천하 사람이 영구히 알지 못하게 하였다.

출처 : 『사기』, 「골계열전(滑稽列傳)」, 주제 원문 : 六畜, 葬之於人腹腸.
우맹(優孟) : 춘추시기 초 장왕 때의 악인(樂人, 음악을 관장하는 관리)이다. 변설에 능하여 자주 풍자로써 초 장왕을 간하였다.

장군은 명을 받은 날부터 집을 잊어야 한다

사마양저는 제나라 사람이다. 제나라 경공 때 진나라와 연나라가 연합하여 제나라를 침공하였다. 제나라 군대가 크게 패하여 제 경공이 매우 근심하였다. 이 때 대부 안영이 사마양저를 장군으로 추천하였다. 제 경공은 사마양저를 만나서 군국대사에 대해 이야기하고 매우 기뻐하여 즉시 그를 장군으로 임명하였다. 그리고 그에게 군사를 거느리고 진나라와 연나라의 침략을 막도록 하였다.

사마양저가 말하였다. "대왕께서 미천한 신을 발탁하여 대부의 윗자리에 앉히었으나 군사들이 신에게 복종하지 않고 백성들도 신임하지 않습니다. 신의 인망이 미약하고 권세가 가벼우니 대왕께서 총애하고 모든 백성이 존중하는 대신으로 군대를 감독하게 하십시오." 제 경공이 이를 허락하고 장고를 감군(監軍, 군대 감독관)으로 삼았다.

사마양저는 제 경공에게 하직인사를 한 후, 장고에게 "내일 정오에 군영에서 뵙겠습니다"고 약속하였다. 다음날 사마양저는 먼저 군영으로 달려가 시간을 재는 나무표지와 물 항아리를 설치해놓고 장고를 기다렸다. 장고는 평소 교만한 귀족으로 자신이 장군이고 또한 감군이니 서두를 것이 없다고 여기고 친구와 친척이 베푸는 송별연에 미룰며 술을 마시었다.

사마양저는 정오가 되어도 장고가 오지 않자 나무표지를 쓰러뜨리고 물 항아리를 깨트린 후, 군영으로 들어가 군대를 순시하고 군사를 지휘하며 각종 군령을 선포하였다. 군령이 다 정해졌을 때는 이미 저녁 무렵이었는데, 장고는 그때서야 도착하였다. 사마양저가 "어찌 약속시간에 늦었습니까?"라고 묻자, 장고가 "친구와 친척이 베푸는 송별연이 있어서 늦었소"라며 사죄하였다.

사마양저가 말하였다. "장군은 명을 받은 날로부터 집을 잊어야 하고, 군영에 이르러 군령을 선포하면 모든 가족을 잊어야 합니다. 또 북을 치고 급히 진군하며 전황이 긴급할 때는 자기 목숨을 잊어야 합니다. 지금 적이 나라 깊숙이 침입하여 나라 안이 불안하고, 병사들이 변경에서 낮에는 땡볕을 쬐고 밤에는 노숙하고 있습니다. 임금께서는 잠자리에 들어서도 편안하지 않고, 음식을 먹어도 맛있는 줄 모르고 계십니다. 온 나라 백성의 목숨이 모두 장군에게 달려 있는 이때, 송별연이 무슨 말입니까?"

그리고 곧 군법관을 불러 물었다. "군법에 약속시간에 늦은 자는 어떻게 처리하는가?" 군법관이 "참형에 처합니다"고 대답하였다. 장고가 몹시 겁이 나서 급히 왕에게 사람을 보내 구원을 요청하였다. 사마양저는 떠나간 사자가 돌아오기도 전에 장고를 참수하여 전군에 본보기로 삼으니, 모든 군사가 두려움에 떨었다.

얼마 후 왕이 보낸 사자가 장고를 사면한다는 증표를 든 채 말을 타고 군영으로 뛰어들었다. 사마양저는 "장군이 군영에 있으면 임금의 명이라도 받들지 않을 수 있다"고 하고, 군법관에게 "군법에 말을 타고 군영을 달린 자는 어떻게 처리하는가?"라고 물었다. 군법관이 "참형에 처합니다"고 하니, 사자가 매우 두려워하였다. 사마양저는 "임금의 사자는 죽일 수 없다"며 그의 마부를 참수하였다. 그리고 수레의 왼쪽 부목을 잘라내고 왼쪽 말의 목을 벤 후 전군에 본보기로 삼았다. 그런 후 사마양저는 왕에게 사자를 보내어 보고하고 출전하였다.

사마양저는 진나라와 연나라 군대를 물리치고 잃었던 제나라의 모든 영토를 수복한 후 군사를 이끌고 회군했다. 사마양저는 군대가 도성에 도착하기 전에 군대의 무장을 해제하고, 동시에 군령을 취소하고 충성을 맹세한 후 도성으로 들어갔다.

출처 : 『사기』, 「사마양저열전(司馬穰苴列傳)」, 주제 원문 : 將受命之日則忘其家.
사마양저(司馬穰苴) : 춘추시기 제나라 장군이다. 본명은 전양저(田穰苴)이다.
  제 경공(재위 B.C 547년~B.C 490년) 때 진나라와 연나라의 침략을 물리친 후 대사마에 봉해져 사마씨로 칭하게 되었다. 후일 모함을 받고 관직에서 물러난 후 화병으로 사망하였다. 저술에 병법에 관한『사마법(司馬法)』이 있다.

안영(晏嬰, B.C 578년~B.C 500년) : 춘추시기 제나라의 재상이다. 안자, 안평중이라고도 한다. 40여년에 걸쳐 제 영공, 제 장공, 제 경공 3대를 섬겼다. 사람됨이 겸손하고 검소하였다.

제 경공(齊景公, 재위 B.C 547년~B.C 490년) : 춘추시기 제나라의 군주이다. 제 장공의 동생이다. 최서, 안영, 사마양저 등 인재를 등용하여 나라가 안정되었다. 말년에 말을 애호하는 등 사치와 향락에 빠져 정국이 불안정했고, 사후 후계자 쟁탈전이 벌어졌다.

▌장군은 군영에서 군주의 명이라도 따르지 않는다

손자는 제나라 사람이다. 병법서를 가지고 오나라 왕 합려를 만났다. 오왕 합려가 말하였다. "나는 그대가 지은 13편의 병법서를 자세히 읽어 보았는데, 군대로 간단히 시험해 볼 수 있겠소?" 손자가 "가능합니다"고 하니, 합려가 다시 "부녀로 시험해 볼 수 있겠소?"라고 물었다. 손자가 "할 수 있습니다"고 하였다.

이에 오왕 합려는 궁녀 180명을 뽑아 주었다. 손자는 그들을 두 부대로 나누고, 왕의 총희 두 명을 각각 대장으로 삼은 후 모두 창을 들게 하였다. 그리고 명령을 내렸다. "너희들은 가슴, 등, 왼손, 오른손을 아는가?" 궁녀들이 "압니다"고 하자, 손자가 말하였다. "앞 하면 가슴을 보고, 왼쪽 하면 왼손을 보고, 오른쪽하면 오른손을 보고, 뒤 하면 등을 보라!" 궁녀들이 모두 "알겠습니다"고 하였다.

손자는 약속을 선포한 후 도끼를 설치하고, 세 번 명령을 내리고 다섯 번 설명을 하였다. 그리고 북을 치고 "오른쪽" 하니, 궁녀들이 크게 웃었다. 손자가 말하였다. "약속이 분명치 않고 명령과 설명이 자세하지 않은 것은 장군의 죄이다." 그리고 다시 세 번 명령을 내리고 다섯 번 설명을 한 후, 북을 치며 "왼쪽" 하니, 궁녀들이 다시 크게 웃었다. 손자가 말했다. "약속이 분명치 않고 명령과 설명이 자세하지 못한 것은 장군의 죄이다. 그러나 모든 것이 분명한데도 군법대로 시행되지 않은 것은 대장의 죄이다." 그리고 좌우 대장을 참수하려고 하였다.

오왕 합려가 누대 위에서 총희를 참수하려는 것을 보고 크게 놀라서 급히 사람을 보내 명령을 내렸다. "과인은 이미 장군이 용병을 잘한다는 것을 알았소. 과인은 저 두 여자가 아니면 음식을 먹어도 맛이 없으니 참수하지 않기를 바라오." 손자가 말했다. "신은 이미 명령을 받고 장군이 되었습니다. 장군은 군대에서는 군주의 명령이라도 받들지 않을 수 있습니다." 손자는 끝내 왕의 총희 2명을 참수하고 그 다음 궁녀로 대장을 삼았다. 그리고 다시 북을 울렸다. 궁녀들은 전후좌우, 앉고 일어서는 것이 모두 자로 잰 듯이 규칙에 맞았고 감히 소리를 내는 사람이 없었다.

출처 : 『사기』, 「손자오기열전(孫子吳起列傳)」, 주제 원문 : 將在軍, 君命有所不受.
손자(孫子, 약 B.C 545년~B.C 470년) : 춘추시기 제나라 사람이다. 본명은 손무(孫武)이다. 오나라에서 장군으로 등용된 후 초나라를 격파하였다. 저서에 『손자병법(孫子兵法)』이 있다.
합려(闔閭, 재위 B.C 514년~B.C 496년) : 춘추시기 오나라 군주이다. 오왕 제번의 아들 광이다. 오왕 요를 몰아내고 왕위에 올랐다. 오자서를 재상, 손무를 장군으로 등용하여 초나라를 격파하였다. 월나라와의 전쟁 중에 부상을 입고 사망하였다.

재화는 물이 흐르듯 유통시켜야 한다

계연은 송나라 사람이다. 그가 월왕 구천에게 말하였다. "전쟁이 있을 것을 미리 알면 준비를 잘할 수 있고, 사람들이 물건을 필요로 하는 때를 미리 알면 물건의 거래를 알게 됩니다. 시기와 쓰임, 이 두 가지가 잘 드러나면 모든 재화의 실정을 알 수 있습니다 … 6년마다 풍년이 오고 6년마다 가뭄이 들며, 12년마다 대기근이 일어납니다. 그러므로 가뭄이 든 해에는 미리 배를 준비하고, 수해가 난 해에는 미리 수레를 준비하는 것이 사물의 이치입니다 … 가격이 일정하도록 물가를 조절하고, 관청의 세금과 시장의 공급을 부족하지 않게 하는 것이 나라를 다스리는 도리입니다. 물자를 축적하는 이치는 물건을 온전하게 보존하는 데 힘쓰는 것이고, 이윤을 늘리는데 사용하는 것이 아닙니다. 물건을 사고 팔 때 부패하기 쉬운 것은 오래 보관해서는 안 되고, 쌓아둔 채 값이 오를 것을 기다려도 안 됩니다. 물건의 부족하고 남는 것을 살피면 값이 오르고 내릴 것을 알 수 있습니다. 물건은 값이 오를 대로 오르면 내려가고, 바닥까지 내려갈 정도로 싸게 되면 다시 오르는 법입니다. 물건은 값이 오를 대로 오르면 오물을 버리듯이 내다 팔고, 바닥까지 내려갔을 때는 구슬을 손에 넣듯 사들여야 합니다. 재화는 물이 흐르듯 유통시켜야 합니다."

월나라는 10년 동안 계연의 방법대로 다스리자 나라가 부강해졌다. 이에 군사에게 금품을 넉넉하게 줄 수 있게 되었고, 군사들은 갈증 난 사람이 물을 구하듯 적의 돌과 화살을 피하지 않고 용감하게 진격하였다. 마침내 월왕 구천은 오나라를 멸망시켜 원한을 갚고 천하에 군사력을 떨치었다.

출처 : 『사기』, 「화식열전(貨殖列傳)」, 주제 원문 : 財幣欲其行如流水.
계연(計然) : 춘추시기 송나라 사람이다. 자는 문자(文子)이다. 노자의 제자이

며 범려의 스승이다. 저서에 『문자(文子)』가 있다. 『문자』는 『통현진경(通玄眞經)』이라고도 한다.

구천(句踐, 재위 B.C 496년~B.C 465년) : 춘추시기 월나라 군주이다. 오나라에 패한 후 범려와 문종을 등용하고 와신상담(臥薪嘗膽, 섶에 눕고 쓸개를 맛봄) 끝에 오나라를 멸망시켰다. 춘추오패(春秋五霸) 중의 한 사람으로 일컬어진다.

▌부유할 때 베풀고 가난할 때 취하지 않는 것을 보면 그 사람됨을 알 수 있다

위나라 문후가 이극에게 물었다. "선생께서 일찍이 과인을 가르치며 말하길 '집이 가난하면 어진 아내를 생각하고 나라가 어지러우면 어진 재상을 생각한다'고 하였소. 지금 위나라 재상을 임명하는데 적황과 위성자 두 사람 중 누가 더 적합하오?"

이극이 말하였다. "신은 비천한 사람은 존귀한 사람을 대신해 계획을 꾀하지 않고, 소원한 사람은 가까운 사람을 대신해 계획을 꾀하지 않는다고 들었습니다. 신은 궁궐 밖의 사람이므로 감히 명을 받들 수 없습니다." 그러자 위 문후가 "선생께서는 사양하지 마시오"라고 하였다.

이에 이극이 말하였다. "대왕께서 자세히 살펴보지 않아서입니다. 평소 지낼 때에는 그와 가까운 사람을 보고, 부유할 때에는 그가 베푸는 것을 보며, 고귀할 때에는 그가 천거한 사람을 봅니다. 실의에 처했을 때에는 그가 하지 않는 것을 보고, 가난할 때에는 그가 취하지 않는 것을 봅니다. 이 다섯 가지만 잘 살펴보면 충분히 재상을 결정할 수 있습니다. 어찌 신의 말을 기다리십니까?" 위 문후가 말하길 "선생께서는 집으로 돌아가시오. 과인은 이미 재상을 정했소"라고 하였다.

이극이 나와서 급히 적황의 집을 방문하였다. 적황이 말하였다. "지금 듣자하니 임금께서 선생을 불러 재상을 선택한다고 하는데 누구를 재상으로 정하였습니까?" 이극이 말하였다. "위성자가 재상이 되었습니다." 적황이 화가 나서 얼굴색을 변하며 말하였다. "귀로 듣고 눈으로 볼 때 내 어찌 위성자보다 못합니까? 서하군수 오기를 추천하였고, 임금께서 가장 걱정한 업성 땅에 서문표를 추천하였으며, 임금께서 중산국을 정벌하려 할 때 악양을 추천하였습니다. 중산국을 정벌한 후 수비할 사람을 찾지 못할 때 선생을 추천하였습니다. 또 태자가 스승이 없을 때 굴후부를 추천하였습니다. 내 어찌 위성자만 못합니까?"

이극이 말하였다. "대부께서 임금에게 저를 추천한 목적이 설마 사적으로 무리를 모아 대신이 되려고 한 것은 아니겠지요? 임금께서 '위성자와 적황 두 사람 중 누가 더 재상에 적합한가?'라고 물으셨을 때, 저는 대답하길 '평소 지낼 때에는 그와 가까운 사람을 보고, 부유할 때에는 그가 베푸는 것을 보며, 고귀할 때에는 그가 천거한 사람을 봅니다. 실의에 처했을 때에는 그가 하지 않는 것을 보고, 가난할 때에는 그가 취하지 않는 것을 봅니다. 이 다섯 가지만 잘 살펴보면 충분히 재상을 결정할 수 있습니다'고 했습니다. 그래서 위성자가 재상이 된 것을 알았습니다. 위성자는 봉록이 1만석인데, 그중 10분의 9를 밖에서 쓰고, 10분의 1을 집에서 사용하였기에 동쪽에서 자하, 전자방, 단간목을 초빙했습니다. 이 세 사람은 모두 임금께서 스승으로 삼았습니다. 그러나 대부께서 추천한 다섯 사람은 모두 임금께서 신하로 삼았습니다. 대부께서 어찌 위성자와 비교될 수 있겠습니까?"

적황이 머뭇거리며 절을 두 번 하고 말하였다. "제가 천박한 사람입니다. 제가 말한 것이 매우 부당하였습니다. 원컨대 평생토록 선생의 제자가 되겠습니다."

출처 : 『사기』, 「위세가(魏世家)」, 주제 원문 : 富視其所與, 貧視其所不取.
이극(李克) : 전국시대 위나라 사람이다. 위 문후 때 재상인 이회(李悝, B.C 455년~B.C 395년)와 동일 인물이라는 설이 있다. 이회는 세습귀족의 특권을 폐지하고 부국강병을 실행하는 등 위나라를 대대적으로 개혁하여, 이를 역사상 '이회변법(李悝變法)'이라 한다.
위문후(魏文侯, B.C 472년~B.C 396년) : 전국시대 위나라의 개국군주이다. 위 환자의 손자이다. 본래 진(晉)나라의 경대부였으나, B.C 403년 주 위열왕의 승인을 받아 정식으로 제후가 되어 위나라를 건국했다. 재위 시기 많은 인재를 등용하였다.
위성자(魏成子) : 위 문후의 동생이다. 자하, 단간목, 전자방 등 인물을 나라에 추천하였다.

적황(翟璜) : 위 문후 때의 재상이다. 오기, 서문표, 이회, 악양, 굴후부 등 인물을 나라에 추천하였다.

자하(子夏, B.C 507년~?) : 본명은 복상(卜商)이고 자는 자하이다. 복자하라고도 한다. 공자의 뛰어난 제자 10명 중의 하나이다.

단간목(段干木, B.C 475년~B.C 396년) : 전국시대 위나라 사람이다. 본명은 이극으로 자하의 제자이다. 위 문후가 여러 차례 국정에 관하여 자문을 구하였다. 종신토록 관직에 나가지 않았다.

전자방(田子方) : 전국시대 위나라 사람이다. 본명은 전무택이고 자는 자방으로 자공의 제자이다. 덕행과 학문으로 이름이 알려졌다.

오기(吳起, B.C 440년~B.C 381년) : 전국시대 위(衛)나라 사람이다. 증자의 제자였으나 나중에 사제관계를 끊고 노나라로 갔다. 노나라에서 제나라의 침략을 물리쳤다. 위(魏)나라로 가서 진나라의 동방영토를 정복하여 위 문후의 공업을 이룩하였다. 위 무후 때 모함을 받고 초나라로 망명하였다. 초나라에서 영윤(令尹, 초나라의 최고위직)이 되어 개혁을 주도하였으나 반대하는 귀족들에 의해 살해되었다. 저술에 『오자(吳子)』가 있다.

서문표(西門豹) : 전국시대 위나라 사람이다. 위 문후 시기 업성(鄴城, 지명)에 부임하여 사회의 악습을 개혁하고, 또한 농지수로를 개척하여 농업발전에 공헌했다.

악양(樂羊) : 전국시대 위나라 장군이다. 처음 적황의 문객이었다가 추천을 받아 장군이 되었다. 중산국 정벌에 큰 공을 세웠다.

지혜로운 사람은 법을 만들고 어리석은 사람은 법에 구속된다

상앙은 위나라의 서얼출신의 왕자이다. 그는 진나라가 널리 인재를 구한다는 소식을 듣고 진나라로 갔다. 상앙은 진 효공을 만나 네 차례에 걸쳐 진나라의 부국강병책에 대해 설득하였다. 진 효공은 상앙의 의견을 받아들여 법을 바꾸려 하였으나 천하 사람이 자기를 비방할 것을 걱정하였다.

이에 상앙이 말하였다. "행동을 주저하고 결정하지 않으면 공명이 따르지 않고, 일을 주저하고 결정하지 않으면 성공할 수 없습니다. 게다가 뛰어난 행위는 본래 세상 사람의 비난을 받게 마련이고, 특별한 견해는 반드시 보통사람의 비웃음을 받게 마련입니다. 어리석은 사람은 일이 성사된 후에도 알지 못하고, 지혜로운 사람은 일이 생기기 전에 장차 일어날 일을 압니다. 새로운 일을 시작할 때는 백성과 함께 의논할 수 없지만, 그 성과는 함께 즐길 수 있습니다. 숭고한 덕을 논하는 사람은 세속과 타협하지 않고, 큰일을 성취하는 사람은 보통사람과 상의하지 않습니다. 그러므로 성인은 나라를 강성하게 하는데 옛 습속을 모범으로 삼지 않고, 백성을 이롭게 하는데 구례(舊禮)를 따르지 않습니다."

진 효공이 좋다고 하니 내부 감룡이 말하였다. "그렇지 않습니다. 성인은 백성의 풍속을 고치지 않고 교화하며, 지혜로운 사람은 법을 고치지 않고 다스립니다. 백성의 풍속에 따라서 교화하면 수고로움 없이도 성공할 수 있고, 기존의 법에 따라서 다스리면 관리는 관례에 익숙하고 백성은 편안할 것입니다."

상앙이 말하였다. "감룡의 말은 세속적입니다. 보통사람은 옛 습속에 편안해 하고, 독서인은 책속의 견해에 억매입니다. 이 두 종류의 사람은 법을 받들고 지키는 것은 가능하나 함께 개혁을 논할 수는 없습니다. 하, 은, 주의 예제는 서로 달랐으나 각각 천하를 통일했고, 오패(五覇, 춘추시기 가장 강대한 다섯 제후)의 법제는 하나가 아니었으나 각각 제후 가운데 으뜸이 되었습니다. 지혜로운 사람은 법을 만들고 어리석은 사람은 법에 구속되며, 현명한 사람은 예를 바꾸고 어리석은 사람은 예에 구속됩니다."

대부 두지가 말하였다. "백배의 이익이 없으면 법을 고쳐서는 안 되고, 열배의 공로가 없으면 그릇을 바꾸어서는 안 됩니다. 옛 법을 본받으면 잘못이 없고, 구례를 따르면 부당함이 생기지 않습니다."

상앙이 말하였다. "세상을 다스리는 방법은 하나만 있는 것이 아닙니다. 나라에 이익이 된다면 옛 법을 본받을 필요가 없습니다. 때문에 탕왕(湯王, 상나라 개국군주)과 무왕(武王, 주나라 개국군주)은 옛 법을 따르지 않았지만 왕업을 이루었고, 걸왕(桀王, 하나라 마지막 왕)과 주왕(紂王, 상나라 마지막 왕)은 구례를 바꾸지 않았지만 멸망하였습니다. 그러므로 옛 법을 반대하는 사람을 비난할 것도 없고, 구례를 따르는 사람을 찬양할 것도 없습니다."

마침내 진 효공은 상앙의 의견에 따라 옛 법을 바꾸고 새로운 법령을 정하도록 하였다. 이에 상앙은 새로운 법령을 정했으나 백성이 따르지 않을 것을 걱정하여 곧바로 공포하지 않았다. 그는 먼저 큰 나무를 도성 뒤편 시장의 남문에 세워 놓고 백성들에게 "나무를 북문으로 옮기는 자에게 10금을 준다"고 하였다. 이상히 여긴 백성들이 감히 옮기는 사람이 없자, 상앙은 다시 "나무를 옮기는 자에게 50금을 준다"고 하였다. 그때 한 백성이 나무를 옮기자 즉시 50금을 주어 백성을 속이지 않는다는 것을 밝혔다. 그리고 드디어 새로운 법령을 공포하였다.

새로운 법령을 시행하였으나 1년이 안 되어 새 법령의 불편함을 호소하는 자가 천여 명이 넘었다. 그때 태자가 새 법령을 위반하였다. 상앙이 "새 법령이 순조롭게 시행되지 않는 것은 위에서부터 이를 위반하기 때문이다"라며, 새 법령에 따라 태자를 처벌했다. 다만 태자는 군주의 후계자

로 형벌을 줄 수 없었기 때문에 대신 그의 스승을 처벌하였다. 그 다음날
부터 진나라 백성은 모두 새 법령을 준수하였다.

출처 :『사기』,「상군열전(商君列傳)」, 주제 원문 : 智者作法, 愚者制焉.

상앙(商鞅, 약 B.C 395년~B.C 338년) : 위앙, 공손앙, 상군이라고도 한다. 본래
　　위(衛)나라 사람이다. 진나라에서 신 효공의 신임을 받아 이른바 '상앙변법
　　(商鞅變法)'을 실시하여 진나라를 부강하게 했다. 진 효공 사후 반대세력에
　　의해 사지가 찢기는 형벌에 처해졌다.

진 효공(秦孝公, B.C 381년~B.C 338년) : 전국시대 진나라의 군주이다. 상앙을
　　등용하여 대대적인 사회개혁을 단행하였고, 아울러 도읍지를 함양으로 옮
　　겨 후일 진나라 천하통일의 기초를 마련했다.

감룡(甘龍) : 전국시대 진나라의 상대부이다. 진나라의 명문거족 출신으로 상앙
　　의 개혁을 반대했다. 후손에 진나라 명장 감무(甘茂), 진시황제 때의 상경
　　감라(甘羅) 등이 있다.

두지(杜摯) : 전국시대 진나라의 대부이다. 일찍이 위나라 격파에 공로가 있었
　　다. 수구파의 대표인물로 감룡과 함께 상앙의 개혁을 반대하였다.

병에는 여섯 가지 불치병이 있다

편작은 발해군(勃海郡) 사람으로 본명은 진월인이다. 그는 의원이 되어 제나라에 머물기도 하고 조나라에 머물기도 하였다. 편작이 제나라에 갔을 때이다. 제 환후가 편작을 손님으로 초대하였다. 편작이 궁중에 들어가 제 환후를 배알하고 말하였다. "대왕께서 피부에 작은 병이 있습니다. 치료하지 않으면 점차 체내로 깊이 들어갈 것입니다." 그러나 제 환후는 "과인에게는 병이 없다"고 하였다. 편작이 물러가자 제 환후는 좌우의 신하에게 "의원이 이익을 탐하여 병도 없는 사람을 치료하여 공을 세우려 한다"고 하였다.

그로부터 5일 후 편작이 다시 제 환후를 배알하고 말하였다. "대왕께서 병이 이미 혈맥에 이르렀습니다. 치료하지 않으면 체내로 깊이 들어갈 것입니다." 그러나 제 환후는 "과인에게는 병이 없다"고 하였다. 편작이 물러가자 제 환후는 기분이 좋지 않았다.

그로부터 5일 후 편작이 또 제 환후를 배알하고 말하였다. "대왕께서 병이 이미 위장까지 들어갔으므로 치료하지 않으면 체내로 깊이 들어갈 것입니다." 제 환후는 대꾸도 하지 않았다. 편작이 물러가자 제 환후는 기분이 좋지 않았다.

그로부터 5일 후 편작이 또 제 환후를 배알하고는 곧 물러나 도망쳤다. 이에 제 환후가 사람을 보내어 도망친 까닭을 물었다. 편작이 말하였다. "병이 피부에 있는 동안에는 탕약과 고약으로 고칠 수 있고, 혈맥에 있을 때에는 침이나 폄법(砭法, 혈도를 자극해 치료하는 법)으로 고칠 수 있습니다. 또 병이 위장에 있을 때에는 주료(酒醪, 일종의 약주)로 고칠 수 있습니다. 그러나 병이 뼛속까지 들어가면 생명을 주관하는 신이라 해도 어찌할 수 없습니다. 지금 대왕의 병이 이미 뼛속까지 들어갔습니다. 이 때문에 치료를 말씀드리지 않은 것입니다."

그로부터 5일 후 제 환후는 병이 위독해 사람을 보내 편작을 불렀으나 편작은 이미 제나라를 떠나고 없었다. 마침내 제 환후는 병으로 죽었다.

편작의 명성은 천하에 알려졌다. 그는 한단(邯鄲, 조나라 수도)에 가서는 그곳 사람이 부인을 존중한다는 말을 듣고 부인과 의원이 되었고, 낙양(雒陽, 동주 수도)에 가서는 그곳 사람이 노인을 공경한다는 말을 듣고 눈, 귀, 중풍을 치료하는 의원이 되었으며, 함양(咸陽, 진나라 수도)에 가서는 그곳 사람이 아이를 사랑한다는 말을 듣고 소아과 의원이 되었다. 그는 이렇게 각지의 습속에 따라 자신의 의료 분야를 바꾸었다.

세상 사람들이 편작은 죽은 사람도 살려낼 수 있다고 하자, 그는 말하였다. "나는 죽은 사람을 살려내는 것이 아니고, 다만 스스로 살 수 있는 사람을 일어나게 해줄 뿐이다."

사마천이 말하였다. "만약 제 환후가 아직 나타나지 않은 병의 징후를 예견하여 명의로 하여금 일찍 치료하게 하였다면, 병도 고치고 생명도 보존하였을 것이다. 사람의 걱정은 병이 매우 많은 것이고, 의원의 걱정은 치료법이 매우 적은 것이다. 병에는 여섯 가지 불치병이 있다. 첫째 교만하여 도리를 논하지 않는 것, 둘째 몸을 경시하고 재물을 중시하는 것, 셋째 의식(衣食)을 조절하지 않는 것, 넷째 음양이 어긋나 오장의 기능이 정상적이지 않은 것, 다섯째 몸이 극도로 쇠약하여 약을 복용힐 수 없는 것, 여섯째 무술(巫術)을 믿고 의술을 믿지 않는 것 등이다. 이중 하나라도 있다면 치료가 매우 어려울 것이다."

출처 : 『사기』, 「편작창공열전(扁鵲倉公列傳)」, 주제 원문 : 病有六不治.
편작(扁鵲, B.C 407년~B.C 310년) : 전국시대 의원이다. 본명은 진월인이다. 젊은 시절 은자로부터 의술을 전수받아 의원이 되었다. 후일 진나라에서 무왕(武王, B.C 329년~B.C 307년)의 병을 치료하였는데, 진나라 태의령(太醫令, 의약 담당 최고관리) 이혜의 시기를 받고, 그가 보낸 자객에 의해 피살되었다.

제 환후(齊桓侯, B.C 400년~B.C 357년) : 전국시대 제나라 군주이다. 본명은 전오(田午)이다. 전씨 제나라의 제3대 군주이다. 시호가 제 환공으로 춘추 시기의 제 환공과 구분하여 전제환공(田齊桓公)이라고 한다. 재위시기 직 하학궁(稷下學宮, 제나라 수도 임치에 설립한 학교)을 건립하여 널리 인재 를 초빙하였다. 사후 아들 제 위왕이 계승하였다.

의복은 입기에 편해야 하고 예법은 생활에 편리해야 한다

조나라 무령왕은 즉위 19년이 되는 해, 대신 비의를 불러 함께 천하대사를 논의하였다. 무령왕이 말하였다. "무릇 뛰어난 업적을 이룬 사람은 세상의 습속을 위배하였다는 비난을 받고, 뛰어난 지략을 지닌 사람은 백성으로부터 오만하다는 소리를 듣게 되오. 이제 나는 호복(胡服, 북방민족의 의복)을 입고, 그들의 말을 타고 활을 쏘며, 아울러 백성에게 그것을 가르치고자 하는데 틀림없이 의론이 분분할 것이오. 어찌 하면 좋겠소?

비의가 말하였다. "신은 일할 때 머뭇거리면 성공하지 못하고, 행동할 때 주저하면 이름을 드러낼 수 없다고 들었습니다. 대왕께서 기왕에 세상의 습속을 위배하였다는 비난을 감수하려 하신다면, 세상 사람의 의론은 고려할 필요가 없습니다. 최고의 덕행을 추구하는 사람은 세속에 부화뇌동하지 않고, 큰 공적을 이루고자 하는 사람은 보통사람과 상의하지 않습니다. 우매한 사람은 일이 성사되고도 알지 못하지만, 현명한 사람은 일이 일어나기 전에 파악합니다. 대왕께서 무엇을 주저하십니까?"

무령왕이 말하였다. "나는 호복착용을 주저하는 것이 아니라 천하 사람이 비웃을 것을 두려워하는 것이오. 미친 자의 즐거움은 지혜로운 자의 슬픔이고, 우매한 자의 비웃음은 현명한 자가 살필 수 있는 일이오. 나를 따르는 자가 호복을 입는다면 그 효능은 이루 다 말할 수 없을 것이오. 설사 이 일로 세상 사람이 나를 비웃을지라도 나는 오랑캐 땅과 중산국(中山國, 제후국. B.C 296년 조나라에 멸망)을 반드시 차지하고 말 것이오." 이로부터 무령왕은 마침내 호복착용을 결정하였다.

그러나 무령왕은 덕정을 펴려면 먼저 백성을 이해시켜야 하고, 정령을 시행하려면 먼저 귀족에게 신임을 얻어야 한다고 생각하였다. 그래서 숙부인 성을 찾아가 말하였다. "무릇 의복은 입기에 편해야 하고 예법은 생활에 편리해야 합니다. 성인이 지방의 풍속을 관찰하여 그에 적합하게 행동하고, 실제에 따라서 예법을 제정한 것은 백성에게 이익을 주고 나라를 부강하게 하려는 것입니다 … 의복과 예법은 서로 다르나 편리함을 추구하는 것은 마찬가지입니다. 지역이 다르면 사용이 달라지는 것이고, 일이 다르면 예법도 바뀌는 것입니다. 따라서 성인은 진실로 나라에 이익이 된다면 방법을 일치시킬 필요가 없고, 진실로 생활에 편리하다면 예법을 동일하게 할 필요가 없다고 하였습니다." 성이 두 번 절하며 말하였다. "신이 어찌 감히 명을 받들지 않겠습니까?" 이에 무령왕은 그에게 호복을 내려주고, 다음날 자신도 호복을 입고 조정에 나갔다. 그리고 이때 비로소 나라에 호복착용의 명령을 반포하였다.

한편 무령왕은 처음에 장남을 태자로 삼았다. 그러나 후일 오왜라는 여자를 총애하여 아들을 낳자, 그녀의 아들을 장남 대신에 왕으로 세웠다. 바로 혜문왕이다. 자신은 왕의 자리에서 물러나 상왕이 되었다. 그 후 무령왕은 오왜가 죽자 혜문왕에 대한 사랑이 식고, 장남을 불쌍히 여겨 그에게 나라 반을 나누어 주려하였다. 어느 날 무령왕과 혜문왕이 사구 지역으로 유람을 갔을 때 서로 다른 궁궐에 묵었다. 그 때 장남이 난을 일으켰는데, 장남은 패하게 되자 무령왕의 궁궐로 달아났다. 무령왕이 장남을 받아들이니 군대가 무령왕의 궁궐을 포위하였다. 끝내 장남은 죽었으나 군대는 "장남 때문에 상왕(무령왕)을 포위한 것인데, 만약 군대를 철수시킨다면 우리도 멸족 당할 것이다"며 계속 궁궐을 포위하였다. 무령왕은 궁궐 밖으로 나갈 수 없었고, 또 궁궐 안에 먹을 것이 없게 되면서 참새새끼를 잡아먹으며 연명했다. 무령왕은 석 달이 지난 후 마침내 굶어 죽었다. 군대는 무령왕의 죽음을 확인한 후 비로소 나라에 장례를 알리고 제후들에게 부음을 전하였다.

출처 : 『사기』, 「조세가(趙世家)」, 주제 원문 : 夫服者, 所以便用也, 禮者, 所以便事也.

무령왕(武靈王, 재위 B.C 340년~B.C 295년) : 전국시대 조나라 군주이다. 호복
　　착용과 북방 기마술 사용 등 군사장비와 제도개혁을 통하여 국력을 크게
　　신장시켰다. 말년에 후계자 문제에 대한 우유부단한 처사로 인해 비참한
　　최후를 맞이했다.
비의(肥義, ?~B.C 295년) : 전국시대 조나라의 재상이다. 무령왕의 개혁정책을
　　적극적으로 지지하였다. 무령왕의 장남이 정변을 일으켰을 때 혜문왕(재위
　　B.C 298년~B.C 266년)을 지키려다 살해되었다.

범인을 잘 대우하면 현인이 저절로 모인다

연나라 왕 쾌의 말년에 나라에 동란이 일어나 수개월 동안 수만 명이 죽었다. 백성들은 두려워했고 백관들은 우왕좌왕하였다. 이 무렵 제나라에서는 맹자가 제나라 왕에게 "지금 연나라를 정벌하는 것은 주나라 문왕과 무왕이 상나라 주왕을 토벌한 것처럼 좋은 기회이니 절대 놓쳐서는 안 됩니다"고 건의하였다. 이에 제나라가 연나라를 공격하였다. 연나라 군사는 나가 싸우지 않았고 성문도 잠그지 않았다. 또 마침 연왕 쾌가 죽으면서 연나라는 크게 패하였다.

그 후 2년이 지나 연나라는 쾌의 아들을 왕으로 세웠다. 이가 연 소왕이다. 연 소왕은 침략을 당한 후에 왕이 되었기 때문에 공손한 태도와 후한 예물을 갖추어 현인을 초빙하였다. 연 소왕이 곽외에게 말하였다. "제나라는 우리가 혼란한 틈을 타 침략하여 파괴하였소. 과인은 우리의 영토가 작고 힘이 약하기 때문에 원수를 갚기 어렵다는 것을 잘 알고 있소. 그러나 만약 현인을 구하여 함께 힘써 나라를 다스린다면 선왕의 치욕을 말끔히 씻을 수 있을 것이오. 이것이 과인의 소망이오. 만약 마땅한 사람을 추천해주면 과인이 직접 모실 것이오."

곽외가 말하였다. "대왕께서 반드시 현인을 초빙할 계획이 있으시다면 먼저 저를 기용하십시오. 그러면 저보다 뛰어난 사람이 어찌 천리 길을 마다하겠습니까?" 이에 연 소왕은 곽외에게 좋은 집을 마련해주고 스승을 대하듯 최고의 예절로 받들었다. 과연 이로부터 위나라에서 악의, 제나라에서 추연, 조나라에서 극신과 같은 여러 인재가 앞을 다투어 연나라로 몰려들었다.

한편 연 소왕은 죽은 사람을 찾아가 애도하고 그 유족을 위문하는 등 신하들과 고락을 함께 하였다. 이로부터 연나라는 점차 부유해지고 병사가 두려워하지 않게 되어 전쟁을 할 수 있게 되었다. 이리하여 연 소왕은 악의를 상장군으로 임명하고, 진, 초, 한, 조, 위 다섯 나라와 함께 계획을 세운 후 제나라를 공격했다. 제나라는 패하여 왕이 도성을 버리고 달아났다. 연나라 군대는 단독으로 패주하는 제나라 군대를 끝까지 추격하였다. 마침내 연나라 군대는 임치(臨淄, 제나라 수도)에 진격하여 제나라의 모든 보물을 노획하고 궁궐과 종묘를 불태웠다. 연나라는 제나라의 요, 거, 즉묵 지역을 제외한 모든 지역을 점령하였다.

출처 : 『사기』, 「연소공세가(燕召公世家)」, 주제 원문 : 王必欲致士, 先從隗始, 況賢於隗者, 豈遠千里哉.

곽외(郭隗) : 전국시대 연 소왕 때의 객경(客卿, 타국인에게 수여하는 고위직)이다. 곽외의 지혜로 연나라에 많은 인재들을 초빙하여 연나라를 부강하게 하였다.

연 소왕(燕昭王, B.C 335년~B.C 279년) : 전국시대 연나라 군주이다. 한때 한나라의 인질로 있었다. 왕에 즉위한 후 많은 인재를 등용하였다. 북방 영토를 확충하고 제나라의 70여 개 성을 점령하는 등 연나라의 전성시대를 열었다.

악의(樂毅) : 위나라 장군 악양의 후예이다. 연나라 상장군이 되어 B.C 284년 5개국 연합군을 통솔하여 제나라의 70여개 성을 점령했다. 후일 연 혜왕(재위 B.C 278년~B.C 271년)의 견제를 받아 조나라로 망명했다. 연 혜왕이 오해를 하자 '보연혜왕서(報燕惠王書, 연 혜왕에게 답하는 글)'을 보내 서로 간의 오해를 풀었다.

추연(鄒衍, 약 B.C 324년~약 B.C 250년) : 전국시대 제나라 사람이다. 제나라 직하학궁의 학자로 음양오행학설의 대표인물이다. 오덕종시설(五德終始說, 木, 火, 土, 金, 水가 순환한다는 학설)을 제창하였다.

극신(劇辛, ?~B.C 243년) : 전국시대 조나라 사람이다. 연 소왕 때 연나라의 장군이 되었다. B.C 243년 연나라 군대를 이끌고 조나라를 공격하였으나 실패하고 처형되었다.

전쟁은 생사가 달렸으므로 쉽게 말할 일이 아니다

조사는 조나라의 세무 관리이다. 그가 세금을 거두었는데 한번은 평원군(平原君, 조나라 무령왕의 아들)의 집에서 세금을 내려고 하지 않았다. 이에 조사는 법에 따라 평원군 집의 책임자 9명을 처단하였다. 평원군이 매우 화가 나서 조사를 죽이려 하였다.

조사가 말하였다. "군은 조나라의 왕자입니다. 만약 지금 군의 집에서 법을 지키지 않으면 나라의 법이 쇠약해지고, 법이 쇠약해지면 나라가 쇠약해집니다. 나라가 쇠약해지면 제후들이 침범할 것이고, 제후들이 침범하면 조나라는 망할 것입니다. 그러면 군께서 지금과 같은 부를 누릴 수 있겠습니까? 반대로 군처럼 귀한 분이 법을 지키면 위아래가 하나가 되고, 위아래가 하나가 되면 나라가 강성해지며, 나라가 강성해지면 정권이 튼튼해질 것입니다. 그러면 천하의 그 누가 군을 가볍게 대할 수 있겠습니까?"

평원군은 조사가 유능하다고 여기어 왕에게 추천하였다. 왕이 조사를 등용하여 전국의 세금을 관장하게 하였다. 그로부터 조나라의 세금이 공평해졌고 백성이 부유해졌으며 국고가 충실해졌다. 그 무렵 진나라가 조나라를 침략하자 조사는 장군이 되어 군대를 이끌고 나가 진나라 군대를 격퇴시켰다. 이리하여 그의 지위는 대장군 염파와 재상 인상여와 같게 되었다.

조사의 아들은 조괄이다. 조괄은 어려서부터 병법을 배워 병법에 관하여 천하에 자기를 당할 사람이 없다고 여겼다. 어느 날 조사가 조괄과 함께 병법에 대해 이야기하였다. 조사는 조괄의 말에 지적할 것이 없었으나, 조괄이 병법을 이해한다고 여기지 않았다. 조괄의 어머니가 그 까닭을 묻자 조사가 말했다. "전쟁은 생사가 달린 일이오. 그런데 괄은 그것을 쉽게 말하오. 장차 조나라가 괄을 장군으로 기용하지 않으면 그만이지만, 만약 괄을 장군으로 기용한다면 조나라 군대를 망칠 자는 반드시 괄일 것이오."

후일 진나라가 조나라를 침략하자 조나라는 조괄을 장군으로 임명하였다. 조괄이 군대를 거느리고 출정하려 할 때 그의 어미가 상서를 올려 괄을 장군으로 삼지 말라고 하였다. 왕이 "왜 그런가?"라고 하니, 조괄의 어미가 말하였다. "처음 첩이 그의 아버지를 섬겼을 때 그는 장군이었는데, 몸소 음식을 나누어 준 자가 수십 명이었고 친구가 수백 명이었습니다. 왕실과 대왕께서 내린 상은 모두 수하 군관과 병사에게 나누어 주었고, 군령을 받은 날부터는 집안일에 대해 묻지 않았습니다. 그런데 지금 괄은 장군이 되어 동향하여 조회할 때 병사들이 감히 쳐다보지 못합니다. 대왕께서 하사한 돈과 비단은 모두 집에 모아둔 채 좋은 밭과 집을 둘러보고는 사들이는 자들입니다. 대왕께서 보시기에 조괄과 그의 아비가 같은 점이 얼마나 있습니까? 부자가 서로 다릅니다. 대왕께서는 보내지 마시기 바랍니다." 왕이 말하였다. "그대는 이 일에 나서지 마라. 내 이미 결정하였다." 그러자 조괄의 어미가 말했다. "대왕께서 끝내 그를 보내신다면 나중에 그가 일을 완수하지 못할지라도 첩이 연좌되지 않게 하여주시기 바랍니다." 왕이 허락하였다.

마침내 조괄은 조나라 군대 40여만 명을 이끌고 출정했으나, 진나라 군대에게 포위되어 참패를 당하고 그 자신도 전사하였다. 조왕은 조괄의 어미와 한 약속이 있었기 때문에 그녀의 죄를 묻지 않았다.

출처 : 『사기』, 「염파인상여열전(廉頗藺相如列傳)」, 주제 원문 : 兵死地也, 而括
　　易言之.
조사(趙奢) : 전국시대 조나라 사람이다. 본래 세무 관리였는데 징세를 매우 공
　　평히 하였다. 조나라 무령왕과 효성왕 때 장군으로 기용되어 진나라의 침
　　략을 격퇴시켰다. 봉호는 마복군이다.
조괄(趙括, ?~B.C 260년) : 조나라 장군으로 조사의 아들이다. 어려서부터 병
　　법을 배워 병법에 능통했다. 효성왕(재위 B.C 265년~B.C 245년) 때 장군이
　　되어 조나라 군대 40여만 명을 거느리고 장평에서 진나라 군대와 전투를
　　벌였으나 참패하고 전사하였다.

▌간첩의 일이라도 나라에 득이 되면 버리지 않는다

정국은 한나라의 치수(治水) 전문가이다. 당시 한나라는 진나라의 침략을 방비할 계책을 마련하고 있었는데, 마침 진나라가 각종 토목공사를 일으키기 좋아한다는 소식을 들었다. 이에 한나라는 진나라의 국력을 소모시켜 동쪽의 여러 나라를 침략하지 못하도록 정국을 간첩으로 파견했다.

진나라에 이른 정국은 경수를 뚫어 중산에서 서쪽으로 호구까지 수로를 만든 후, 그 물을 동쪽으로 북산에서 낙수에 이르기까지 300여리를 흘러가게 하여 농토에 관개해야 한다고 설득하였다. 진나라는 정국의 말에 따라 공사를 추진하였다.

그러나 공사가 아직 완성되기 전에 정국의 간첩 행위가 발각되었다. 진나라가 정국을 처형하려 하자 정국이 말하였다. "신은 처음에 한나라를 위해 간첩행위를 하였습니다. 하지만 수로가 완성되면 진나라에도 이로울 것입니다." 진나라 역시 정국의 말을 옳게 여기고 정국에게 공사를 끝마칠 때까지 계속 진행하도록 하였다. 드디어 수로가 완성되어 진흙이 섞여 있는 경수의 물을 끌어다 염분이 섞인 4만여 경(頃, 면적단위, 100무)에 달하는 관중 지역의 농토에 관개하니, 매 1무(畝, 면적단위)마다 10석을 수확하게 되었다.

이로부터 천리에 달하는 관중의 평야는 다시는 흉년을 모르는 비옥한 농토로 변하였다. 진나라는 부강해졌고 마침내 여러 제후국을 병탄하였다. 이리하여 그 수로의 이름을 '정국거'라고 하였다.

출처 : 『사기』, 「하거서(河渠書)」, 주제 원문 : 始臣爲間, 然渠成亦秦之利也.
정국(鄭國) : 전국시대 한나라의 치수 전문가이다. 간첩으로 진나라에 파견되어 정국거(鄭國渠)를 완성하였다. 정국거는 진시황제 원년(B.C 246년)에 공사를 시작하여 약 10년에 걸쳐 완성하였다. 정국거는 서쪽의 경수(涇水)를 끌어다 동쪽의 낙수(洛水)로 흘러들게 하였는데 그 길이가 300여리에 이른다.

아는 것이 어려운 것이 아니라 아는 것을 어떻게 하느냐가 어렵다

한비자는 한나라의 왕자이다. 그는 형명과 법술의 학설을 좋아하였다. 그는 선천적인 말더듬으로 말을 잘하지 못했으나 저술은 뛰어났다. 그는 이사와 함께 순자에게서 공부하였는데, 이사는 스스로 자신이 한비자보다 못하다고 여겼다.

한비자는 유세의 어려움에 대해서 다음과 같이 말했다. "유세의 어려움은 나의 지식으로 상대방을 설득하지 못해서가 아니다. 또 나의 언변으로 나의 뜻을 분명히 밝히지 못해서도 아니고, 감히 해야 할 말을 하지 못해서도 아니다. 유세의 어려움은 상대의 마음을 잘 파악하여 그에 적합한 말을 해야 하는 것이다. 예컨대 상대가 명예를 얻고자 하는데 이익을 이야기하면, 상대는 유세자를 천한 사람이라고 여기고 반드시 멀리할 것이다. 상대가 이익을 바라고 있는데 명예를 이야기하면, 상대는 유세자를 세상물정에 어두운 사람이라 여기고 분명 받아들이지 않을 것이다. 상대가 겉으로 명예를 바라면서 속으로 이익을 바라고 있을 때 명예를 가지고 설득하면, 상대는 겉으로는 유세자를 받아들이는 척하지만 실제로는 멀리할 것이고, 반대로 이익을 가지고 설득하면, 상대는 속으로는 받아들이면서 겉으로는 버릴 것이나. 이런 점을 유세자는 잘 살펴야 한다."

한비자는 또 지식의 어려움에 대해서 다음과 같이 말하였다. "송나라에 한 부자가 있었는데 큰비가 내려 그 집 담장이 무너졌다. 그의 아들이 수리하지 않으면 도둑이 들 것이라고 하였다. 이웃집 노인 역시 그렇게 말하였다. 날이 저물자 과연 도둑이 들어 그 부자 집은 많은 재물을 잃었다. 그 집 사람 모두가 그 아들을 매우 총명하다고 여기면서 이웃집 노인에게는 의심을 품었다. 또 예전에 정나라 무공이 호나라를 정벌하고자 하면서 자기 딸을 호나라 왕에게 시집보냈다. 그리고 대신들에게 '내가 전쟁을 일으키려 하는데 어느 나라를 정벌하면 좋겠는가?'라고 물었다.

관기사가 '호나라를 쳐야 합니다'고 하자, 정 무공은 '호나라는 우리의 형제나라이다. 어찌 호나라를 치라고 하는가?' 하고는 그를 죽였다. 호나라 왕은 그 소식을 듣고 정나라를 친밀한 우방이라고 여기어 침략에 방비하지 않았다. 정나라는 기회를 틈타 호나라를 습격하여 함락시켰다. 이웃집 노인과 관기사가 예견한 것은 모두 정확한 것이었지만, 가볍게는 의심을 사고 중하게는 죽임을 당했다. 그러므로 아는 것이 어려운 것이 아니라 아는 것을 어떻게 하느냐가 어려운 것이다."

후일 진나라 왕이 한비자의 저술을 보고 "과인이 이 사람을 만나 볼 수 있다면 죽어도 여한이 없겠구나!"라고 하자, 이사가 "그것은 한비자의 저술입니다"고 하였다. 진나라는 한비자를 얻기 위해 즉시 한나라를 공격하였다. 처음 한나라 왕은 한비자를 중용하지 않았으나 상황이 급박해지자 한비자를 진나라에 사신으로 파견하였다. 진왕은 한비자를 좋아하였으나 아직 그를 신용하지 않았다.

그때 한비자를 시기한 이사가 진왕에게 한비자를 모함하였다. "한비자는 한나라의 왕자입니다. 지금 대왕께서 각국을 정벌하려 하시는데, 한비자가 결국 자기나라를 위하고 진나라를 위하지 않을 것은 불을 보듯 뻔한 일입니다. 지금 대왕께서 그를 등용하지 않고 오랫동안 억류하였다가 돌려보낸다면, 이는 스스로 후환을 남기는 일입니다. 차라리 죄를 씌워 법에 따라 처형하는 것이 좋을 것입니다."

진왕은 이사의 말을 옳게 여기고 한비자를 법관에 넘겨 처리하게 하였다. 한비자는 직접 진왕을 만나서 사실을 진술하려 했으나 만날 수가 없었다. 이사가 사람을 시켜 한비자에게 독약을 보내어 자살하게 하였다. 얼마 후 진왕이 후회하고 사신을 보내 사면하였으나 한비자는 이미 죽은 뒤였다.

출처 : 『사기』, 「노자한비열전(老子韓非列傳)」, 주제 원문 : 非知之難也, 處知則

難矣.

한비자(韓非子, 약 B.C 280년~B.C 233년) : 이름은 비(非)이다. 전국시대 한나
　　라 왕자로 순자의 제자이다. 진나라에 사신으로 갔으나 함께 공부하였던
　　이사의 모함을 받고 진나라에서 옥사했다. 저서에『한비자(韓非子)』가 있다.
순자(荀子, 약 B.C 313년~B.C 238년) : 이름은 황(況)이고 자는 경(卿)이다.
　　전국시대 조나라 사람이다. 제나라에서 세 차례 직하학궁의 제주(祭酒)를
　　담당했고 초나라에서 난릉령을 역임했다. 제자에 한비자와 이사가 있다.
　　성악설을 주장했고, 저서에『순자(荀子)』가 있다.

태산은 한줌의 흙도 사양하지 않고 바다는 한줄기의 물도 가리지 않는다

이사는 초나라 상채 사람이다. 그는 젊은 시절 군의 하급관리가 되었다. 어느 날 그는 관청 부근 변소의 쥐가 오물을 먹다가 매번 사람이나 개가 가까이 가면 놀라서 도망치는 것을 보았다. 그는 나중에 창고에 갔는데, 창고의 쥐가 넓은 창고에 쌓여 있는 곡식을 먹으면서 사람이나 개가 가까이 다가가도 겁내지 않는 것을 보았다. 이사는 탄식하며 말하였다. "사람의 잘나고 못난 것도 쥐와 같이 스스로 처한 환경에 달린 것이다."

그리하여 이사는 순자에게서 제왕의 통치술을 배웠다. 그는 학업을 마친 후 초나라 왕은 받들 가치가 없고, 여섯 제후국의 국세는 이미 모두 쇠락하여 공적을 세울 희망이 없다고 여기고 서쪽의 진나라로 갔다. 그는 진나라 왕에게 유세하여 객경(客卿, 타국인에게 수여하는 고위직)이 되었다. 그때 마침 진나라에 정국(鄭國, 한나라의 간첩) 사건이 일어나 타국의 빈객을 모두 추방시키려 하였다.

이사가 진왕에게 글을 올려 말하였다. "땅이 넓으면 곡식이 많고, 나라가 크면 백성이 많으며, 군대가 강하면 병사가 용감하다고 합니다. 즉 태산은 한줌의 흙도 사양하지 않기 때문에 높게 되었고, 하해는 작은 물줄기도 가리지 않았기 때문에 깊게 되었으며, 왕업을 이룬 사람은 한 사람의 백성도 물리치지 않았기 때문에 덕을 밝힐 수 있게 된 것입니다 … 대체로 진나라에서 생산되지 않는 물건 중에 귀한 것이 많고, 진나라 출신이 아닌 사람 중에 충성을 바치려는 사람이 많습니다. 지금 빈객을 추방하면 안으로는 백성에게 손해를 끼치어 내부가 쇠약해지고, 밖으로는 제후들의 원한을 사게 되어 나라의 위험을 없애려 해도 어찌 할 수 없게 됩니다." 이에 진왕은 빈객 추방령을 취소하고, 아울러 이사의 벼슬을 돌려준 후 그의 계책을 수용하였다. 이사의 관직은 점차 정위(廷尉,

사법장관)에 이르렀다.

20여년 후, 마침내 진나라가 천하를 통일하였다. 왕을 높여 황제로 칭하였고, 황제는 이사를 승상으로 임명하였다. 이사의 장남 이유는 삼천군수가 되었고, 또 다른 아들들은 진나라의 공주에게 장가들었으며, 딸들은 모두 진나라의 황실자제에게 시집갔다. 장남 이유가 휴가를 얻어 함양(咸陽, 진나라 수도)으로 돌아가자 이사가 잔치를 베풀었다. 조정의 문무백관이 모두 참석하여 이사에게 장수를 축원하였는데, 대문 밖의 거마 수가 수천이나 되었다. 이사는 길게 탄식하며 말하였다. "아! 나는 순자로부터 사물이 지나치게 가득해지는 것을 경계하라는 말을 들었다. 나는 상채에서 태어난 평민이고 거리의 백성일 뿐인데, 폐하께서 나의 부족한 재능을 알지 못하고 지금처럼 높은 지위에 발탁해주시었다. 지금 신하 가운데 나보다 높은 지위에 있는 사람이 없으니 부귀영화가 극에 달하였다고 할 수 있겠다. 사물이 극도에 이르면 쇠퇴해지는 것이거늘 나의 귀착점이 어디일지 모르겠구나!"

진시황제가 유람 중 갑자기 사망하자 이사는 환관 조고와 함께 모의하여 진시황제의 막내아들 호해를 이세황제로 옹립하였다. 조고는 이세황제가 즉위한 후 점차 이사를 모함했고, 이세황제 2년 이사는 끝내 투옥되어 사형선고를 받았다. 이사가 감옥에서 나와 처형상으로 끌려살 때 그의 둘째 아들 역시 함께 끌려갔다. 이사는 둘째 아들을 돌아보며 말하였다. "내가 너와 함께 다시 한 번 누런 개를 데리고 고향 상채의 동문 밖에서 토끼사냥을 하고 싶지만 어찌 가능하겠는가!" 그리고 부자가 함께 통곡하였다. 이사의 삼족이 모두 처형되었다.

출처 : 『사기』, 「이사열전(李斯列傳)」, 주제 원문 : 泰山不讓土壤, 故能成其大. 河海不擇細流, 故能就其深.
이사(李斯, 약 B.C 284년~B.C 208년) : 전국시대 초나라 사람이다. 순자의 제

자이다. 진나라에서 진시황제를 보좌하여 천하를 통일하였다. 통일 후 문자, 도량형을 통일시키고 군현제를 실시하였다. 제자백가서를 금지하여 분서갱유(焚書坑儒, 책을 불사르고 유학자들을 산채로 구덩이에 묻어 죽임)를 일으키기도 하였다. 진시황제가 유람 중 갑자기 사망하자, 환관 조고와 함께 진시황제의 유서를 변조하여 진시황제의 막내아들 호해를 이세황제로 옹립하였다. 이세황제 때 조고의 모함을 받고 처형당했다.

조고(趙高, ?~B.C 207년) : 진나라 종실의 후예로 입궁하여 환관이 된 후 중거부령(中車府令, 황제의 어가행렬 관장)을 역임했다. 진시황제가 유람 중 사망하자 승상 이사와 모의하여 호해를 이세황제로 즉위시켰다. 이후 이사를 모함하여 처형한 후 승상이 되었다. 마지막에 이세황제를 핍박하여 자살하게 하고, 왕자 자영을 진왕으로 옹립했으나 자영에 의해 살해되었다.

▎큰일을 행할 때는 작은 일에 신경 쓰지 않는다

번쾌는 패현 사람이다. 처음 그는 유방을 따라 풍에서 군사를 일으킨 후 패현을 공격하여 함락시켰다. 유방이 패공(沛公)이 되자 그의 사인(舍人, 수행 관리)이 되었다. 후일 번쾌는 유방을 따라 함양(咸陽, 진나라 수도)을 점령하고 함곡관(函谷關, 진나라 동쪽 관문)을 봉쇄하였다. 마침 항우가 함곡관에 도착하여 유방을 공격하려고 하였다. 그때 항우의 군사는 40만으로 신풍의 홍문(鴻門, 지명)에 있었고, 유방의 군사는 10만으로 패상(覇上, 지명)에 있었다. 서로 간의 거리는 40 리였다. 유방은 항우를 대적할 수 없음을 알고 100여 명의 기병을 대동한 채 홍문으로 갔다. 그리고 항우를 접견하고는 함곡관을 봉쇄한 일에 대해 사죄하였다.

그때 항우는 유방을 죽이려는 음모를 꾸미고 주연을 베풀었다. 술자리가 무르익을 무렵 범증이 항장에게 좌중에서 칼춤을 추다가 유방을 죽이라고 눈짓을 주었다. 하지만 그때마다 항백이 유방을 보호하였다. 당시 연회장에는 한나라 측에서 유방과 장량만이 참석하고 있었다. 번쾌는 병영 밖에 있다가 사태가 급박하다는 소식을 듣고 곧바로 검과 방패를 들고 병영 안으로 들어갔다. 병영의 보초가 저지하자, 번쾌는 방패로 보초를 비껴 쳐서 땅에 쓰러뜨리고 장막 안으로 들어갔다. 그리고 그는 서쪽을 향해 서서 눈을 부릅뜨고 항우를 노려보았는데, 그의 머리카락은 위로 뻗치고 눈꼬리는 있는 대로 찢어졌다. 항우가 검에 손을 대고 무릎자세를 한 채 누구냐고 물으니, 장량이 "패공의 참승(參乘, 수레에 타는 경호원) 번쾌입니다"고 하였다. 항우가 "장사로구나!"라고 하고, 술 한 주전자와 돼지다리를 하사하였다.

번쾌는 술을 다 마시고 칼을 뽑아 돼지고기를 잘라서 먹어치웠다. 항우가 "더 마실 수 있겠는가?"라고 하니, 번쾌가 말하였다. "신은 죽음도 사양하지 않거늘 어찌 술 한 잔을 사양하겠습니까? 그보다 패공은 함양에 먼저 들어가서 그곳을 안정시킨 후 패상에서 군대를 거느리고 대왕을 기다리고 있었습니다. 그런데 대왕께서는 오늘 도착하여 소인배의 말을 듣고 패공과의 사이에 틈을 만들고 계십니다. 신은 천하가 분열되어 사람들이 대왕을 의심할까 걱정이 됩니다."

항우는 별 응답을 하지 않은 채 번쾌에게 앉으라고 하였다. 번쾌가 장량 곁에 앉은 지 얼마 되지 않아 유방이 일어나 변소로 가면서 번쾌를 밖으로 불러내었다. 유방이 번쾌에게 말하였다. "지금 나오면서 하직인사를 하지 않았는데 어찌하면 좋겠는가?" 번쾌가 말하였다. "큰일을 행할 때는 작은 일에 신경 쓰지 않고, 큰 예절을 행할 때는 작은 허물을 사양치 않습니다. 지금 저들은 칼과 도마이고 우리는 그 위에 놓인 고기와 생선 같은 신세입니다. 하직인사가 무슨 말입니까?"

이에 유방은 장량에게 남아서 항우에게 사죄하도록 하고, 자신은 수레를 버려둔 채 홀로 말을 타고, 번쾌 등 네 사람은 걸어서 뒤를 따르며, 산 아래 샛길을 따라 패상의 군영으로 도망쳤다.

출처 : 『사기』, 「항우본기(項羽本紀)」, 「번역등관열전(樊酈滕灌列傳)」, 주제 원 문 : 大行不顧細謹.
번쾌(樊噲, B.C 242년~B.C 189년) : 한나라 개국공신이다. 패현 사람으로 유방 을 따라 기병하여 한나라 건국에 큰 공을 세웠다. 특히 홍문연(鴻門宴, 홍 문에서 항우가 유방을 살해하려고 베푼 주연)에서 병영에 달려들어 유방을 죽음의 위기에서 구출하였다. 대장군, 좌승상 등을 역임하였다. 여태후의 매부이다.
유방(劉邦, B.C 256년~B.C 195년) : 한나라를 건국한 한 고조이다. 정장(亭長, 하급지방관) 출신으로 진나라 말기 기병하여 패현을 점령하여 패공(沛公) 이 되었다. B.C 206년 진나라 수도 함양을 점령한 공으로 한왕(漢王)에 봉 해졌다. B.C 202년 5년간에 걸친 항우와의 전쟁에서 승리하여 천하를 통일 하였다. B.C 195년 개국공신 영포의 반란 토벌 중 부상당한 후유증으로 병사하였다.
항우(項羽, B.C 232년~B.C 202년) : 이름은 적이고 자는 우(羽)이다. 초나라 명장 항연의 손자이다. 진 이세황제 때 기병한 후 제후의 군대를 통솔하여 진나라 군대를 격파하였다. 진나라를 멸망시킨 후 스스로 서초패왕이라 하고 다른 공신과 6국의 귀족을 왕으로 봉하였다. 그 후 한나라와의 전쟁에서 패한 후 자결하였다.

범증(范增, B.C 277년~B.C 204년) : 초나라 항우의 모사이다. 항우로부터 '아부(亞父)'라는 존칭을 받았다. 뛰어난 계책으로 여러 차례 항우의 군대를 승리로 이끌었다. 후일 한나라의 이간책으로 인해 항우에게 배척을 받고 물러나 고향으로 돌아가던 중 병사하였다.

장량(張良, 약 B.C 250년~B.C 186년) : 한나라 개국공신이다. 자는 자방(子房)으로 전국시대 한(韓)나라 귀족의 후예이다. 계책으로 유방을 보좌하여 한나라 건국에 큰 공을 세웠다. 또한 여태후의 아들 혜제가 태자에서 폐위되는 것을 막았다. 한나라 건국 후 모든 직책에서 물러나 은거하였다. 유후에 봉해졌다.

항장(項莊) : 전국시대 초나라 장군 항연의 손자이고 항우의 사촌 동생이다. 홍문연에서 유방을 살해하려고 칼춤을 춘 사실에서 "항장이 칼춤을 춘 의도는 패공을 죽이려 함이다(項莊舞劍, 意在沛公)"라는 고사가 생겼다. 나중에 항우와 함께 오강의 전투에서 전사했다.

항백(項伯, ?~B.C 192년) : 전국시대 초나라 장군 항연의 아들이다. 항우의 숙부이다. 항우와 함께 진나라를 멸망시켰다. 젊은 시절 죄를 짓고 하비에서 장량과 숨어 지낸 인연으로 홍문연에서 장량의 부탁을 받고 유방을 보호했다. 한나라 건국 후 사양후에 봉해졌다.

죽을 곳에 빠진 후에야 살 수 있다

한신은 초나라 회음 사람이다. 그는 평민이었을 때 가난하고 특별한 행적이 없어서 추천을 받아 관리가 되지 못했고 또 장사하여 생활하지도 못했다. 그는 늘 남의 집에 기대어 얻어먹고 살았으므로 대부분의 사람이 그를 싫어했다. 한신은 일찍이 하향의 남창 정장(亭長, 하급지방관)에게 자주 얻어먹었는데, 여러 달이 지나자 정장의 아내가 그를 싫어하여 새벽에 밥을 지어 먹었다. 한신이 식사 때 갔으나 식사가 준비되어 있지 않았다. 한신도 그 뜻을 알고 화가 나서 절교하고 떠났다.

한편 한신과 같은 마을에 한신을 업신여기는 젊은이가 있었다. 그가 한신에게 말하였다. "네가 비록 몸집이 크고 늘 칼을 차고 다니기 좋아하지만 속으로는 겁이 많을 것이다", 또 "네가 죽고자 하면 나를 찌르고 그렇지 않으면 내 가랑이 밑을 기어나가라!" 한신은 한참동안 그를 쳐다본 후에 그의 가랑이 밑을 기어나갔다. 마을사람들이 모두 한신을 겁쟁이라고 비웃었다.

후일 한신은 소하(蕭何, 한나라 승상)의 추천을 받아 한나라의 대장군이 되었다. 한신은 대장군이 된 후 진나라 지역을 평정하고 위나라와 대나라를 격파하였다. 그리고 조나라와 대치하였다. 한신은 모든 군사에게 가벼운 음식을 나누어 주고 말하였다. "오늘 조나라 군대를 격파한 뒤에 함께 배불리 먹자!" 장수들은 누구도 그 말을 믿지 않았지만 거짓으로 "그러겠습니다"고 대답하였다. 한신이 배수진(背水陣, 물을 등지고 진을 침)을 치니 조나라 군대가 바라보고 크게 웃었다.

마침내 한신은 조나라 군대를 대파하였다. 장수들이 축하하며 한신에게 물었다. "병법에는 산을 오른편으로 등지고 물을 왼편 앞으로 하라고되어 있습니다. 그런데 오늘 장군께서는 저희에게 오히려 물을 등지게 진을 치게 하고는 조나라 군대를 격파한 뒤에 함께 배불리 먹자고 하였는데, 저희는 승복하지 않았습니다. 그러나 마침내 승리하였으니 이는 무슨 전술입니까?" 한신이 대답하였다. "이것도 병법에 있는 것이다. 그대들이 자세히 살펴보지 않았을 뿐이다. 병법에 죽을 곳에 빠진 후에야 살고, 망할 곳에 처한 후에야 생존 한다는 말이 있지 않은가? 우리의 군대는 평소 훈련받지 않은 군사들이다. 이는 이른바 시장바닥의 사람을 이끌고 전쟁을 하는 것과 마찬가지이다. 만약 그들을 사지에 몰아넣어서 그들 스스로가 살기 위해서 싸우도록 하지 않는다면, 그들이 모두 달아날 것이 니 어찌 쓸 수 있겠는가!" 장수들이 모두 탄복하여 "훌륭합니다. 저희가 미칠 바가 아닙니다"고 하였다. 그 후 한신은 연속하여 제나라와 초나라 를 격파하였다.

한신은 천하가 통일되고 한 왕조가 수립된 후 초왕에 봉해졌다. 그는 초나라에 이르러서 예전의 남창정장에게 100전을 하사하며 말했다. "그 대는 소인이다. 덕을 끝까지 베풀지 못하였다." 또 자기가랑이 밑으로 기어나가라고 욕보였던 젊은이를 불러 중위에 임명하고, 여러 장군과 재 상에게 말하였다. "이자는 장사이다. 나를 욕보일 때 내 어찌 이 자를 죽일 수 없었겠는가? 죽일지라도 이름날 것이 없었기 때문에 참고 오늘의 공업을 이룩한 것이다."

황제(한 고조)는 한가한 시간에 늘 한신과 함께 여러 장수의 재능에 각각 차이가 있음을 말하였다. 황제가 한신에게 물었다. "나는 얼마만큼 의 군대를 거느릴 수 있겠는가?" 한신이 대답하였다. "폐하는 10만 명의 군대밖에 거느릴 수 없습니다." 황제가 "그대는 어떠한가?"라고 하니, 한 신이 말하였다. "신은 다다익선(多多益善, 많으면 많을수록 좋음)입니 다." 황제가 웃으며 "다다익선이라면서 어찌하여 나에게 사로잡혔는가?" 라고 하니, 한신이 말하였다. "폐하는 군사를 거느리지 못하지만 장수는 잘 거느릴 수 있습니다. 이것이 바로 신이 폐하께 사로잡힌 까닭입니다. 또 폐하는 이른바 하늘이 내리신 분이므로 사람의 힘으로 어찌 할 수가 없습니다."

출처 : 『사기』, 「회음후열전(淮陰侯列傳)」, 주제 원문 : 陷之死地而後生.
한신(韓信, 약 B.C 231년~B.C 196년) : 한나라 개국공신이다. 처음 항우에 소
    속되었으나 중용되지 않자 항우를 떠나 유방에게로 가서 한나라의 대장군
    이 되었다. 한나라 대장군이 된 후 위나라, 조나라, 대나라, 연나라, 제나라,
    초나라를 격파하여 천하통일에 큰 공을 세웠다. 한나라 건국 후 초왕에
    봉해졌으나 모반죄로 처형되었다.

언변에 힘쓰면 내실을 잃는다

장석지는 한 문제(漢文帝, 한나라 제5대 황제) 때의 대신이다. 어느 날 그는 황제를 수행하여 상림원(上林苑, 황실정원)에 갔다. 황제가 상림위(上林尉, 상림원 책임관리)에게 서책에 기록된 각종 동물 상황에 대해 10여 가지 질문을 하였다. 상림위는 두리번거릴 뿐 아무런 대답을 하지 못했다. 그때 곁에 있던 관리가 상림위를 대신하여 아주 자세히 대답하였다. 그러자 황제가 "관리란 마땅히 저래야 되지 않겠는가? 상림위는 쓸모가 없군!"이라고 하고는, 장석지에게 그 관리를 상림위로 삼으라고 하였다. 잠시 후 장석지가 앞으로 나아가 말하였다. "폐하께서는 강후 주발이 어떤 사람이라고 생각하십니까?" 황제가 "훌륭한 사람이오"라고 하니, 장석지가 또 말하였다. "동양후 장상여는 어떤 사람이라고 생각하십니까?" 황제가 역시 "훌륭한 사람이오"라고 하였다.

장석지가 말하였다. "폐하께서 강후나 동양후를 훌륭한 사람이라고 하였습니다. 하지만 이 두 사람은 일에 대해서 이야기할 때면 말을 잘하지 못합니다. 설마 사람들에게 재잘거리며 말 잘하는 저 관리를 배우라고 하시는 것은 아니겠지요? 진나라는 붓끝을 놀려 법을 우롱하는 관리를 중용하였기 때문에 관리들이 서로 다투며 일처리를 빠르고 가혹하게 하는 것을 최고로 여겼습니다. 그리하여 문서로는 일이 잘 처리되었지만 인정이 전혀 없는 폐단을 낳았습니다. 이러한 까닭으로 진시황제는 자신의 잘못을 듣지 못하게 되었고, 그로 인해 나라가 날로 쇠퇴하여 마침내 이세황제 때 나라가 붕괴하였습니다. 지금 폐하께서 저 관리가 말을 잘한다고 하여서 직위를 초월하여 발탁하신다면, 천하 사람이 모두 이러한 풍속을 본받아 언변에만 힘써서 내실이 사라질까 걱정이 됩니다. 하물며 아랫사람이 윗사람을 본받는 것은 그림자가 형체를 따르고 소리가 메아리치는 것처럼 빠릅니다. 폐하께서는 어떤 일이든 신중히 처리하시지 않으면 안 됩니다." 한 문제는 맞는 말이라 여기고 관리를 발탁하려던 원래의 명령을 취소하였다.

후일 장석지가 한 문제를 수행하여 패릉(霸陵, 한 문제의 능)에 갔다. 황제가 군신을 돌아보며 말하였다. "아! 북산의 돌로 관을 만든 후 잘게 자른 모시와 솜으로 그 관의 틈새를 막고, 다시 그 위에 옻칠을 한다면 누가 열 수 있겠는가!" 좌우의 신하들이 모두 "맞습니다"고 하였다. 장석지가 앞으로 나아가 말하였다. "만약 그 안에 탐욕을 불러일으킬만한 물건이 있다면, 비록 남산을 녹여 관을 만들지라도 틈이 생길 것입니다. 그러나 만약 그 안에 탐욕을 불러일으킬만한 물건이 없다면, 비록 돌로 만든 관을 쓰지 않더라도 걱정할 일이 무엇이 있겠습니까?" 이에 대해 황제가 아주 훌륭한 말이라고 칭찬하였다.

출처 : 『사기』, 「장석지풍당열전(張釋之馮唐列傳)」, 주제 원문 : 爭爲口辯而無其實.

장석지(張釋之) : 한나라 초기의 대신이다. 한 문제 때 정위(廷尉, 사법장관)에 재직하면서 법을 매우 공정하고 엄격히 집행하였다. 그리하여 당시 사람들이 "장석지가 정위가 되니 천하에 억울한 사람이 없다"고 하였다.

주발(周勃, ?~B.C 169년) : 한나라 개국공신이다. 한 고조 유방과 동향인 패현 사람이다. 농민출신으로 진나라 말기 한 고조를 따라 기병하여 많은 군공을 세웠다. 여태후 사망 후 진평 등과 함께 여태후 일족을 제거한 후 한 문제를 황제로 옹립하였다. 태위, 승상 등을 역임했고 강후에 봉해졌다. 사람됨이 우직하고 어눌했다.

장상여(張相如) : 한나라 초기 장군이다. 한 고조를 도와 한나라 건국에 큰 공을 세웠고, 한나라 건국 후 진희의 반란을 평정하는데 큰 공을 세웠다. 동양후에 봉해졌다.

처세處世

오명을 남김은 죽느니만 못하다

　신생은 진(晉)나라 헌공의 아들이다. 진 헌공에게는 여러 아들이 있었는데, 그중 신생과 중이, 이오가 현명하고 품행이 선량하였다. 신생은 태자가 되었으나 그의 어머니가 일찍 죽었다. 그 후 진 헌공이 새로 여희를 총애하여 아들 해제를 낳았다. 진 헌공이 사사로이 여희에게 말하였다. "내 태자를 폐위하고 대신 해제를 태자로 세우려고 하오!" 그러자 여희가 울면서 말하였다. "태자를 세운 것은 이미 모든 제후가 다 알고 있는 사실입니다. 또한 태자는 여러 차례 군대를 통솔하여 민심이 모두 그에게 기울어져 있는데, 소첩 때문에 어찌 적자를 폐하고 서자를 세운다는 말입니까? 대왕께서 기어이 그렇게 하신다면 소첩은 자살하겠습니다." 그러나 여희는 겉으로 태자를 찬양하는 척하면서 몰래 사람을 시켜 태자를 모함하여 자기아들을 태자로 세우려 하였다.

　얼마 후 여희가 태자에게 말했다. "대왕께서 꿈에 돌아가신 태자의 어머니를 보았다고 합니다. 태자께서는 즉시 곡옥(曲沃, 지명)으로 가서 어머니께 제사지내십시오. 그리고 돌아와서 제사에 올렸던 고기를 대왕께 올리십시오." 이에 신생은 곡옥으로 가서 자기 어머니에게 제사지내고, 돌아와서는 제사지낸 고기를 진 헌공에게 보냈다. 그때 마침 진 헌공은 사냥을 나갔으므로 태자는 고기를 궁중에 놓아두었다. 여희가 사람을 시켜 그 고기 속에 독약을 넣었다.

　이틀이 지난 후 진 헌공이 사냥터에서 돌아오자 요리사가 제사고기를 바쳤다. 진 헌공이 그것을 먹으려 할 때 옆에 있던 여희가 제지하며 말하였다. "먼 곳에서 온 제사고기이니 마땅히 맛을 보아야 합니다." 이에 요리사가 제사고기를 개에게 던지니 개가 먹고 그 자리에서 죽었다. 요리사가 환관에게 먹이니 그 역시 죽었다. 여희가 울면서 말하였다. "태자는 어찌 이토록 잔인한가? 자신의 아버지마저도 시해하고 그 자리를 차지하려 하는데 하물며 다른 사람이야! 게다가 대왕께서는 이미 늙으셔서 머지 않아 돌아가실 텐데 태자는 그것을 참지 못하고 시해하려 하다니!" 그리고 진 헌공에게 말하였다. "태자가 이렇게 하는 까닭은 소첩과 저의 아들 때문입니다. 저희 모자는 차라리 다른 나라로 피신하거나 혹은 자살할지 언정 태자에게 살해되지 않으려 합니다. 애초에 대왕께서 그를 폐위시키려 할 때 소첩은 오히려 반대하였는데, 오늘에서야 소첩이 크게 잘못했음을 알았습니다."

신생은 이 소식을 듣고 곡옥으로 도망쳤다. 진 헌공은 매우 화가 나서 신생의 스승을 죽였다. 어떤 사람이 신생에게 "제사고기에 독약을 넣은 것은 여희인데 어찌 태자께서 직접 해명하지 않으십니까?"라고 하니, 신생이 말하였다. "나의 부친은 연로하여 여희가 아니면 잠을 편히 들지 못하고 식사를 달게 하지 못한다. 만약 해명하면 부친께서 여희에게 화를 낼 것이다. 그렇게 해서는 안 될 일이다." 또 어떤 사람이 "빨리 다른 나라로 도망치십시오"라고 하니, 신생이 말하였다. "오명을 지니고 도망친다면 누가 나를 받아 주겠는가? 스스로 목숨을 끊을 뿐이다." 그는 끝내 자살하였다.

출처 : 『사기』, 「진세가(晉世家)」, 주제 원문 : 惡名以出, 人誰內我, 我自殺耳.
신생(申生, ?~B.C 656년) : 진 헌공의 태자이다. 어머니는 제 환공의 딸 제강으로 일찍 죽었다. 제강이 죽은 후 진 헌공이 여희를 총애하여 아들을 낳았고, 여희가 자신의 아들을 태자로 세우려고 모함하자 자결하였다.
여희(驪姬, ?~B.C 651년) : 본래 여융(驪戎) 군주의 딸이다. 진 헌공이 여융을 정복하였을 때 포로가 되었고 진 헌공의 비가 되었다. 그 후 자신의 아들을 후계자로 삼기 위해 진 헌공과 그의 아들과의 사이를 이간시켜 결국 태자 신생은 자살하였고, 태자의 다른 형제들은 외국으로 도망쳤다. 진 헌공이 죽은 후 그녀의 두 아들이 잠시 번갈아 왕이 되었으나, 곧바로 대신 이극에 의해 그녀와 두 아들 모두 살해되었다.

공을 세우고 대가를 구하는 것은 부끄러운 일이다

중이는 진 헌공의 아들이다. 어려서부터 사람 사귀기를 좋아하여 17세 때 이미 인품이 훌륭하고 재능이 뛰어난 다섯 명의 친구가 있었다. 바로 호언구범, 조최, 가타, 선진, 위무자 등이다. 진 헌공 21년, 중이는 헌공의 총희 여희가 태자 신생을 모함하여 자살하게 하자, 자신에게도 화가 미칠까 두려워 적나라로 도망쳤다. 그때 나이 43세였다.

후일 진 헌공이 죽자, 대신 이극이 여희의 아들을 죽이고 중이를 영접하여 왕으로 옹립하려 했다. 그러나 중이는 사양하며 말하였다. "부친의 명령을 거역하여 나라 밖으로 도주하였고, 부친이 돌아가셨으나 자식의 예로써 장례를 올리지도 못했는데 내 어찌 감히 귀국할 수 있겠소. 대신들은 다른 왕을 세우시오." 이에 진나라는 중이의 동생 이오를 맞이하여 왕으로 세웠다. 이가 진 혜공이다.

그 후 중이는 적나라, 위나라, 제나라, 조나라, 송나라, 정나라, 초나라, 진(秦)나라 등 여러 나라를 떠돌다 19년 만에 귀국하였다. 그때 그의 나이 62세였고, 그를 따른 사람은 호언구범, 조최, 가타, 선진, 위무자 등을 포함하여 수십 명이었다.

진(秦)나라가 중이를 호송하여 황하 가에 이르렀을 때 호언구범이 말하였다. "신이 군왕을 따라 천하를 주유한지 이미 오래되었습니다. 신 자신도 알고 있는데 하물며 군왕께서 어떠하시겠습니까? 신은 이제 떠날까 합니다." 이에 중이가 아름다운 둥근 옥을 황하에 던지며 맹세하였다. "만약 귀국하여 그대와 마음이 같지 않은 사람이 있다면 하백(河伯, 황하의 신)이 증명할 것이오!" 이때 개자추 역시 중이를 수행하고 있었는데, 그는 배 한가운데 서서 웃으며 말하였다. "하늘이 군왕을 지지하여 일어나게 해주었건만 구범이 자신의 공로라며 군왕에게 대가를 구하는 것은 매우 부끄러운 일이다. 나는 그와 함께 있고 싶지 않다." 그리고 그는 숨어서 황하를 건넜다.

중이는 귀국하여 왕위에 즉위하였다. 이가 진 문공이다. 진 문공은 자신을 따라서 떠돌던 사람과 공로가 있는 신하에게 상을 내렸는데, 공로가 많은 사람에게는 성읍을 내리고 적은 사람에게는 작위를 수여했다. 다만 숨어서 지내고 있는 개자추에게는 나라밖에 긴급한 일이 생기어 미처 상을 내리지 못했다. 개자추 역시 상을 요구하지 않았다.

개자추가 말하였다. "헌공에게 아홉 명의 아들이 있는데 오직 지금의 대왕만이 건재하시다. 혜공과 회공은 가까운 사람이 없었고 국내외에서 모두 그들을 버렸다. 그러나 하늘이 제사를 주관하도록 진나라를 멸망시키지 않고 대왕을 내리셨으니, 지금의 대왕이 아니면 누구이겠는가? 실로 하늘이 대왕의 길을 열어주었건만, 몇몇 사람이 자신의 공로라 여기고 있으니 참으로 황당한 일이다. 남의 재물을 훔치는 자를 도둑이라 한다면 하늘의 공을 탐내어 자신의 공로로 삼는 자를 무엇이라 해야 하는가? 신하는 자신의 죄를 가리고 군왕은 간신에게 상을 내려주어 상하가 서로 속이고 있으니 그들과 함께 할 수 없다."

개자추의 어머니가 말하였다. "너는 어찌 상을 요청하지 않느냐? 죽어서 누구를 원망하겠느냐?" 개자추가 말하였다. "제가 저들을 원망하였는데 다시 저들의 행위를 따라한다면 죄가 더욱 심해질 뿐입니다. 더욱이 이미 원망하는 말을 했으니 절대 저들의 봉록을 먹지 않을 것입니다." 그의 어머니가 말하였다. "대왕께 네 처지를 알리는 것이 어떻겠느냐?" 개자추가 말하였다. "말이란 단지 몸의 장식일 뿐입니다. 몸을 숨기려는데 장식은 해서 무엇 하겠습니까? 장식은 자신을 드러내는 것일 뿐입니다." 그의 어머니가 말하였다. "말한 것처럼 할 수 있겠느냐? 그렇다면 나도 너와 함께 숨어 살겠다." 그로부터 그들은 죽을 때까지 다시 얼굴을 드러내지 않았다.

개자추의 시종들이 개자추를 가련히 여기어 궁문에 글을 써서 붙였다.

"용이 하늘에 오를 때 다섯 마리 뱀이 보좌하였다. 용이 구름 속 깊이 들어가니 네 마리 뱀은 각각 자기 집으로 들어갔다. 오직 한 마리 뱀만이 홀로 원망하며 끝내 갈 곳을 찾지 못하였구나!" 진 문공이 궁궐을 나설 때 글을 보고 말하였다. "이것은 개자추이다. 과인이 왕실의 일을 우려하느라 그의 공로를 미처 생각하지 못했다." 이에 사람을 보냈으나 개자추는 이미 떠나고 없었다. 진 문공은 개자추가 금상산으로 들어갔다는 말을 듣고 그에게 금상산 전체를 봉토로 주고, 그 이름을 개추전 또는 개산이라고 하였다. 그리고 그는 "이로써 과인의 죄를 기록하고 뛰어난 사람을 표창하노라!"고 하였다.

한편 진 문공과 함께 망명생활을 하였던 호숙이 말하였다. "대왕께서 세 차례에 걸쳐 공신에게 상을 하사하였으나 신에게는 돌아오지 않았습니다. 신에게 무슨 잘못이 있습니까?" 진 문공이 말하였다. "인의로 나를 이끌어주고 은혜와 덕으로 나를 권고해준 사람에게 최고의 상을 내렸다. 행동으로 나를 보좌하여 마침내 공업을 이루게 해준 사람에게는 그 다음 상을 내렸다. 화살의 위험을 무릅쓰고 나를 위해 땀을 흘린 공로가 있는 사람에게는 그 다음 다음 상을 내렸다. 단지 힘을 다하여 섬겼을 뿐 나의 잘못을 보완해주지 못한 사람에게도 그 다음 다음 상을 내렸다. 이 상을 다 내린 다음에는 그대에게도 돌아갈 것이다." 이 말을 전해들은 진나라 사람들이 모두 크게 기뻐하였다.

출처 : 『사기』, 「진세가(晉世家)」, 주제 원문 : 以爲己功而要市於君, 固足羞也.
개자추(介子推, ?~B.C 636년) : 개지추, 개자라고도 한다. 춘추시기 진나라 사람이다. 진 문공과 함께 오랫동안 망명생활을 하였으나 진 문공이 왕에 즉위한 후 관직에 나가지 않고 모친과 함께 은거하였다. 일설에는 진 문공이 개자추를 산에서 내려오도록 산에 불을 질렀으나 개자추가 하산하지 않고 지조를 지키어 불에 타 죽자, 개자추를 기리어 불을 금하고 찬 음식을 먹게 하는 한식절(寒食節)이 생겨났다고 한다.

진 문공(晉文公, B.C 697년~B.C 628년) : 춘추시기 진나라의 군주이다. 진 헌
    공의 아들이고 이름은 중이(重耳)이다. 오랜 망명생활 끝에 60세 넘어 왕위
    에 등극했다. 재위기간 문치(文治)와 무공(武功)이 탁월하였다. 춘추5패(春
    秋五覇) 중의 한 사람이다.

호언구범(狐偃咎犯, 약 B.C 715년~B.C 629년) : 진 문공의 외삼촌이다. 진 문
    공과 함께 19년 간 타국에서 망명하는 동안 최측근에서 진 문공을 보좌하
    였다. 진 문공이 귀국하여 왕이 된 후에도 계속 측근에서 보좌하여 진 문공
    이 공업을 이룩하는데 큰 역할을 하였다. 진 문공은 호언구범에 대해 "만세
    의 공적을 세웠다"고 평가했다.

이극(里克, ?~B.C 650년) : 춘추시기 진나라의 경대부이다. 진 헌공의 고굉대
    신이다. 진 헌공 사후 진 혜공을 옹립하였으나 최후에 그의 핍박을 받고
    자살했다.

▌군자는 자기를 알아주는 사람에게 뜻을 펼친다

안영은 제나라의 재상이다. 그는 제나라의 영공, 장공, 경공 3대의 군주를 보좌했으며, 검소하고 근면하여 사람들의 존경을 받았다. 재상으로 있는 동안 맛있는 음식을 먹지 않았고, 처첩들에게 비단옷을 입지 못하게 하였다. 조정에서 임금이 물어보면 자신의 의견을 솔직히 말하고, 묻지 않으면 업무에 충실했다. 임금의 행위가 바르면 명령에 따라 행하고, 바르지 않으면 명령을 참작하여 처리했다. 그래서 제나라 영공, 장공, 경공 3대에 걸쳐 그의 명성이 각 제후국에 알려졌다.

어느 날 안영이 외출하던 중 죄수가 된 월석보라는 현인을 만났다. 안영은 자기 수레의 왼쪽 말을 풀어 속죄금으로 주고 월석보를 태워 함께 집으로 돌아갔다. 안영은 아무런 인사도 하지 않고 내실로 들어간 채 오랫동안 나오지 않았다. 이에 월석보가 안영에게 절교하기를 청하였다. 깜짝 놀란 안영이 황망히 의관을 단정히 하고 사죄하며 말하였다. "내 비록 어질지는 못하지만 그대를 곤경에서 구해주었는데 어찌 이렇게 빨리 절교를 요청하는 것이오?" 월석보가 말하였다. "그렇지 않습니다. 저는 군자는 자기를 알아주지 않는 사람에게는 뜻을 굽히지만, 자기를 알아주는 사람에게는 자신의 뜻을 펼친다고 들었습니다. 방금 제가 죄수의 몸이었을 때 그들은 나를 알아주지 않았습니다. 그러나 대부께서 속죄금을 내고 저를 구해주었으니, 이는 저를 알아준 것입니다. 그런데 저를 알아주면서도 예로써 대해주지 않는다면 차라리 죄수의 몸으로 있는 것이 나을 것입니다." 이리하여 안영은 월석보를 상객으로 받들었다.

또 어느 날 안영이 제나라 재상이 되어 외출할 때이다. 그의 마부의 아내가 문틈으로 자기 남편을 엿보았다. 그 마부는 재상의 수레를 몰고 있었는데, 머리 위에 큰 우산을 쓰고 네 필의 말이 끄는 수레를 몰고 가면서 매우 의기양양하였다. 얼마 후 마부가 돌아오자 그의 아내가 이혼을 요구하였다. 마부가 까닭을 묻자 그의 아내가 말하였다. "안자(안영)는 키가 6척도 못되지만 제나라의 재상으로 여러 제후국에 명성을 날리고 있습니다. 오늘 내가 그의 외출하는 모습을 보니 매우 사려가 깊고 태도가 겸손하였습니다. 그런데 그대는 키가 8척이건만 남의 마부가 된 것을 스스로 매우 만족하고 있습니다. 그래서 이혼하자는 것입니다." 그 후 마부는 태도가 겸손하고 신중해졌다. 안영이 이를 이상히 여겨 그 까닭을 묻자 마부가 사실대로 말하였다. 안영은 그를 대부로 천거하였다.

출처 : 『사기』, 「관안열전(管晏列傳)」, 주제 원문 : 君子信於知己者.
안영(晏嬰, B.C 578년~B.C 500년) : 춘추시기 제나라의 재상이다. 안자, 안평중이라고도 한다. 40여년에 걸쳐 제 영공, 제 장공, 제 경공 3대를 섬겼다. 사람됨이 겸손하고 검소하였다.
월석보(越石父) : 춘추시기 제나라의 현인이다. 죄인으로 있던 중 안영에 의해 속죄되었다.

재앙은 권세와 재산으로부터 비롯된다

오나라 왕 수몽에게는 제번, 여제, 여말, 계찰 등의 아들이 있었다. 수몽은 그중 막내아들 계찰이 현명하고 재능이 있다고 여겨 그에게 왕위를 물려주려 했다. 그러나 계찰은 응낙하지 않고 피해버렸다.

수몽이 죽은 후 장남 제번이 왕위에 즉위하였다. 제번은 부친상을 마치고 왕위를 계찰에게 물려주려 하였다. 그러나 계찰이 사양하며 말하였다. "조(曹)나라 선공이 죽은 후 조나라 백성과 각 제후국은 새로 즉위한 성공이 불의하다고 여겨 자장(子臧, 조 선공의 아들)을 옹립하려 하였습니다. 그러자 자장은 성공이 계속 왕위를 유지하도록 하기 위해 조나라를 떠났습니다. 이에 대해 군자들이 '자장이 능히 절의를 지키었다'고 하였습니다. 왕께서는 장남으로 본래 합법적인 계승자입니다. 감히 누가 왕을 거역하겠습니까? 저는 왕이 될 마음이 없습니다. 비록 저는 무능하지만 자장의 절의를 따르고자 합니다." 그럼에도 불구하고 오나라 사람들이 계속 계찰을 왕으로 세우려 하자 계찰은 집을 떠나 농사를 지었다. 이에 오나라 사람들이 더 이상 그에게 왕위를 강요하지 않았다.

13년이 지난 후 제번이 세상을 떠나면서 동생 여제에게 왕위를 물려주었다. 이는 왕위를 형이 동생에게 차례대로 물려주어 최후에 반드시 계찰에게 이르도록 함으로써 선왕 수몽의 뜻을 이루려는 것이었다.

오왕 여제 시기 계찰이 노나라, 제나라, 정나라, 위나라, 진나라에 사신으로 갔다. 계찰은 제나라에 가서 제나라의 상대부 안영에게 말하였다. "대부께서는 빨리 재산과 권세를 반납하십시오. 재산과 권세가 없어야 재난을 피할 수 있습니다. 제나라의 정권은 곧 바뀌게 됩니다. 바뀌기 전에는 나라에 화란이 그치지 않을 것입니다." 이에 안영은 자신의 관직과 봉읍을 반납하였다. 그리하여 고씨와 난씨 간의 서로 죽이는 투쟁 속에서 화를 모면했다.

계찰은 정나라에 가서는 정나라의 재상 자산에게 말하였다. "정나라 집권자의 사치로 큰 재난이 닥칠 것이고, 정권이 반드시 공에게 돌아갈 것입니다. 공께서는 정치를 예로써 신중히 처리하셔야 합니다. 그렇지 않으면 정나라는 망할 것입니다."

17년이 지난 후 오왕 여제가 죽으면서 그의 동생 여말에게 왕위를 물려주었다. 4년이 지난 후 여말이 죽으면서 계찰에게 왕위를 물려주려 하였다. 그러나 계찰은 그것을 사양하고 도망쳤다. 이에 여말의 아들 요가 왕위에 올랐다. 그 후 오왕 요가 계찰을 진나라에 파견하여 제후들의 동정을 살피게 하였다. 이때 제번의 아들 광이 말하였다. "이치대로라면 내가 진정한 왕위 계승자이므로 마땅히 내가 왕위에 올라야 한다. 나는 이 기회에 왕위에 오르려 한다. 계찰이 돌아올지라도 나를 폐하지 않을 것이다." 그는 마침내 요를 살해하고 왕위에 올랐다. 이가 오왕 합려이다.

계찰은 사신으로 다녀온 후 말하였다. "오직 선왕의 제사가 끊이지 않고 백성에게 군왕이 계속 이어지게 하는 것이 바로 나의 왕이다. 감히 누구를 질책하겠는가? 나는 단지 죽은 자를 애도하고 산자를 섬김으로써 천명에 따를 뿐이다. 내가 일으킨 변란이 아니라면 새 왕에게 복종하는 것이 바로 선왕이 세운 원칙이다." 그리고 그는 요의 무덤에 가서 사신으로 갔다 온 경과를 보고하고 통곡한 후, 다시 조정에 돌아가 자신의 위치에서 새 왕의 명령을 기다렸다.

계찰이 일찍이 오왕 여제 시기 사신으로 떠날 때이다. 북쪽으로 가는 도중 서(徐, 제후국. B.C 512년 오나라에 멸망)의 군주를 방문하였다. 서의 군왕이 계찰의 보검을 좋아하였으나 감히 입 밖으로 드러내지 않았다. 계찰은 마음속으로 그 뜻을 알았지만 중원의 여러 나라를 돌아다녀야 했기 때문에 그에게 검을 줄 수 없었다. 계찰이 사신의 임무를 마치고 다시 서에 이르렀을 때 서의 군왕은 이미 죽고 없었다. 이에 계찰은 보검을 그의 무덤가 나무에 걸어놓고 떠났다. 그의 시종이 "서의 군왕은 이미 죽었는데 보검을 누구에게 주시는 겁니까?"라고 하니, 계찰이 말하였다. "나는 처음부터 그에게 검을 주려고 생각하고 있었다. 그가 죽었다고 하여 어찌 나의 뜻을 바꿀 수 있겠는가!"

출처 : 『사기』, 「오태백세가(吳太伯世家)」, 주제 원문 : 無邑無政, 乃免於難.

계찰(季札, B.C 576~B.C 484년) : 춘추시기 오왕 수몽의 넷째 아들이다. 왕이 될 기회가 여러 차례 있었으나 그때마다 모두 사양하였다. 연릉에 봉해졌기 때문에 연릉계자라 부른다.

조 성공(曹成公, ?~B.C 555년) : 춘추시기 조(曹)나라 군주이다. 조 선공의 아들이다(일설 동생). 조 선공이 전쟁 중 사망한 틈을 이용하여 조 선공의 태자를 죽이고 왕위에 즉위하였다.

자장(子藏) : 조 선공의 아들이다. 조 선공이 전쟁에서 사망하자 시신을 수습하여 장례를 지냈다. 조 성공이 태자를 죽이고 왕위에 즉위하자 다른 나라로 떠났다. 그때 많은 조나라 사람이 자장을 따랐다.

자산(子產, ?~B.C 522년) : 춘추시기 정나라 사람이다. 본명은 공손교이고 자는 자산이다. 정자산이라고도 한다. 정 목공의 손자이고 정 성공의 종형제이다. 20여년 재상으로 있는 동안 정나라의 정치, 경제 등 다양한 부분을 개혁했다.

▌죽는 것은 달아나 치욕을 갚느니만 못하다

오자서는 초나라 사람이다. 아버지는 오사이고 형은 오상이다. 초나라 평왕의 태자는 건인데, 초 평왕은 오사를 태자의 태부(太傅, 태자의 스승), 비무기를 태자의 소부(少傅, 태자의 스승, 태부 아래 직급)로 삼았다. 비무기는 태자 건에게 불충하였다.

초 평왕이 비무기를 진나라에 보내 태자의 아내를 맞아오게 하였다. 비무기는 진나라 여인이 미인인 것을 알고 급히 평왕에게 달려가서 보고하였다. "진나라 여인이 절세미인입니다. 대왕께서 스스로 취하시고 태자에게는 다른 여자를 구하여 주십시오." 이에 초 평왕은 진나라 여인을 차지하고, 그녀를 매우 총애하여 아들 진을 낳았다. 태자에게는 다른 여자를 아내로 구해주었다.

비무기는 진나라 여인을 초 평왕에게 바친 이후로 기회를 틈타 태자를 떠나 평왕을 섬겼다. 그는 나중에 평왕이 죽고 태자가 왕이 되면 자기를 죽일 것을 두려워하여 태자를 헐뜯었다. 태자의 모친은 채나라 사람으로 평왕의 총애를 받지 못하였다. 평왕도 점차 태자와 소원해지면서 태자를 성보(城父, 지명)로 보내 변방을 지키게 하였다.

얼마 후 비무기는 또 주야로 초 평왕에게 태자의 나쁜 점을 말하였다. "태자는 진나라 여인의 일로 원망이 없을 수 없으니 대왕께서 방비하시기 바랍니다. 태자는 성보로 간 이후 군대를 통솔하고 밖으로 제후와 왕래하며 장차 도성에 진입하여 난을 일으키려 합니다." 초 평왕은 태자의 태부인 오사를 불러 심문하였다. 그리고 오사를 수감함과 동시에 사람을 보내 태자를 죽이라는 명령을 내렸다. 태자는 송나라로 도망쳤다.

비무기는 다시 초 평왕에게 말하였다. "오사에게 두 아들이 있는데 모두 현명합니다. 그들을 죽이지 않으면 장차 초나라에 우환이 될 것입니다. 그들의 아버지를 인질로 해서 그들을 불러들이십시오." 초 평왕이 사람을 보내어 오사에게 말하였다. "너의 두 아들을 불러오면 살 것이고 그렇지 않으면 죽을 것이다." 오사가 말하였다. "오상은 어질고 관대해 부르면 반드시 올 것입니다. 그러나 오자서는 독립적이고 치욕을 참을 수 있어 큰일을 이룰 것입니다. 그는 오면 모두 붙잡힐 것을 알고 결코 오지 않을 것입니다." 초 평왕은 듣지 않고 사자를 보내 오사의 두 아들에게 말하였다. "오면 너희 아버지를 살려 줄 것이나 오지 않으면 즉시 너희 아버지를 죽이겠다."

오상이 가려고 하자 오자서가 말하였다. "평왕이 우리 형제를 부르는 것은 아버지를 살리기 위한 것이 아닙니다. 우리가 도망쳐 후환이 생길 것을 걱정하여 아버지를 인질로 삼아 속이는 것입니다. 우리가 가면 곧바로 아버지와 함께 모두 처형당할 것입니다. 아버지의 죽음에 무슨 도움이 되겠습니까? 우리가 가면 원수를 갚을 수 없습니다. 차라리 다른 나라로 달아나 힘을 빌려 아버지의 치욕을 갚느니만 못합니다. 모두 죽는 것은 아무 의미가 없습니다."

오상이 말하였다. "나 역시 갈지라도 아버지의 목숨을 구하지 못할 것을 알고 있다. 하지만 아버지가 살고자 부르는데 가지 않고 나중에 치욕도 갚지 못한다면, 천하의 웃음거리가 될 것이고 그것이 한이 될 것이다." 그리고 오자서에게 말하였다. "너는 도망가라! 너는 아버지의 원수를 갚을 수 있을 것이다. 나는 가서 죽겠다." 사자가 오상을 체포하고 오자서를 체포하려 하자 오자서는 활을 당겨 사자를 겨누었다. 사자가 감히 앞으로 나가지 못하는 사이 오자서는 달아났다. 오자서는 달아나면서 친구인 신포서에게 말하였다. "내 반드시 초나라를 뒤엎으리라!"

그 후 오자서는 오나라로 달아나서 오왕 합려를 보좌하였다. 오나라가 강대해지자 오자서는 마침내 오나라 군대를 이끌고 초나라를 침략하였다. 오자서는 오나라 군대가 초나라 수도로 진격하자, 이미 죽은 초 평왕의 무덤을 파헤치고 그 시신을 꺼내어 채찍으로 300번 내려 친 후에야 멈추었다. 신포서가 산으로 도망치면서 오자서에게 사람을 보내 말하였다. "그대의 복수가 너무 심하다. 나는 사람이 많으면 하늘을 이길 수 있으나 또한 하늘이 결정하면 사람을 깨뜨릴 수 있다는 말을 들었다. 그대는 본래 신하로서 평왕을 섬겼는데 지금 죽은 사람을 모욕하고 있으니, 이 어찌 천도에 어긋남이 극에 달한 것이 아니겠는가?" 이에 오자서가 말했다. "해는 지는데 갈 길이 멀어서 내 도리에 어긋난 행동을 하였네!" 신포서가 진나라로 달려가 구원을 요청하니 진나라가 군대를 파견하여 오나라를 물리쳤다.

후일 오자서는 오나라에서 백비의 모함을 받아 오왕 부차로부터 자결 명령을 받았다. 그는 하늘을 우러러 탄식하며 말하였다. "아! 간신 백비가 나라를 어지럽히건만 왕은 오히려 나를 죽이려 한다. 나는 너의 부친을 패자로 만들었다. 또 태자가 결정되지 않아 여러 왕자들이 서로 다툴 때, 내가 선왕 앞에서 죽기로 다투지 않았다면 너는 태자가 되지 못하였을 것이다. 네가 왕이 된 후 나에게 오나라를 나누어 준다고 하였지만 나는 감히 그것을 바라지 않았다. 그런데 지금 너는 아부하는 신하의 말을 듣고 어른을 죽이려 하는구나!" 그리고 오자서는 그의 시종에게 말하였다. "나의 무덤 위에 반드시 가래나무를 심어 관을 짤 수 있도록 하라. 또 내 눈을 뽑아서 오나라 동문 위에 걸어놓아라. 그리하여 월나라 도적이 쳐들어와 오나라를 멸망시키는 것을 볼 수 있게 하라!" 그리고 스스로 목을 베고 죽었다.

출처 : 『사기』, 「오자서열전(伍子胥列傳)」, 주제 원문 : 不如奔他國, 借力以雪父
　　　之恥, 俱滅無爲也.
오자서(伍子胥, B.C 559년~B.C 484년) : 본명은 원이고 자는 자서이다. 본래
　　　초나라 사람이었으나 모함을 받고 오나라로 망명하였다. 오왕 합려를 보좌
　　　하여 초나라, 제나라, 노나라 등을 격파하여 오나라를 강국의 반열에 서게
　　　하였다. 합려가 죽은 후 그의 아들 오왕 부차를 보좌하여 월나라를 격파하

였다. 후일 백비의 모함을 받고 오왕 부차로부터 처형당했다.

신포서(申包胥) : 춘추시기 초나라 대부이다. 오자서의 친구로 오자서가 오나라 군대를 이끌고 초나라를 점령하자 진(秦)나라로 달려가 구원을 요청했다. 진나라가 응낙하지 않자 성 밖에서 일주일간 밤낮으로 통곡하였다. 마침내 진나라가 군대를 지원하여 초나라를 구원하였다. 나라에서 상을 내렸으나 사양하고 초야에 은거했다.

초 평왕(楚平王, 재위 B.C 528년~B.C 516년) : 춘추시기 초나라 군주이다. 초 공왕의 아들이고 초 영왕의 동생이다. 본명은 기질이다. 형을 몰아내고 왕위에 올랐다. 우매한 정치로 인해 재임 중 여러 차례 오나라의 침략을 받고 국력이 크게 쇠퇴했다.

백비(伯嚭) : 초나라 대부 백주리의 후손이다. 초나라에서 그의 아버지가 모함을 받고 살해되자, 오나라로 망명하여 오왕의 신임을 받았다. 오자서를 모함하였고 재물을 탐하여 월나라와 내통하였다. 오나라 멸망 후 월왕 구천에 의해 처형되었다.

사람에게 교만과 탐욕, 과시와 야심은 무익하다

　노자는 초나라 고현 사람이다. 성은 이(李)이고 이름은 이(耳)이며 자는 담이다. 주나라의 장실(藏室, 전적보관소)을 담당하는 관리였다. 공자가 주나라에 갔을 때 노자를 만났다. 공자가 예에 대해서 묻자 노자가 말하였다. "그대가 말하는 예를 제창한 사람들의 뼈는 이미 모두 썩고 단지 그들의 말만 남아 있을 뿐이오. 또한 군자는 때를 만나면 관직에 나아가지만 때를 만나지 못하면 이리저리 날려 다니는 쑥처럼 떠돌아다니는 것이오. 나는 뛰어난 장사꾼은 물건을 깊이 숨겨두어 마치 비어있는 듯 하고, 덕이 높은 군자는 모습이 어리석은 것 같다고 들었소. 그대의 교만과 탐욕, 과시와 야심을 버리시오. 이런 것은 모두 그대에게 아무런 도움이 되지 않을 것이오. 내가 그대에게 말할 것은 이것뿐이오."

　공자가 작별 인사를 하고 떠날 때 노자가 전송하며 말하였다. "나는 부귀한 사람은 재물로써 전송하고 인(仁)한 사람은 말로써 전송한다고 들었소. 나는 부귀한 사람이 아니고 몰래 인(仁)의 칭호를 사용하고 있으니 말로써 전송하겠소. 총명하고 통찰력이 있는 사람은 쉽게 죽음에 처하게 되는데, 이는 다른 사람에 대해 떠들기 좋아해서이고, 박학하고 식견이 뛰어난 사람은 대개 위험에 처하게 되는데, 이는 다른 사람의 죄를 지적하기 때문이오. 자식 된 자는 자신을 잊고 부모를 생각해야 하고, 신하된 자는 자신을 잊고 군주를 생각해야 하오."

　공자는 돌아가서 제자들에게 말하였다. "나는 새는 잘 날고, 물고기는 잘 헤엄치며, 들짐승은 잘 달린다는 것을 알고 있다. 달리는 들짐승은 그물로 잡을 수 있고, 헤엄치는 물고기는 낚시로 잡을 수 있으며, 나는 새는 화살로 잡을 수 있다. 그러나 용은 바람을 타고 하늘로 날아오르니, 용은 내 어찌해야 할지 모르겠다. 내 오늘 노자를 만나보니 그는 마치 용과 같은 사람이다."

노자는 주나라에 오래 거주하다 주나라가 쇠퇴하자 그곳을 떠났다. 노자가 함곡관(函谷關, 하남성 소재 고대 관문)에 이르렀을 때 그곳의 관리가 노자에게 말하였다. "선생께서 앞으로 은거하려 하시니 수고로우시겠지만 저를 위해 글을 남겨주시기 바랍니다." 이에 노자는 도덕의 의미를 5천여 자로 서술하고 떠났다. 그 후 그의 최후에 대해 아무도 알지 못하였다.

출처 : 『사기』, 「공자세가(孔子世家)」, 「노자한비열전(老子韓非列傳)」, 주제 원
　　　문 : 驕氣與多欲, 態色與淫志, 是皆無益於子之身.

노자(老子) : 본명은 이이(李耳)이다. 공자와 동시대 사람이다. 저서에 『도덕경(道德經)』이 있다. 도가의 창시자로 후세에 도교의 시조로 받들어지고 있다.

공자(孔子, B.C 551년~B.C 479년) : 이름은 구(丘)이고 자는 중니(仲尼)이다. 춘추시기 노나라 곡부 사람이다. 수십 년 간 제후국을 떠돌았다. 제자가 3천 명을 헤아렸고 뛰어난 제자가 72명이었다. 『시경』, 『상서』, 『예기』, 『악경』, 『주역』을 정리하고 『춘추(春秋)』를 저술하였다. 공자 사후 그의 제자들이 공자와 제자 간의 문답을 정리하여 편찬한 책이 『논어(論語)』이다. 후세에 성인(聖人), 지성(至聖), 선사(先師), 지성선사(至聖先師), 만세사표(萬世師表) 등으로 받들어지고 있다.

군자는 쓰이지 않은 후에 드러난다

안회는 노나라 사람이다. 안회가 공자에게 인(仁)에 대해서 묻자 공자가 말하였다. "자신을 절제하고 언행이 예에 부합한다면 천하 사람이 너를 인하다고 할 것이다." 공자가 안회에 대해서 말하였다. "회는 어질다. 먹는 것은 바구니 밥 한 그릇이고, 마시는 것은 표주박 한 바가지이며, 거처하는 곳은 누추한 골목이다. 보통사람은 이러한 곤궁을 견디지 못하지만 안회는 자기가 즐겨하는 것을 바꾸지 않는다. 안회는 공부하는 것을 보면 어리석어 보이나 공부가 끝난 후 그가 말하는 것을 보면 깊은 뜻을 잘 이해하고 있으니, 사실 그는 어리석지 않다." "등용되면 세상을 구하고, 등용되지 않는다 해도 도를 몸에 숨길 수 있는 사람은 오직 나와 안회뿐일 것이다."

공자가 천하를 떠돌다 채나라에서 큰 곤란을 당하였다. 식량이 다 떨어져 굶고 병든 제자들이 일어서지도 못할 지경이었다. 그러나 공자는 조금도 쉬지 않고 시를 낭송하고 노래 부르며 거문고를 탔다. 자로가 화가 나서 "군자도 곤궁할 때가 있습니까?"라고 하니, 공자가 말하였다. "군자는 곤궁해도 지조를 지키지만, 소인은 곤궁해지면 절제하지 못하고 무슨 일이든지 한다."

공자는 제자들의 마음이 상했음을 알고 곧 자로를 불러서 물었다. "나의 도에 무슨 잘못이 있는가? 왜 우리가 이 지경에 이르렀는가?" 자로가 대답하였다. "우리의 덕이 부족하기 때문에 사람들이 우리를 믿지 않는 것 같습니다. 우리의 지혜가 부족하기 때문에 사람들이 우리의 통행을 허락하지 않는 것 같습니다."

공자가 자공에게 똑같이 물었다. "나의 도에 무슨 잘못이 있는가? 왜 우리가 이 지경에 이르렀는가?" 자공이 대답하였다. "선생님의 도가 지극히 커서 천하의 그 어떤 나라도 선생님을 받아들이지 못하는 것입니다.

어찌 선생님의 도를 약간 낮추지 않으십니까?"

공자가 안회에게도 똑같이 물었다. "나의 도에 무슨 잘못이 있는가? 왜 우리가 이 지경에 이르렀는가?" 안회가 대답하였다. "선생님의 도가 지극히 커서 천하의 그 어떤 나라도 선생님을 받아들이지 못하는 것입니다. 비록 그렇기는 하지만 선생님은 선생님의 도를 추진하십시오. 천하가 받아들이지 않는다고 해서 무슨 관계가 있습니까? 받아들여지지 않은 연후에 군자의 참 모습이 드러나는 것입니다. 자신의 도를 닦지 않는 것은 그 사람의 치욕이나, 도를 닦은 훌륭한 인재를 등용하지 않는 것은 나라를 다스리는 자의 수치입니다. 그러니 받아들여지지 않는다고 해서 무슨 관계가 있습니까? 군자의 참 모습은 받아들여지지 않은 연후에 드러나는 것입니다." 공자는 듣고 웃으며 말하였다. "그렇다. 안씨 집안의 자제여! 만약 네가 큰 부자가 된다면 내 너의 집 관리를 맡겠다."

안회는 29세에 백발이 되었고 젊은 나이에 죽었다. 안회가 죽자 공자는 매우 애통하게 곡하며 말하였다. "나에게 안회가 있은 후부터 나와 학생들이 더욱 친숙해졌다." 훗날 노나라 애공이 공자에게 "제자 가운데 누가 배움을 좋아합니까?"라고 물으니, 공자가 말하였다. "안회라는 자가 배움을 좋아하는데 절대 다른 사람에게 화를 내지 않고 똑같은 잘못을 되풀이하지 않습니다. 다만 애석히도 요절하였으니 지금은 그와 같은 자가 없습니다."

출처: 『사기』, 「중니제자열전(仲尼弟子列傳)」, 「공자세가(孔子世家)」, 주제 원
　　문: 不容然後見君子.
안회(顔回, B.C 521년~B.C 481년): 춘추시기 노나라 곡부 사람으로 자는 연
　　(淵)이다. 안연, 안자라고도 한다. 공자의 제자로 공자보다 30세 연하이다.
　　후세에 복성(復聖)으로 받들어지고 있다.
자로(子路, B.C 542년~B.C 480년): 춘추시기 노나라 사람으로 본명은 중유이
　　고 자는 자로이다. 공자의 제자로 공자보다 9세 연하이다. 성격이 거칠고

강직하였으며 용맹하였다. 위(衛)나라 관리로 있던 중 내란이 일어났는데 지조를 지키다 피살되었다.

자공(子貢, B.C 520년~B.C 456년) : 춘추시기 위(衛)나라 사람으로 본명은 단목사이고 자는 자공이다. 공자의 제자로 공자보다 31세 연하이다. 언변이 뛰어났고 노나라, 위나라 재상을 역임했다. 이재에 밝아 공자의 제자 중 가장 부유하였다.

■ 날랜 토끼가 죽으면 사냥개는 삶아진다

범려는 월나라의 대부이다. 월왕 구천이 즉위하였을 때 오왕 합려가
월나라를 침략하였다. 월왕 구천은 죽음을 각오한 병사들과 함께 오나라를
물리쳤다. 오왕 합려는 부상을 당하고 죽기 직전 그의 아들 부차에게 "월나
라를 잊지 마라!"고 당부하였다. 월왕 구천은 오왕 부차가 밤낮으로 군대를
훈련시켜 복수하려 한다는 소식을 듣고 먼저 오나라를 공격하려 하였다.

이때 범려가 간하였다. "안 됩니다. 신은 병기는 흉기이고, 전쟁은 도리
를 거역하는 것이며, 먼저 공격하는 것은 하책(下策)이라고 들었습니다.
흉기를 즐겨 사용하고, 음모를 꾸며 도리를 거역하며, 직접 하책에 관여
하면 분명 하늘이 반대할 것이므로 행해도 불리할 것입니다." 그러나 월
왕 구천은 이미 결정하였다며 오나라를 공격하였다. 소식을 들은 오왕
부차는 전국의 정예 병사를 동원하여 월나라 군대를 패퇴시키고 회계산
(會稽山, 절강성 소흥 소재)을 포위하였다. 월왕 구천이 범려에게 "그대의
말을 듣지 않아 이 지경에 이르렀소. 어찌하면 좋겠소?"라고 하니, 범려가
말하였다. "공적을 온전히 보존하는 사람은 가득하나 넘치지 않는 하늘의
도리를 본받고, 넘어진 것을 안정시키는 사람은 겸손을 숭상하는 사람의
도리를 이해하며, 사리를 절제하는 사람은 지세에 따라 움직이는 땅의
도리를 준수합니다. 대왕께서는 겸허한 예를 갖추고 오왕에게 예물을 후
하게 보내십시오. 만약 오왕이 받아들이지 않는다면 대왕께서 직접 인질
이 되어 오왕을 섬기십시오."

이에 월왕 구천은 대부 문종을 보내 전투를 중지하고 화평을 요청하였
다. 오왕 부차는 구천을 용서하고 군대를 철수하였다. 구천은 월나라로
돌아가서 고통을 감내했다. 그는 자리 옆에 쓸개를 매달아 놓고 앉아서나
누워서나 이를 맛보았고, 음식을 먹을 때도 이것을 맛보았다. 그리고 스
스로에게 말하였다. "너는 회계산의 치욕을 잊지 않았겠지?" 그는 직접

밭을 갈았고, 부인은 길쌈을 하였으며, 고기를 먹지 않았고 두 겹으로 된 화려한 옷을 입지 않았다. 현인을 예로써 공경하고 손님을 후하게 접대하였다. 가난한 사람을 돕고 죽은 자를 애도하였으며 백성들과 수고를 같이하였다.

그 후 월왕 구천은 마침내 오나라를 공격하여 패퇴시켰다. 오왕 부차가 강화를 요청하자 구천이 이를 허락하려 하였다. 이때 범려가 말하였다. "회계산의 일은 하늘이 월나라를 오나라에게 준 것인데 오나라가 취하지 않았습니다. 이제 하늘이 오나라를 월나라에게 주었는데 설마 천명을 위배하려는 것입니까? 대왕께서 조정에 일찍 나가고 저녁에 늦게 물러난 것 모두가 오나라 정벌 때문이 아니었습니까? 20여 년 동안 오나라를 정벌하려고 한 계획을 하루아침에 버릴 수 있겠습니까? 하늘이 주는 것을 받지 않으면 오히려 벌을 받을 것입니다." 이에 월왕 구천이 범려의 말에 따라 강화를 거절하자 오왕 부차는 자결하였다.

범려는 월왕 구천을 힘써 보좌하여 마침내 오나라를 멸망시키고 월나라의 치욕을 갚았다. 그 후 북쪽으로 제나라와 진나라를 압박하여 중원의 여러 나라에 명령을 발하였고 주 왕실을 잘 받들었다. 월왕 구천은 제후 가운데 으뜸이 되었고 범려는 상장군이 되었다. 이때 범려는 월나라에서 자신의 명성이 너무 커서 유지하기 어렵고, 또한 월왕의 사람됨이 어려움은 같이 할 수 있어도 즐거움은 같이 하기 어렵다는 것을 알고 물러날 것을 요청하였다. 월왕 구천이 말하였다. "나는 월나라를 둘로 나누어 그대에게 주려고 하오. 그렇게 하지 않으면 나는 그대를 벌하겠소." 이에 범려는 "군주는 자신의 명령을 집행하고 신하는 자신의 뜻을 따릅니다"고 하고는, 월나라를 떠나 제나라로 갔다.

범려는 제나라에서 대부 문종에게 편지를 보내 말하였다. "하늘을 나는 새가 없어지면 좋은 활은 창고에 저장되고, 날랜 토끼가 죽으면 사냥개는 삶아지게 됩니다. 월왕은 목이 길고 입이 새부리와 같아 어려움은 함께 할 수 있어도 즐거움은 같이할 수 없습니다. 그대는 어찌 월나라를 떠나지 않습니까?" 문종은 범려의 편지를 받고 병을 핑계 삼아 조정에 나가지 않았다. 어떤 사람이 문종이 반란을 일으키려 한다고 모함하자, 월왕 구천이 문종에게 검을 내리고 말하였다. "그대가 나에게 오나라를 토벌할 계책을 7가지 가르쳐주었는데, 나는 그중 단지 3가지 계책만으로 오나라를 격퇴시켰다. 그대는 나대신 먼저 선왕 앞에 가서 남은 4가지 계책을 시험하라!" 이에 문종은 자결하였다.

범려는 제나라에 도착하여 성과 이름을 바꾸었다. 그는 아들과 함께 바닷가에서 온 힘을 다하여 생산에 노력하였다. 오래되지 않아 누적 재산이 수십만 금에 달하였다. 제나라는 그가 유능하다는 것을 듣고 재상으로 삼았다. 범려는 탄식하며 말하였다. "집에는 천금의 재산을 쌓았고 벼슬은 재상에 이르렀으니, 이는 평민으로서 최고지위에 오른 것이다. 존귀한 이름을 오래 가지고 있는 것은 불길하다." 그는 곧 재상의 직을 사퇴한 후 친구와 마을사람에게 재산을 나누어 주고 귀중한 보물만 챙겨서 몰래 떠나갔다. 도(陶, 지명)에 이르러 스스로 도주공이라고 하고 아들과 함께 농사짓고 가축을 기르며 살았다.

출처 : 『사기』, 「월왕구천세가(越王句踐世家)」, 주제 원문 : 狡兔死, 走狗烹.
범려(范蠡, B.C 536년~B.C 448년) : 춘추시기 초나라 사람이다. 문종과 함께 월나라에서 월왕 구천을 보좌하여 오나라를 멸망시키는데 큰 공을 세웠다. 그 후 월나라를 떠나 제나라에서 재상이 되었으나 곧 사직하고 도 지역에 은거했다. 도 지역에서 많은 부를 축적하여 도주공으로도 불려진다. 후세에 오대재신(五大財神) 중의 하나로 받들어지고 있다.
구천(句踐, 재위 B.C 496년~B.C 465년) : 춘추시기 월나라 군주이다. 오나라에 패한 후 범려와 문종을 등용하고 와신상담(臥薪嘗膽, 섶에 눕고 쓸개를 맛봄) 끝에 오나라를 멸망시켰다. 춘추5패(春秋五霸) 중의 한 명으로 일컬어진다.
문종(文種, ?~B.C 472년) : 춘추시기 초나라 사람이다. 범려와 함께 월왕 구천을 보좌하여 오나라를 멸망시키는데 큰 공을 세웠다. 후일 모함을 받고 구천에 의해 죽임을 당하였다.

▌선비는 자기를 알아주는 사람을 위해서 죽는다

예양은 진(晉)나라 사람이다. 일찍이 범씨와 중항씨를 섬겼으나 이름이 알려지지 않았다. 예양은 그들을 떠나 지백을 섬겼다. 지백은 예양을 특별히 존중하고 신임하였다. 지백이 조양자를 공격하자, 조양자는 한강자(韓康子, 진나라 대부), 위환자(魏桓子, 진나라 대부)와 공모하여 지백을 멸망시켰다. 지백이 멸망한 후 조양자, 한강자, 위환자가 각각 지백의 영토를 분할해 차지했다. 특히 조양자는 지백을 매우 미워하여 지백의 두개골에 옻칠을 해서 술잔으로 사용하였다. 예양은 산속으로 달아나 탄식하며 말하였다. "아! 선비는 자기를 알아주는 사람을 위해서 죽고, 여자는 자기를 사랑하는 사람을 위해서 화장한다고 한다. 지백은 나를 알아주었다. 내 그를 대신해 반드시 복수한다면 죽을지라도 나의 혼백이 부끄럽지 않을 것이다."

이에 예양은 성명을 바꾸고 죄수로 변장한 후 조양자의 저택으로 숨어들어가 변소의 벽을 발랐다. 조양자가 변소에 갔다가 몹시 놀라서 벽을 바르는 죄수를 붙잡아 심문하니 바로 예양이었다. 예양이 "지백을 위해 원수를 갚으려고 하였다"고 하자, 좌우 사람이 죽이려 하였다. 조양자가 "저자는 의로운 자이다. 내가 조심하여 피하면 그뿐이다. 더욱이 지백이 죽은 후 후사조차 없는데 그 가신이 원수를 갚겠다고 하니, 이자가 바로 천하의 현자이다"고 하고는 예양을 풀어주었다.

얼마 후 예양은 다시 몸에 옻칠을 하여 피부가 문드러져 문둥이처럼 되고, 숯을 삼켜 목을 쉬게 하여 자신의 모습을 아무도 몰라보게 한 후 거리에서 구걸을 하였다. 그의 아내도 그를 알아보지 못하였다. 예양의 친구가 길에서 예양을 알아보고 "그대는 예양 아닌가?"라고 하자, 예양이 "그렇다"고 하였다. 친구는 울면서 말하였다. "그대의 재능으로 몸을 굽혀서 조양자를 섬긴다면 조양자가 반드시 자네를 가까이하고 총애할 것이

네. 그가 자네를 가까이하고 총애하게 한 후 하고자 하는 일을 행한다면 오히려 쉽지 않겠는가? 어찌 자기 몸을 해치고 형상을 추하게 하면서 복수하려 하는가? 이런 방법이 더 어려운 것이 아니겠는가?" 그러자 예양이 말하였다. "남에게 몸을 맡기고 섬기면서 그를 죽이려 하는 것은 곧 두 마음을 품고 주인을 섬기는 것이네. 나는 나의 방법이 매우 힘들다는 것을 알고 있네. 그럼에도 불구하고 내가 이런 방법을 선택한 것은 장차 후세에 두 마음을 품고 군주를 섬기는 자들에게 부끄러움을 알도록 하려는 것이네!"

그 후 예양은 조양자가 지나다니는 다리 밑에 숨어서 기다렸다. 조양자가 다리에 이르렀을 때 말이 놀라자 조양자는 "이는 분명히 예양일 것이다"고 하였다. 사람을 시켜 알아보니 과연 예양이었다. 조양자가 예양에게 말하였다. "처음 그대는 범씨와 중항씨를 섬기지 않았는가? 지백이 그들을 모두 멸하였으나 그대는 그들을 위해 복수하지 않고 오히려 지백의 신하가 되었다. 그대는 어찌 오직 죽은 지백을 위해서만 끝까지 복수하려 하는 것인가?" 예양이 말하였다. "제가 범씨와 중항씨를 섬겼으나 그들은 저를 보통사람으로 대우하였습니다. 그래서 저도 그들에게 보통사람으로 보답하였습니다. 지백의 경우는 저를 큰 선비로 대우하였습니다. 때문에 저도 큰 선비로 그에게 보답하려는 것입니다." 조양자가 탄식하고는 울면서 말하였다. "아! 지백에게 보답한 그대의 명예는 이미 다 이루어졌고 내가 그대를 용서해준 것도 이미 충분하니, 나는 다시 그대를 놓아줄 수 없다. 그대는 각오하라!" 이에 조양자는 병사들에게 예양을 포위하게 하였다.

출처: 『사기』, 「자객열전(刺客列傳)」, 주제 원문: 士爲知己者死.
예양(豫讓): 춘추시기 자객이다. 본래 진(晉)나라 대부 지백의 가신이었는데, 진나라 대부 조양자가 지백을 멸하자 지백의 은혜를 갚기 위하여 두 차례에 걸쳐 조양자에 대한 암살시도를 했다. 실패하고 체포되어 죽기 직전 조양

자의 의복을 칼로 베는 것을 허락받은 후, 그 의복을 베는 것으로 복수를 표시하고 자결했다.

조양자(趙襄子, ?~B.C 425년) : 진나라 경대부이다. 이름은 무휼이고 시호는 양자이다. 진나라 실권자 지백을 소멸시키고 진나라의 실권자가 되었다. 전국시대 조나라의 창시자이다.

지백(智伯, ?~B.C 453년) : 춘추시기 진나라 경대부이다. 지양자라고도 한다. 한강자, 위환자와 연합하여 조양자를 공격했으나 오히려 그들의 배신으로 조양자의 공격을 받고 패하여 처형되었다.

시궁창에서 노닐지언정 남에게 구속당하여 살지 않는다

　장자의 이름은 주이다. 일찍이 칠원의 관리를 지냈다. 그는 학식이 광대하여 섭렵하지 않은 분야가 없었다. 중심사상은 노자의 학설에 근원하고 있다. 장자는 사물의 상황을 잘 파악해 뛰어난 글로 유가와 묵가를 공격하니, 비록 당대의 뛰어난 학자일지라도 그의 공격을 피하지 못했다. 그의 말은 도도한 물결처럼 자유분방하고 자기 뜻대로 하였기 때문에 왕공대인 이하 그 누구도 그를 인정하지 않았다.

　초나라 위왕이 장자가 현인이라는 말을 듣고 재상으로 삼고자 후한 예물과 함께 사신을 보냈다. 장자는 사신을 보고 웃으며 말하였다. "천금이라면 막대한 돈이고 재상이라면 존귀한 지위이오. 하지만 그대는 하늘과 땅에 제사지낼 때 바치는 소를 보지 못하였소? 그 소는 여러 해 동안 사육된 후 수놓은 비단옷을 입고 천자의 종묘로 끌려가는 데, 그때 가서 하찮은 돼지가 되고 싶다고 해서 그렇게 될 수 있겠소? 그대는 빨리 돌아가 나를 욕되게 하지 마시오. 나는 차라리 시궁창에서 노닐지언정 나라를 가진 자에게 구속당하며 살고 싶지 않소. 나는 죽을 때까지 벼슬하지 않고 나의 마음을 즐겁게 할 것이오."

출처 : 『사기』, 「노자한비열전(老子韓非列傳)」, 주제 원문 : 我寧遊戲汚瀆之中
　　　自快, 無爲有國者所羈.
장자(莊子, B.C 369년~B.C 286년) : 전국시대 송나라 사람이다. 이름은 주(周)
　　　이다. 칠원(漆園, 칠을 전문으로 하는 곳, 지명)의 관리를 지냈으며 저서에
　　　『장자(莊子)』가 있다. 도가의 대표적 사상가이다.

▌닭의 부리가 될지언정 소꼬리는 되지 마라

소진은 동주의 낙양 사람이다. 스승을 찾아 동쪽의 제나라로 가서 귀곡 선생에게서 배웠다. 여러 해 동안 떠돌아다니다 몹시 곤궁해지자 고향으로 돌아갔다. 형, 동생, 형수, 여동생, 아내, 첩 등이 모두 소진을 비웃었다. 소진은 부끄러워하고 두문불출한 채 자신이 가지고 있던 서적을 모두 읽고 말하였다. "독서인이 가르침을 받고 열심히 책을 읽고도 부귀영화를 얻지 못한다면 아무리 많은 책을 읽은들 무슨 소용이 있겠는가!" 이에 소진은 1년 동안 군주에게 유세하는 방법을 열심히 공부한 후 연나라로 갔다. 소진은 연나라 왕에게 연, 제, 초, 한, 위, 초 등 6국이 연합하여 진나라에 대항할 것을 설득하였다. 그리고 그는 다시 조나라로 가서 조왕을 설득하였고, 또 다시 한나라로 가서 유세하였다.

소진이 한왕에게 말하였다. "만약 대왕께서 진나라를 받든다면 진나라는 반드시 의양과 성고의 땅을 요구할 것입니다. 금년에 땅을 바치면 내년에 또 나누어달라고 요구할 것입니다. 주다보면 더 줄 땅이 없을 것이고, 주지 않으면 이전의 효과는 사라지고 후환만이 남을 것입니다. 게다가 대왕의 토지는 한도가 있지만 진나라의 탐욕은 끝이 없습니다. 유한한 토지로 끝없는 욕심과 바꾸는 것은 바로 돈으로 원한과 재난을 사는 것이니, 싸우지도 않고 나라를 빼앗기는 것입니다. 속담에 차라리 닭의 부리가 될지언정 소꼬리는 되지 마라는 말이 있습니다. 만일 지금 대왕께서 진나라에 굴복하여 신하의 신분으로 진나라를 받든다면, 이것은 소꼬리가 되는 것과 무엇이 다르겠습니까? 대왕의 현명함과 한나라의 강대한 군대를 지니고도 오히려 소꼬리라는 오명을 받게 된다면, 신은 대왕을 대신해 부끄럽게 생각합니다."

한왕은 소진의 말을 듣고 금방 안색이 바뀌어 소매를 걷고 눈을 부라리며 분노하였다. 그는 보검을 잡고 하늘을 우러러보며 길게 탄식하고 말하였다. "내가 비록 현명하지 못할지라도 결코 진나라를 받들지 않을 것이오. 내 그대의 의견을 따르겠소." 이리하여 소진은 다시 위나라로 가서 위왕을 설득하고, 제나라로 가서 제왕을 설득한 후 초나라로 가서 초왕을 설득하였다. 마침내 6국은 연합하여 힘을 합치게 되었고, 소진은 맹약의 장이 되었으며 동시에 6국의 재상이 되었다.

소진이 북쪽으로 조왕에게 보고하러 가는 도중 고향 낙양을 지나갔다. 짐을 가득 실은 기마와 수레, 그리고 제후들이 보낸 사신이 매우 많아 왕의 행차에 비길 정도였다. 주나라 왕은 소식을 듣고 두려워하여 길을 청소하고 사신을 교외로 보내어 소진을 맞이하였다. 소진이 고향집에 이르자 소진의 형, 동생, 아내, 형수 등이 엎드린 채 곁눈질하면서 감히 쳐다보지 못하고 매우 공손히 음식시중을 들었다. 소진이 웃으며 형수에게 말했다. "전에는 나에게 거만하더니 어찌 지금은 이처럼 공손한 것이오?" 형수는 얼굴을 땅에 댄 채 엎드려 기며 사죄하였다. "계자님(소진)의 지위가 높고 재물이 많은 것을 보았기 때문입니다." 소진은 탄식하며 말했다. "나는 하나이건만 가족조차도 빈천할 때는 경시하더니 부귀해지니 두려워하는구나. 하물며 다른 사람들이야 더 말할 것이 있겠는가! 또 만약 애초에 내가 낙양 근처에 2경(頃, 면적단위)의 땅이 있었다면, 내 어찌 지금 6국의 재상이 될 수 있었겠는가!"

출처 : 『사기』, 「소진열전(蘇秦列傳)」, 주제 원문 : 寧爲鷄口, 無爲牛後.

소진(蘇秦, ?~B.C 284년) : 전국시대 동주 낙양사람이다. 연, 제, 초, 한, 위, 조 등 여섯 나라가 연합하여 진나라에 대항하자는 합종책을 제시하여 6국이 연합하였고, 6국의 재상이 되었다. 후일 6국의 연합이 깨진 후 제나라의 객경(客卿)이 되었으나 제나라 자객에 의해 암살당하였다.

귀곡자(鬼谷子, B.C 400년~B.C 320년) : 본명은 왕후(王詡)이다. 귀곡자라고 부른다. 춘추시기 위(衛) 혹은 위(魏)나라 사람이다. 늘 귀곡(鬼谷, 하남성 학벽시 소재)에 은거하여 자칭 귀곡선생이라 하였다. 노자의 제자로 알려지고 있고 종횡가의 창시자이다. 저서에 『귀곡자(鬼谷子)』가 있다.

고기밥이 될지라도 세속의 티끌을 뒤집어쓰지 않는다

굴원은 초나라의 대부이다. 그는 견문이 넓고 의지가 강했으며 다스림에 밝고 외교술에 뛰어났다. 그는 충성과 지혜를 다하여 임금을 섬겼으나 시기하는 자들의 모함을 받고 유배되었다.

굴원이 멱라수 강가에 이르러 머리를 풀어헤치고 배회하며 읊조리었다. 안색은 초췌하고 형색은 마른 고목나무 같았다. 어부가 보고 말하였다. "대인은 삼려대부(三閭大夫, 관직명)가 아닙니까? 무슨 까닭으로 여기에 이르렀습니까?" 굴원이 말하였다. "온 세상이 혼탁한데 나 홀로 깨끗하고, 모든 사람이 취하였는데 나 홀로 취하지 않았기 때문에 쫓겨난 것이오!"

어부가 말하였다. "대체로 성인은 사물에 속박되지 않고 세속의 변화에 따른다고 합니다. 온 세상이 혼탁하다면 어찌 그 흐름과 파도에 따르지 않습니까? 모든 사람이 취했다면 어찌 그 안주를 먹고 묽은 술을 마시지 않습니까? 어찌 보석 같은 인품을 지니고도 쫓겨났습니까?" 굴원이 말하였다. "나는 머리를 새로 감은 사람은 반드시 갓의 먼지를 털고, 몸을 새로 씻은 사람은 반드시 옷의 먼지를 턴다고 들었소. 누가 깨끗한 몸에 더러움을 뒤집어쓰겠소. 차라리 강의 고기밥이 될지언정 어찌 깨끗함에 세속의 티끌을 뒤집어쓸 수 있겠소!" 마침내 굴원은 돌을 끌어안고 멱라수에 뛰어들어 죽었다.

출처 : 『사기』, 「굴원가생열전(屈原賈生列傳)」, 주제 원문 : 葬乎江魚腹中耳, 又安能以皓皓之白而蒙世俗之溫蠖乎.

굴원(屈原, 약 B.C 339년~B.C 278년) : 이름은 평이고 자는 원이다. 초나라 귀족 출신으로 삼려대부, 좌도 등을 역임하였다. 애국심이 강했으나 귀족들로부터 배척을 받아 중앙에서 추방된 후 최후에 강에 투신자살하였다. 「이소(離騷)」, 「구장(九章)」, 「구가(九歌)」 등 시편을 남겨 초사(楚辭)의 창시자로 받들어지고 있다.

군자는 교제를 끊은 후에 상대를 비방하지 않는다

악의는 조나라 사람이다. 현명하고 병법을 좋아하였다. 조나라에서 추천을 받았으나 조나라에 정변이 일어나 위나라로 갔다. 그 무렵 연나라 소왕이 제나라에 크게 패한 후 제나라에 복수하기 위해 공손한 태도로 선비를 높이 받들고 인재를 초빙하였다. 이에 악의는 연나라로 갔다. 연소왕은 악의를 아경(亞卿, 상경 아래의 고위직)에 임명하였다.

그 후 연 소왕은 악의를 상장군으로 임명하고 모든 군사를 동원하여 제나라를 공격하였다. 악의는 연나라, 조나라, 초나라, 한나라, 위나라 등 다섯 나라의 군대를 이끌고 제수 서쪽에서 제나라 군대를 격파하였다. 전쟁이 끝난 후 제후들은 각자의 나라로 돌아갔으나, 악의는 연나라 군대를 이끌고 계속 제나라 군대를 추격하여 임치(臨淄, 제나라 수도)까지 쳐들어갔다. 악의는 제나라로 진격한지 5년 동안 제나라의 70여개 성을 함락시켜 모두 연나라로 귀속시켰다.

그때 연 소왕이 사망하고 그의 아들 연 혜왕이 즉위하였다. 연 혜왕은 태자로 있을 때부터 악의를 좋아하지 않았다. 그리하여 제나라 첩자가 이간을 하자, 연 혜왕은 악의를 소환하고 그 대신 기겁을 장군으로 임명하여 제나라에 파견했다. 악의는 연 혜왕이 자신을 좋아하지 않아서 교체시킨 것을 알고, 귀국하면 죽임을 당할까 두려워하여 조나라에 투항하였다. 조나라는 악의에게 관진지방을 주고 망제군의 봉호를 내려주어 우대하였고, 이를 통해 연나라와 제나라를 위협했다.

그 후 제나라 군대는 기겁을 격파하고 악의에게 빼앗겼던 제나라의 성을 모두 다시 수복하였다. 연 혜왕은 악의를 교체시킨 것을 후회하고, 동시에 조나라가 연나라의 지친 틈을 타서 투항한 악의를 이용해 공격할까 두려워하였다. 이에 연 혜왕은 악의를 책망함과 동시에 그에게 사과하는 글을 써서 보냈다.

"선왕께서 나라 전체를 장군에게 맡기었소. 장군은 연나라를 위해 제나라를 무찌르고 선왕의 원수를 갚아 천하가 진동하였소. 그러므로 과인이 어찌 잠시라도 장군의 공로를 잊겠소. 마침 선왕께서 붕어하시고 과인이 즉위하였는데, 좌우의 신하들이 과인을 잘못하게 만들었소. 과인이 장군 대신에 기겁으로 교체시킨 것은 장군이 오랫동안 국외에서 뜨거운 햇볕과 비바람에 시달리는 것을 안타깝게 여겨 잠시 쉬게 하려던 것이었소. 그런데 장군은 이를 오해하고 우리 연나라를 버린 채 조나라로 가버렸소. 장군이 혼자서 자신의 일을 꾀할 수도 있겠지만 선왕께서 장군을 우대한 뜻에 어떻게 보답하겠소?"

이에 대해 악의가 연 혜왕에게 서신을 보내 말하였다. "신은 밝고 어진 군주는 가까운 사람이라고 해서 벼슬을 주지 않고, 공이 많은 사람에게 상을 주고 능력 있는 사람을 등용한다고 들었습니다. 따라서 재능을 잘 살핀 후에 관직을 주면 공적을 이루는 군주가 되고, 품행을 잘 헤아린 후 친구를 사귀면 명성을 세우는 선비가 됩니다. 신이 보기에 선왕께서는 당대의 다른 군주와 다르게 탁월한 식견을 지니셨습니다. 그리하여 황공하게도 신을 발탁하여 뭇 신하들의 위에 오르게 하였고, 왕족대신들과 상의도 없이 신을 아경으로 등용하였습니다 … 신은 시작을 잘하는 사람이 반드시 완성을 잘하는 것이 아니고, 시작이 좋다고 반드시 결과가 좋은 것이 아니라고 들었습니다. 옛날 오왕 합려는 오자서의 의견을 받아들였기 때문에 오왕의 군대가 영(郢, 초나라 도성)에 까지 진격했습니다. 그러나 오왕 부차(夫差, 합려의 아들)는 오자서의 옳은 의견을 받아들이지 않고 오히려 그에게 죽음을 내린 후, 그 시체를 가죽포대에 넣어 강물에 띄웠습니다. 부차는 오자서의 의견을 따르면 공을 세울 수 있다는 것을 깨닫지 못하였기에, 오자서를 강물에 던지고도 후회하지 않았습니다. 한편으로 오자서 역시 군주의 도량이나 포부가 서로 같지 않다는 것을 미리 알지 못하였기 때문에, 강물에 던져져서도 억울함에 눈을 감지 못하였습니다. 지금 신에게 가장 좋은 것은 죽음의 화를 벗어나 공을 세워 선왕의 사적을 드러내는 것입니다. 신이 가장 두려워하는 것은 모욕적인 비난을 받아 선왕의 명성을 손상시키는 것입니다. 예측하지 못한 죄를 범한 채 요행으로 죽음의 화를 면하고자 하는 것은 도의를 지키는 사람이 할 수 있는 일이 도저히 아닙니다. 신은 군자는 교제를 끊은 후에 상대를 비방하지 않고, 충신은 나라를 떠난 후에 자신의 명예를 위해서 결백을 주장하지 않는다고 들었습니다. 신은 비록 우둔하지만 오랫동안 군자의 가르침을 받아왔습니다. 다만 주위에서 대왕을 모시는 신하들이 참언하는 자의 말을 듣고, 멀리 내쳐진 신의 행동을 살피지 못할까 두려워 글로써 신의 뜻을 아뢰오니 대왕께서 유념해주시기 바랍니다."

악의의 서신을 받은 후 연 혜왕은 악의의 아들 악간을 창국군에 봉하였다. 악의는 연나라와 다시 사이가 좋아져서 조나라와 연나라를 오고 갔다. 연나라와 조나라는 모두 그를 객경(客卿, 타국인에게 수여하는 고위직)에 임명하였다. 악의는 조나라에서 세상을 떠났다.

출처 : 『사기』, 「악의열전(樂毅列傳)」, 주제 원문 : 君子交絶不出惡聲.

악의(樂毅) : 위나라 장군 악양의 후예이다. 연나라 상장군이 되어 B.C 284년 5개국 연합군을 통솔하여 제나라의 70여개 성을 점령했다. 후일 연 혜왕(재위 B.C 278년~B.C 271년)의 견제를 받아 조나라로 망명했다. 연 혜왕이 오해하자 '보연혜왕서(報燕惠王書, 연 혜왕에게 답하는 글)'를 보내 서로 간의 오해를 풀었다.

연 소왕(燕昭王, B.C 335년~B.C 279년) : 전국시대 연나라 군주이다. 한때 한나라의 인질로 있었다. 왕에 즉위한 후 많은 인재를 등용하였다. 북방 영토를 확충하고 제나라의 70여 개 성을 점령하는 등 연나라의 전성시대를 열었다.

연 혜왕(燕惠王, 재위 B.C 279년~B.C 272년) : 전국시대 연나라 군주로 연 소왕의 아들이다. 악의에 대한 불만과 제나라의 이간책으로 장군 악의를 기겁으로 교체했다. 결국 제나라에 대패하여 연 소왕 때 점령하였던 제나라 땅을 모두 상실하였다.

오자서(伍子胥, B.C 559년~B.C 484년) : 본명은 원이고 자는 자서이다. 본래 초나라 사람이었으나 모함을 받고 오나라로 망명한 후, 오왕 합려를 보좌하여 초나라, 제나라, 노나라 등을 격파하여 오나라를 강국의 반열에 서게 하였다. 합려가 죽은 후 그의 아들 오왕 부차를 보좌하여 월나라를 격파하였다. 후일 간신 백비의 모함을 받고 오왕 부차로부터 처형당했다.

▌나라의 위급함을 우선으로 하고 개인의 원한을 뒤로 한다

　인상여는 조나라 사람이다. 그는 본래 특별한 관직이 없었다. 그는 진나라가 조나라에게 화씨벽(和氏璧, 옥 이름)을 요구하자 진나라에 사신으로 가서 목숨을 걸고 진나라의 요구를 무산시켰다. 또한 진나라와 조나라가 회담을 할 때 조나라 왕을 수행하여 외교적 담판으로 조나라의 명예를 지켰다. 그 공으로 인상여는 상경(上卿, 최고위직)이 되었다. 그것은 조나라의 뛰어난 장군 염파보다 높은 자리였다.

　염파가 말하였다. "나는 장군으로 전쟁에서 큰 공을 세웠다. 그러나 인상여는 겨우 언변으로 공을 세웠을 뿐인데 나보다 지위가 높다. 게다가 상여는 본래 미천한 출신이니 나는 부끄러워서 도무지 그의 밑에 있을 수 없다." 그리고 그는 공언하길 "내 상여를 만나면 반드시 모욕을 줄 것이다"고 하였다. 인상여는 이 말을 전해들은 후 염파를 만나려 하지 않았다. 그는 조정에 회의가 있을 때면 늘 병을 핑계 삼고 나가지 않았다. 그것은 염파와 지위를 놓고 다투기 싫어서였다.

　어느 날 인상여는 외출을 하였다가 멀리에 염파가 있는 것을 보고 수레를 돌려 피하였다. 그러자 인상여의 문객들이 그에게 말하였다. "저희가 친인척을 떠나 상공을 모시는 것은 상공의 높은 의로움을 흠모해서입니다. 그런데 지금 상공께서는 지위가 염파 장군과 같건만, 염 장군이 욕을 하는데도 숨어 지내며 그를 두려워함이 너무 지나치십니다. 이는 보통사람에게도 부끄러운 일이거늘 하물며 장군이나 대신들은 어떻겠습니까? 못난 저희는 이만 물러가고자 합니다."

　인상여가 그들을 만류하며 결연히 말하였다. "그대들은 염 장군과 진나라 왕 둘 중에 누가 더 무섭다고 생각하는가?" 그들이 말하길 "염 장군은 진왕을 당할 수 없습니다"고 하였다. 이에 인상여가 말하였다. "나는 진왕의 위세에도 불구하고 진나라 조정에서 그를 꾸짖고 그의 신하들을 모욕하였다. 내가 아무리 무능할지라도 염 장군을 두려워하겠는가? 지금의 형세를 볼 때 강한 진나라가 감히 우리 조나라를 공격하지 못하는 것은 바로 우리 두 사람이 있기 때문이다. 만약 지금 우리 두 호랑이가 싸운다면 둘 다 무사하지 못할 것이다. 내가 이렇게 염 장군을 피하는 것은 나라의 위급함을 우선으로 하고 개인의 원한을 뒤로 하기 때문이다."

이 말을 전해들은 염파는 웃옷을 벗어 상반신을 드러내고 가시나무를 등에 진 채 인상여의 집 문 앞에 이르러 사죄하며 말하였다. "제가 비루하고 천박하여 장군께서 이토록 너그러우신지 미처 몰랐습니다." 이리하여 마침내 두 사람은 화해하고 서로 간에 생사를 함께할 만큼의 절친한 친구가 되었다.

출처 : 『사기』, 「염파인상여열전(廉頗藺相如列傳)」, 주제 원문 : 以先國家之急
　　　而後私讎也.

인상여(藺相如) : 전국시대 조나라의 재상이다. 조나라 혜문왕(재위 B.C 298
　　년~B.C 266년) 때 진나라에 가서 목숨을 걸고 화씨벽(和氏璧, 초나라 사람
　　화씨가 발견한 진귀한 옥)을 지켰고, B.C 279년 조나라 효성왕과 진나라
　　왕이 회담할 때 강대한 진나라를 질책하여 조나라의 체면을 세웠다. 이러
　　한 공로로 상경이 되었다.

염파(廉頗) : 전국시대 조나라의 장군이다. 제나라 토벌에 큰 공을 세웠고 진나
　　라와 연나라의 침략을 격퇴시켰다. 후일 위나라와 초나라로 망명하였다가
　　초나라에서 병사하였다. 전국시대 4대 명장 중의 한 명으로 일컬어진다.
　　염파가 가시나무를 등에 지고 인상여에게 자신의 죄를 청한 사실에서 '부형
　　청죄(負荊請罪, 가시나무를 등에 지고 죄를 청함)', 또 인상여와의 우정에서
　　'문경지교(刎頸之交, 생사를 함께할 정도의 절친한 교제)'라는 성어가 생겨
　　났다.

현자의 처세는 주머니 속의 송곳과 같다

평원군은 조나라의 왕자이다. 형제 가운데 가장 현명하고 빈객을 좋아하여 그에게 모여든 빈객이 수 천 명이었다. 평원군은 세 번 재상 직에서 물러났다가 세 번 다시 재상이 되었다.

평원군 집에 높은 누각이 있었는데 아래의 민가와 마주보고 있었다. 민가에는 절름발이 하나가 살고 있었고 늘 절뚝거리며 물을 길었다. 어느날 평원군의 애첩이 누각 위에서 절름발이가 물 긷는 것을 바라보고 크게 웃었다. 다음날 절름발이가 평원군의 집 문 앞에 이르러 말하였다. "신은 군께서 선비를 좋아한다고 들었습니다. 선비들이 천리 길을 마다하지 않고 군의 문하로 오는 것은 군께서 선비를 귀하게 여기고 비첩을 천하게 여겨서입니다. 신은 불행히도 병을 얻어 불구가 되었는데 군의 첩이 누각에서 내려다보고 비웃었습니다. 신은 비웃은 자의 머리를 얻기 원합니다." 평원군은 좋다고 대답하였으나 절름발이가 돌아가자 웃으며 말하였다. "그자가 한번 웃었다는 이유로 내 애첩을 죽이라고 하니 너무 지나친 것이 아닌가?" 그리고 끝내 애첩을 죽이지 않았다.

그 후 1년 동안 빈객 절반이 평원군을 떠나갔다. 이상히 여긴 평원군이 빈객들에게 물었다. "내가 예를 갖추어 그대들을 대하였는데 어찌 떠나는 사람이 이렇게 많은가?" 문하의 한 사람이 앞에 나아가 말하였다. "군께서 절름발이를 비웃은 첩을 죽이지 않았기에 선비들이 군께서 여색을 좋아하고 선비를 천하게 여긴다고 생각하여 떠나가는 것입니다." 이에 평원군은 절름발이를 비웃은 애첩의 머리를 베어서는 자신이 직접 절름발이에게 주고 사과하였다. 이로부터 그의 문하에 다시 빈객들이 모여들었다.

후일 진나라가 조나라를 침략하여 진나라 군대가 조나라 도성을 포위하였다. 조나라는 평원군을 초나라에 보내어 구원을 요청하도록 하였다. 평원군은 자신의 문하에서 문무를 겸비한 용감하고 지략 있는 문객 20명과 함께 초나라에 가기로 약속하였다. 하지만 19명을 얻었으나 나머지 한 명은 마땅한 사람이 없어서 20명을 다 채우지 못하였다.

당시 평원군의 문하에 모수라는 사람이 있었다. 그는 평원군에게 자신을 추천하며 말하였다. "저는 군께서 장차 초나라와 연합하기 위해 문객 20명과 함께 가기로 약속하고 그 문객들을 외부에서 찾지 않는다고 들었습니다. 지금 한 사람이 부족하다고 하니 군께서는 저를 뽑아 가시기 바랍니다." 평원군이 모수에게 "선생은 나의 문하에 얼마동안 있었소?"라고 묻자, 모수가 "오늘로 3년이 되었습니다"고 하였다. 평원군이 말하였다. "무릇 현자의 처세는 주머니 속의 송곳과 같아 그 끝이 즉시 드러나는 법이오. 그런데 지금 선생이 나의 문하에 있은 지 이미 3년이 되었건만 좌우에서 칭찬하는 말이 없고 나도 들은 바 없으니, 이는 선생이 특별히 뛰어난 점이 없다는 것이오. 선생은 함께 갈 수 없으니 머물러 계시오." 모수가 말하였다. "신은 오늘에서야 군의 주머니 속에 있기를 청합니다. 만약 저를 좀 더 일찍 주머니 속에 두었다면 이미 자루까지도 튀어나왔을 것입니다. 단지 송곳 끝만 드러나지 않았을 것입니다." 마침내 모수의 말에 동의한 평원군은 그와 함께 초나라로 떠났다. 함께 떠난 19명은 서로 눈짓하며 암암리에 모수를 비웃었다.

초나라에 이르러 평원군은 모수의 지략과 용맹에 힘입어 조나라와 초나라의 연합을 약속받았다. 평원군은 조나라에 돌아가서 말하였다. "나는 결코 다시는 인재를 식별하지 않겠다. 내가 그 동안 적게는 백여 명, 많게는 천여 명의 인재를 식별하여 스스로 천하의 인재를 한 사람도 빠뜨리지 않았다고 여겼는데, 이번에 나는 하마터면 모수 선생을 잃을 뻔하였다. 모수 선생이 한번 초나라에 가자 조나라의 지위를 구정(九鼎, 9개의 큰 청동 솥), 대려(大呂, 주나라 종묘의 큰 종)보다도 더 존귀하게 만들었다. 모수 선생의 세치 혀는 백만 군사보다도 더 강하였으니, 나는 결코 다시는 인재를 식별하지 않겠다!" 그리고 모수를 상객으로 받들었다.

출처 : 『사기』, 「평원군우경열전(平原君虞卿列傳)」, 주제 원문 : 夫賢士之處世
也, 譬若錐之處囊中, 其末立見.

평원군(平原君, 약 B.C 308년~B.C 251년) : 본명은 조승이다. 조나라 무령왕의
아들이고 혜문왕의 동생이다. 전국시대 4공자 중의 한 명이다. 혜문왕과
효성왕 때 재상을 역임하였다.

모수(毛遂, B.C 285년~B.C 228년) : 전국시대 조나라 평원군의 문객이다. 평원
군과 함께 초나라에 가서 초나라와 조나라의 연합을 설득시켜 "세치 혀가
백만 대군보다 더 강하다"는 미명을 얻었다. 또한 모수가 자신을 추천한
고사에서 '모수자천(毛遂自薦)'이란 성어가 유래했다.

▌선비는 남을 도와주고 보상을 바라지 않는다

노중련은 제나라 사람이다. 그는 기발하고 웅대하며 탁월한 책략을 잘 구사하였으나 관직에 나가지 않고 고상한 절개를 지켰다. 그가 일찍이 조나라를 유람할 때이다. 마침 진나라가 조나라를 침략하여 조나라 군사 40여만 명이 전멸당하고 조나라 수도 한단이 포위되었다. 위나라에서 지원군을 보냈으나 진나라를 두려워하여 더 이상 진격하지 않았다.

이에 노중련이 위나라 장군을 찾아가 설득하였다. "지금 진나라는 전차 만대를 보유한 큰 나라이고, 위나라 역시 전차 만대를 보유한 큰 나라로 두 나라가 똑같이 각각 왕이라 칭하고 있습니다. 이러한 위나라가 단지 진나라가 한 번 승리한 것을 보고, 진나라가 제왕의 칭호를 쓰려는 것을 옹호하려 합니다. 만약 진나라가 탐욕스러워 끝내 제왕의 칭호를 사용한다면 제후국의 대신을 갈아치울 것입니다. 진왕은 어리석은 자를 파면하고 유능한 자로 교체할 것이며, 증오하는 자를 파면하고 좋아하는 자로 대신할 것입니다. 게다가 진왕은 자신의 딸과 비첩을 제후에게 시집보내어 위나라 궁궐에 살게 할 것입니다. 이렇게 되면 위나라, 조나라, 한나라의 대신들은 추나라나 노나라의 노복이나 비첩만도 못하게 될 것입니다. 위왕께서 어찌 편안히 지낼 수 있고 장군께서 어찌 계속 신임을 받을 수 있겠습니까?"

위나라 장군이 일어나서 노중련에게 두 번 절하고 사죄하며 말하였다. "처음 선생을 보통사람이라 여겼는데, 오늘 비로소 선생께서 천하의 뛰어난 선비라는 것을 알았습니다. 저는 군대를 출동시키고 감히 다시 진왕의 제왕 칭호에 대해 말하지 않겠습니다." 진나라 군대가 소식을 듣고 50리 밖으로 후퇴하였다. 그때 위나라 왕자 신릉군이 조나라를 구원하기 위해 위나라 군대를 이끌고 진나라 군대를 격파하여 마침내 진나라 군대가 퇴각하였다.

평원군은 나라의 위기를 모면한 후 노중련에게 봉토를 내려주려 하였다. 그러나 노중련은 세 번 사양하며 끝내 받지 않았다. 그러자 평원군은 주연을 베풀고 술이 한창 올랐을 때 앞으로 나아가 노중련에게 천금을 바치며 감사했다. 노중련이 웃으며 말하였다. "천하의 선비가 귀한 까닭은 남의 재앙을 없애주고 재난을 해결해주며, 분규를 해결해주고도 보상을 받지 않기 때문입니다. 만일 보상을 받는다면 그것은 장사꾼일 따름입니다. 저는 차마 그렇게 할 수 없습니다." 노중련은 거절한 채 평원군에게 하직인사를 하고 떠난 이후 평생 그를 다시 만나지 않았다.

그로부터 20여 년 후, 연나라 장군이 제나라 요성을 점령하였다. 그런데 요성의 한 사람이 그 장군을 연나라에 모함하였다. 장군은 처형당할까 두려워 요성에 주둔한 채 감히 연나라에 돌아가지 못하였다. 한편 제나라 군대는 요성을 1년 넘게 공격하였으나 수많은 병사의 희생에도 불구하고 탈환하지 못하고 있었다. 이에 노중련은 연나라 장군을 설득하는 편지를 화살에 매달아 성안으로 쏘아 보냈다.

"저는 지혜로운 사람은 시기를 거역해 유리한 행동을 놓치지 않고, 용맹한 사람은 죽음을 피하여 명성을 훼손하지 않으며, 충신은 자기를 우선시하여 군주를 뒤로 하지 않는다고 들었습니다. 지금 장군은 한때의 분노를 참지 못하여 연왕을 뒤로 하였으니, 이는 충성이 아닙니다. 죽기로 싸우더라도 요성을 잃게 된다면 장군의 위엄을 제나라에 떨칠 수 없으니, 이는 용기가 아닙니다. 공적이 실패하여 명성을 잃게 된다면 후세에 장군을 칭송하지 않을 것이니, 이는 지혜가 아닙니다. 이와 같으면 당대의 군주는 장군을 신하로 여기지 않을 것이고, 유세하는 선비는 장군을 기록하지 않을 것입니다. 총명한 사람은 망설이지 않고, 용감한 사람은 죽음을 두려워하지 않습니다. 지금 장군은 생사, 영욕, 귀천의 갈림길에 있습니다. 이때 결정하지 않는다면 기회는 다시 오지 않을 것입니다. 청컨대 깊이 생각하여 세속 사람들과 같은 생각을 하지 않기 바랍니다."

연나라 장군은 노중련의 편지를 읽고 여러 날 동안 울면서 결정하지 못하였다. 연나라로 돌아가려해도 이미 연왕과 사이가 벌어졌으므로 처형당할까 두려웠고, 제나라에 항복하려해도 제나라 사람을 죽이고 포로로 한 것이 너무 많아 굴욕을 당할까 두려웠다. 그는 길게 탄식하며 말하였다. "다른 사람에게 죽느니 차라리 내 스스로 죽겠다." 그는 끝내 자살하였다. 이리하여 제나라는 성을 다시 되찾게 되었고, 제왕은 노중련에게 작위를 주려 하였다. 노중련은 소식을 듣고 바닷가로 피해 달아나 숨으며 말하였다. "나는 부귀하여 남에게 억눌려 사느니 차라리 빈천하여 세상을 가볍게 내 마음대로 살겠다."

출처 : 『사기』, 「노중련추양열전(魯仲連鄒陽列傳)」, 주제 원문 : 所貴於天下之
    士者, 爲人排患釋難解紛亂而無取也.
노중련(魯仲連, 약 B.C 305년~약 B.C 245년) : 전국시대 제나라 사람이다. 일찍
    이 조나라와 제나라에서 큰 공을 세웠으나 그들 나라에서 내려준 모든 상과
    관직을 사양하고 초야에 은거하였다. 노련자, 노중련자라고도 부른다.

군자는 일을 행함에 남의 의심을 사지 않는다

형가는 위(衛)나라 사람이다. 그는 독서와 검술을 좋아하였고, 연나라에서 시장의 술꾼들과 어울려 놀았다. 그 무렵 연나라 태자 단이 진왕(후일의 진시황제)을 암살할 계획을 세웠다. 태자의 스승이 암살을 실행할 인물로 전광을 추천했다.

전광이 태자를 방문했다. 태자는 직접 나가 전광을 맞이하여 앞에서 길을 인도한 후 무릎을 꿇고 앉을 자리를 털었다. 전광이 자리에 앉았는데 주변에 아무도 없었다. 태자가 자리를 고쳐 앉으며 전광에게 말하였다. "연나라와 진나라는 양립할 수 없으니 선생께서 이 일을 고려해주시기 바랍니다." 전광이 말하였다. "신은 준마가 기운이 왕성할 때에는 하루에 천리를 달리나 노쇠하면 둔한 말이 그를 앞선다고 들었습니다. 지금 태자께서는 신이 건장하고 왕성할 때의 말만 듣고 신의 기력이 이미 쇠한 것을 모르고 계십니다. 하지만 비록 신이 국사를 도모할 수 없을지라도 신의 친구 형가는 이 사명을 담당할 수 있을 것입니다." 이에 태자가 "선생을 통해서 형가와 교제하고 싶은데 가능하겠습니까?"라고 하니, 전광이 "삼가 명을 따르겠습니다"고 하였다.

전광은 즉시 일어나 빠른 걸음으로 나갔다. 태자가 문까지 배웅하며 말하였다. "우리가 말한 것은 국가의 대사이니 선생께서는 이를 누설하지 마시오!" 전광이 몸을 굽히고 웃으며 "알겠습니다"고 대답하였다. 전광은 굽은 몸을 이끌고 형가를 찾아가 말하였다. "내가 그대와 친하게 지낸다는 것은 연나라에서 모르는 사람이 없소. 지금 태자께서 나의 건장하고 왕성한 시절의 일을 들었을 뿐 내 몸이 이미 쇠한 것을 모르고, 황송하게도 내게 '연나라와 진나라는 양립할 수 없으니 선생은 고려해주기 바라오' 라고 하셨소. 나는 그대와 허물없는 사이라 여기고 그대를 태자에게 추천하였소. 그러니 그대는 왕궁으로 가서 태자를 뵙길 바라오." 형가가 "삼가 가르침을 따르겠습니다"고 하였다.

전광이 말하였다. "나는 훌륭한 사람은 일을 행함에 남의 의심을 사지 않는다고 들었소. 지금 태자께서 내게 '우리가 말한 것은 국가의 대사이니 선생께서는 이를 누설하지 마시오!'라고 주의를 주었소. 이는 태자가 나를 의심하는 것이오. 사람이 일을 행할 때 다른 사람의 의심을 받는 것은 지조 있는 협객의 행위가 아니오." 그리고 형가에게 말하길 "그대는 빨리 태자를 찾아가 전광은 이미 죽었으니 기밀을 누설하지 못할 것이라고 말하시오!" 하고는, 스스로 목을 찌르고 죽었다.

얼마 후 형가는 진왕을 암살할 준비를 모두 마친 후 진나라로 출발하였다. 태자와 그 일을 알고 있는 모든 빈객들이 흰 의관을 차려 입고 전송하였다. 역수 강가에 이르러 제사지내고 길을 떠날 때 고점리가 축(筑, 고대 현악기)을 연주하고 형가가 그것에 맞추어 노래를 불렀다. 고점리가 비장한 가락을 연주하자 듣는 이 모두 다 눈물을 흘리며 울었다. 형가가 앞으로 걸어가면서 노래를 불렀다. "바람은 쓸쓸하고 역수의 물은 차갑구나. 장사 한번 가면 다시 오지 않으리!" 다시 맑은 가락을 연주하니 비분강개한 모든 사람들이 눈을 부릅뜨고 그들의 머리털이 모자 위로 뻗쳤다. 이리하여 형가는 수레를 타고 떠났으나 끝내 뒤돌아보지 않았다.

출처 : 『사기』, 「자객열전(刺客列傳)」, 주제 원문 : 長者爲行, 不使人疑之.
전광(田光) : 전국시대 연나라의 처사이다. 연 태자 단에게 진왕(진시황제)을 암살할 자객으로 형가를 추천하고 자신은 비밀을 지키기 위해 자결하였다.
형가(荊軻, ?~B.C 227년) : 전국시대 위(衛)나라 사람이다. 연나라 태자 단과 진왕(진시황제)의 암살을 모의한 후 사신으로 위장한 채 진나라 궁궐에 들어가 진왕을 죽이려 했으나 실패하고 피살되었다.
연 태자 단(燕太子丹, ?~B.C 226년) : 전국시대 연나라의 태자이다. 한때 조나라에서 진왕(진시황제)과 함께 인질로 있었고 후에 다시 진나라의 인질로 있었다. 진나라에서 귀국한 후 진나라에서 당했던 수모를 갚고 아울러 진나라의 침략을 저지하기 위해 진왕을 살해하고자 형가를 자객으로 보냈다.

암살실패 후 진나라의 보복을 두려워한 연왕에 의해 살해되어 진나라에
바쳐졌다.

고점리(高漸離) : 전국시대 연나라 사람이다. 형가의 절친한 친구로 축(筑) 연주
의 대가이다. 형가가 진왕 암살에 실패하자 숨어살았다. 후일 진시황제가
그의 눈을 빼어 장님이 되게 하고는 궁중에서 연주하게 하였다. 점차 진시
황제 가까이에서 연주하게 된 틈을 타 축으로 진시황제를 내려쳤으나 실패
하고 피살되었다.

▮병권을 지닌 자는 군주의 의심을 경계해야 한다

왕전은 진나라 장군이다. 젊어서 군사에 관한 것을 좋아하였다. 장군이 된 이후 진시황제를 섬기어 많은 전공을 세웠다.

이신은 진나라의 장군인데 젊고 용맹하였다. 일찍이 수천 명의 군사를 이끌고 연나라 태자 단을 추격하여 연나라 군대를 격파하였다. 어느 날 진시황제는 이신이 유능하고 용감하다고 여기고, 그에게 "초나라를 정벌하려면 어느 정도의 병력이 있어야 되겠는가?"라고 묻자, 이신이 "20만 명이면 충분합니다"고 하였다. 진시황제가 왕전에게도 똑같은 질문을 하자, 왕전이 "60만 명이 아니면 안 됩니다"고 하였다. 진시황제가 말하였다. "왕 장군은 늙고 겁이 많군. 과감하고 용감한 이 장군의 말이 옳소." 이에 진시황제는 이신과 몽염에게 20만 명의 군대를 이끌고 남쪽으로 초나라를 공격하게 하였다. 왕전은 자신의 말이 수용되지 않자 병을 핑계로 고향인 빈양으로 돌아가 쉬었다.

이신은 평여(平與, 지명)를 공격하고 몽염은 침(寢, 지명)을 공격하여 초나라 군대를 대패시켰다. 이신은 계속해서 언영(鄢郢, 지명)을 공격해 격파하였다. 그리고 그는 군대를 이끌고 서쪽으로 나아가 몽염 군대와 합류하려 하였다. 그때 초나라 군대가 3일 동안 밤낮을 쉬지 않고 계속 이신의 군대를 추격하여 마침내 이신의 군대를 대패시켰다. 진시황제는 이신의 군대가 대패하였다는 소식을 듣고 매우 화가 나서 직접 수레를 몰아 왕전의 집으로 달려갔다. 황제는 왕전을 만나서 사과하며 요청하였다. "과인이 장군의 계책을 쓰지 않아서 이신이 우리의 군대를 욕되게 하였소. 지금 들으니 초나라의 군대가 계속 서쪽으로 진격한다고 하오. 비록 장군의 몸이 불편할지라도 설마 과인을 저버릴 수 있겠소." 왕전이 사양하며 말했다. "신은 병들고 쇠약하여 정신이 혼미하므로 대왕께서는 다른 유능한 장군을 쓰시기 바랍니다." 황제가 다시 사과하며 "알았으니 장군은 더 이상 거절하지 마시오"라고 하자, 왕전이 말하였다. "대왕께서 반드시 신을 쓰시겠다면 60만 명이 아니면 안 됩니다." 황제가 "장군의 계책대로 하겠소"라고 하였다.

이리하여 왕전이 60만 명의 군사를 거느리고 출정하자 진시황제가 직접 파상(灞上, 지명)까지 나가 전송하였다. 왕전은 떠날 무렵 황제에게 많은 집과 토지, 원림을 요청하였다. 진시황제가 "장군은 떠나기만 잘하시오. 집안일을 걱정할 것이 무엇이 있겠소?"라고 하였다. 왕전이 대답하였다. "대왕의 장군으로 공을 세웠으나 끝내 작위를 받지 못한 자가 있습니다. 그래서 대왕께서 특별히 신을 중용하실 때 신 또한 때맞추어 집, 토지 등을 요청하여 자손의 가산으로 삼고자 하는 것입니다." 황제가 듣고는 크게 웃었다.

왕전은 함곡관(函谷關, 진나라의 동쪽 국경관문)에 이르러 또 연속적으로 다섯 차례 조정에 사신을 보내어 좋은 밭을 요구하였다. 이에 어떤 사람이 "장군의 요청이 너무 심한 것 같습니다"고 하자, 왕전이 말하였다. "그렇지 않다. 대왕은 성품이 거칠고 다른 사람을 믿지 않는다. 지금 대왕이 나라의 모든 군대를 나에게 맡겼는데, 내가 많은 집과 토지를 요구하여 후손의 가산으로 삼고자 한다는 뜻을 확고히 나타내지 않으면, 대왕은 오히려 아무런 까닭 없이 나를 의심할 것이다." 그런 후 그는 이신을 대신하여 초나라로 진격하였다.

출처 : 『사기』, 「백기왕전열전(白起王翦列傳)」, 주제 원문 : 今空秦國甲士而專委於我, 不多請田宅爲子孫業以自堅, 顧令秦王坐而疑我邪.

왕전(王翦) : 전국시대 진나라의 장군이다. 진시황제를 도와 천하를 통일하는 데 큰 공을 세웠다. 전국시대 4대 명장 중의 한 명으로 일컬어진다.

진시황제(秦始皇帝, B.C 259년~B.C 210년, 재위 B.C 246년~B.C 210년) : 이름은 정(政)이다. 조나라 수도 한단에서 태어나 자랐다. 13세(B.C 247년)에 진나라 왕위에 즉위하였다. 39세(B.C 221년)에 여섯 제후국을 차례로 멸망시키고 천하를 통일하였다. 최초로 황제(皇帝)의 칭호를 사용했고 시황제(始皇帝)라 했다. 봉건제도를 폐지하고 중앙집권적 군현제를 실시했다. 천하를 유람하는 도중 사구(沙丘, 지명)에서 갑작스럽게 병사했다.

이신(李信) : 전국시대 진나라의 장군이다. 조나라, 연나라 정벌에 큰 공을 세웠다. 20만 군대로 초나라를 공격했으나 초나라 장군 항연에게 대패했다. 후일 제나라 정벌에 다시 큰 전공을 세웠다. 한 무제 때 장군 이광은 그의 후손이다.

신하를 아는데 군주보다 나은 사람이 없다

소하는 유방과 동향 사람이다. 소하는 유방이 군사를 일으키자 주로 후방에서 백성을 안정시키고 전방의 군대에 양식을 공급하는 일을 담당하였다. 후일 유방이 항우를 멸망시키고 천하를 통일한 후 논공행상이 있었다. 여러 신하들이 서로 공로를 다투어 1년이 지나도록 공로의 크고 작음을 결정하지 못하였다. 한 고조(유방)는 소하의 공로가 가장 크다고 여기어 찬후에 봉하고 가장 많은 식읍을 주었다. 공신들이 말하였다. "신들은 몸에 갑옷을 입고 손에 병기를 잡고 직접 전투에 참가하여, 많은 자는 100여 차례 전쟁을 하였고 적은 자도 수십 합을 싸웠습니다. 성을 공격하고 땅을 빼앗는 일에 모두 크고 작은 공을 세웠습니다. 그런데 소하는 전투에 참가하지도 않았고 땀 흘린 공로도 없이 단지 붓을 잡고 의론하였을 뿐인데, 지금 오히려 우리보다 상을 더 많이 받으니 어찌 된 까닭입니까?"

한 고조가 "그대들은 사냥을 아는가?"라고 묻자, 군신들이 "압니다"고 대답하였다. 또 한 고조가 "사냥개를 아는가?"라고 묻자, 군신들이 "압니다"고 대답하였다. 이에 한 고조가 말하였다. "사냥할 때 짐승을 쫓아가 잡는 것은 사냥개이지만 짐승의 흔적을 발견하여 짐승이 있는 곳을 찾아내는 것은 사냥꾼이다. 그대들은 단지 짐승을 잡아왔을 뿐이므로 공로가 사냥개와 같다. 소하의 경우는 짐승의 흔적을 발견하여 짐승이 있는 곳을 찾아냈으므로 공로가 사냥꾼과 같다. 또한 그대들은 단지 혼자 혹은 많아야 한 집에서 2, 3명이 나를 따랐으나, 소하는 자신의 가족 수십 명과 함께 나를 따라 천하를 평정하였다. 그 공로를 잊어서는 안 된다." 이에 군신들 모두가 감히 다시 말하지 못하였다.

후일 경포(黥布, 본명 영포, 한나라 개국공신)가 반란을 일으키자 한 고조가 직접 군대를 이끌고 토벌에 나섰다. 한 고조는 가는 도중 여러 차례 사람을 보내어 소하가 무엇을 하고 있는지 알아보게 하였다. 소하는 고조가 군대를 이끌고 나갔으므로 후방에서 백성을 독려하고 자신의 집 재산을 전부 군비로 조달하고 있었다.

문객 한 사람이 소하에게 권유하였다. "상국(相國, 한나라 최고위직)께서 멸족 당할 날이 멀지 않았습니다. 상국께서는 지위가 최고이고 공로도 최고이니 무슨 공을 더 세울 수 있겠습니까? 처음 상국께서 관중(關中, 진나라 수도 함양 일대)으로 들어간 이후 지금까지 10여 년째 많은 인심을 얻고 있습니다. 모든 백성이 상국을 따르고 상국께서도 부지런히 일을 처리하여 백성과 사이가 좋고 백성의 사랑을 받고 있습니다. 폐하께서 여러 차례 상국의 근황을 묻는 것은 상국께서 관중을 동요시킬까 두려워서입니다. 지금 상국께서는 어찌 많은 밭을 싸게 사서 그것을 임대하는 것으로 스스로의 명예를 훼손시키지 않습니까? 이렇게 하면 폐하께서 안심하실 것입니다." 이에 소하가 그의 계책을 따랐다.

한 고조가 경포의 군대를 격파하고 돌아올 때 백성들이 길을 막고 상소문을 올렸다. 그들은 상국 소하가 자기들의 밭과 집을 매우 싼 값에 강제로 사들인 것이 매우 많다고 호소하였다. 한 고조가 도성에 돌아가자 소하가 한 고조를 배알하였다. 한 고조가 웃으며 말하였다. "상국은 이런 식으로 백성을 이롭게 하였소?" 그리고 백성들이 올린 상소문을 모두 소하에게 보여주고는 "상국이 직접 백성에게 사죄하시오"라고 하였다.

후일 한 혜제(漢惠帝, 한나라 제2대 황제) 때이다. 소하는 평소 조참과 서로 사이가 좋지 않았다. 소하가 병들자 황제가 친히 문병을 가서 물었다. "경이 죽는다면 누가 경을 대신할 수 있겠소?" 소하는 "신하를 아는 것은 군주보다 나은 사람이 없습니다"고 하였다. 황제가 "조참이 어떻소?"라고 하니, 소하는 머리를 조아리며 말하였다. "폐하께서는 합당한 사람을 택하였습니다. 신은 죽어도 여한이 없습니다."

평소 소하는 집과 밭을 살 때 반드시 가난한 외딴 곳에 마련하였고,

집을 지을 때에도 담장을 치지 않았다. 그는 말하였다. "나의 후손이 현명하다면 나의 검소함을 배울 것이고, 현명하지 못하더라도 권세 있는 집안에게 빼앗기지 않을 것이다."

출처 : 『사기』, 「소상국세가(蕭相國世家)」, 주제 원문 : 知臣莫如主.

소하(蕭何, B.C 257년~B.C 193년) : 한나라 개국공신이며 초대 승상이다. 진나라 때 패현의 하급관리로 유방과 함께 기병하여 주로 후방에서 행정업무를 주관하였다. 유방이 진나라 수도 함양을 점령하자 진나라의 율령, 도서를 접수하여 전국의 지세와 군현호구를 장악하였다. 한나라 건국 후 율령제도를 재정비하였다. 찬후에 봉해졌다.

조참(曹參, ?~B.C 190년) : 한나라 개국공신이다. 진나라 때 패현의 옥리로 유방과 함께 기병하여 많은 군공을 세웠다. 한나라 건국 후 소하의 뒤를 이어 제2대 승상이 되었다. 조참은 평소 소하와 사이가 안 좋았지만 승상이 된 이후 소하가 제정한 제도와 법령을 그대로 준수하여 '소규조수(蕭規曹隨, 소하가 제정한 규정을 조참이 그대로 따름)'의 미담이 전해지고 있다.

명예를 추구하는 사람은 욕심으로 자신을 해치지 않는다

추양은 한 경제(漢景帝, 한나라 제6대 황제) 때 제나라 사람이다. 그는 양나라로 가서 양 효왕의 문객이 되었다. 그러나 추양을 시기하는 자가 그를 양 효왕에게 모함하였다. 양 효왕이 노하여 추양을 법관에 넘겨 처형시키려 하였다. 추양은 양나라에서 떠돌다 모함을 받고 죽는다면 죽어서도 죄명을 씻을 길이 없을 것이라 여기고 옥중에서 양 효왕에게 글을 올렸다.

"여자는 미추를 떠나 궁궐에 들어가면 질투를 받고, 선비는 현명하건 어리석건 조정에 들어가 관리가 되면 시기를 받습니다 … 한쪽의 말만 들으면 사악함이 생기고 한 사람에게만 맡기면 화란이 생겨납니다. 옛날 노나라 군주는 계손씨의 말만 듣고 공자를 내쫓았고, 송나라 군주는 자한의 계책만을 믿고 묵자를 가두었습니다. 공자와 묵자의 달변으로도 모함의 피해를 벗어나지 못하였고, 이로 인해 노나라와 송나라는 위기에 처했습니다. 이는 무슨 까닭이겠습니까? 여러 사람의 입은 무쇠도 녹이고, 비방이 계속 쌓이면 혈육의 사이도 훼손할 수 있기 때문입니다 … 오늘날 세상의 군주는 아부와 아첨하는 말에 빠지고 애첩이나 주위 신하의 둘러싸임에 견제 되어, 뛰어난 선비에 대한 대우를 준마와 소에게 똑같은 사료를 먹이는 것처럼 하고 있습니다. 이것이 바로 포초(鮑焦, 주나라 정치에 불만을 품고 산속에 들어가 자살)가 세상에 분개하여 부귀에 대해서 조금도 미련을 두지 않은 까닭입니다. 신은 엄중한 자세로 조정에 들어간 사람은 이익을 탐하여 의로움을 더럽히지 않고, 명예를 추구하는 사람은 욕심으로 자신의 품행을 해치지 않는다고 들었습니다. 그러므로 증자는 이름이 승모(勝母, 어머니를 이김)라는 고을에 들어가지 않았고, 묵자는 이름이 조가(朝歌, 아침에 노래함)라는 성읍에서 수레를 되돌렸습니다. 지금 원대한 포부를 지닌 사람은 고관대작의 막중한 위세와 권세에 떨며

억압받고 있고, 오히려 사악하고 비열한 품행으로 아부와 아첨을 일삼는 소인배들이 대왕의 주위를 맴돌고 있습니다. 이런 상황에서 뜻있는 선비는 바위굴 속에서 늙어 죽을 수밖에 없으니, 어찌 대왕께 충성과 신의를 다 바칠 수 있겠습니까?'

양 효왕은 추양의 글을 보고 즉시 사람을 보내 그를 옥에서 풀어준 후 상객으로 삼았다.

출처 : 『사기』, 「노중련추양열전(魯仲連鄒陽列傳)」, 주제 원문 : 砥厲名號者, 不以欲傷行.

추양(鄒陽) : 한나라 초기 문인이다. 한 문제 때 오왕 유비의 문객이었으나 오왕이 반란을 일으키려 하자 극력 간쟁하였다. 오왕이 듣지 않자 오나라를 떠나 양 효왕의 문객이 되었다. 후일 모함을 받아 처형 받게 되었으나 옥중에서 해명하는 글을 올려 석방되었다. 「상서오왕(上書吳王)」, 「우옥중상서자명(于獄中上書自明)」 등 글이 전해지고 있다.

양 효왕(梁孝王, ?~B.C 144년) : 한 문제의 아들이고 한 경제의 동생이다. 모친은 두태후이다. B.C 168년 양왕에 봉해졌다. 한 경제 때 '오초7국'의 난이 일어나자 군대를 이끌고 반군을 격퇴하여 수도 장안을 방어하는데 큰 공을 세웠다. 후일 두태후의 총애를 믿고 한 경제의 후계자가 되려 했으나 실현하지 못했다.

증자(曾子, B.C 505년~B.C 435년) : 춘추시기 노나라 사람이다. 본명은 증삼(曾參)으로 공자의 만년 제자이다. 효자로 널리 알려졌고 후세에 종성(宗聖)으로 받들어지고 있다.

묵자(墨子, 약 B.C 476년 혹은 480년~약 B.C 390년 혹은 420년) : 본명은 묵적(墨翟)이다. 춘추말기 송나라 또는 노나라, 초나라 사람이다. 송나라 대부로서 성을 방위하는 기술이 뛰어났고 절용(節用), 겸애(兼愛), 상현(尙賢), 비락(非樂) 등을 주장했다. 사후 그의 제자들이 그의 생전의 사적을 정리하여 편찬한 책 『墨子』가 있다.

관료의 본분은 법을 받들고 직책을 준수하는 것이다

위청은 평양현 사람이다. 그의 아버지는 정계인데, 평양후(平陽侯, 개국공신 조참 후손의 작위)의 집에서 관리로 근무하던 시절 평양후의 소첩 위온과 사통하여 위청을 낳았다. 위청은 처음 평양후의 집에서 노복으로 지내다가 소년이 된 후 부친의 집으로 돌아갔다. 그의 아버지는 위청에게 양을 치라 하였고, 본처 자식들은 그를 노복으로 취급하며 형제로 인정하지 않았다. 일찍이 위청이 사람을 따라 감천궁(甘泉宮, 궁궐명)에 갔을 때 목에 칼을 쓰고 있는 죄인이 위청의 관상을 보고 말하였다. "그대는 귀인의 상이오. 앞으로 고관이 되어 제후에 봉해질 것이오." 위청이 웃으며 말하였다. "나는 머슴의 자식으로 다른 사람에게 얻어맞지 않는 것만도 다행인데 어찌 제후가 될 생각을 하겠소!" 위청의 동모이부(同母異父) 누나는 위자부로 한 무제의 총애를 받았다. 이로부터 위청은 점차 고귀한 지위에 올랐다.

위청이 대장군이 되어 흉노와 전쟁을 하였다. 우장군 소건이 패하여 군사를 모두 잃고 홀로 군영으로 도망쳤다. 위청이 군관에게 소건의 죄에 대해 묻자 군법관이 말하였다. "대장군이 출병한 이래 지금까지 부장을 참수한 적이 없습니다. 지금 소건이 군사를 버리고 돌아왔으니 참수하여 대장군의 위엄을 드러내십시오." 위청이 말하였다. "나는 요행히 황제의 친척으로 인해 장군이 되었으므로 위엄이 없을 것을 걱정하지 않는다. 사람들이 나에게 권위를 세우라고 하지만 이는 신하된 자의 본분에 크게 어긋나는 것이다. 비록 나의 권한으로 죄지은 장군을 참수할 수는 있으나, 총애 받는 지위를 이용해 감히 국경 밖에서 마음대로 부하를 참수할 수는 없다. 폐하께 상황을 상세히 보고하여 폐하께서 결정하시도록 해야 한다. 그리하여 신하된 자가 감히 권력을 함부로 하지 않는다는 것을 보여야 되지 않겠는가?" 그러자 군관들이 모두 "좋습니다"고 하였다. 이에 소건을 황제 있는 곳으로 압송하였다.

사마천이 말하였다. "소건이 일찍이 나에게 말하였다. '내가 대장군에게 지극히 존귀한 지위에 있지만 천하의 어진 선비 중에 대장군을 칭송하는 자가 없으니, 대장군께서는 현인을 초빙한 옛날 명장들의 처사를 힘써 본받기 바란다고 권한 적이 있습니다. 그러자 대장군은 위기후 두영과 무안후 전분이 빈객을 후대하자 황제께서 늘 이를 갈며 원망했다. 사대부를 가까이하고 현인을 초빙하며 불초한 자를 물리치는 것은 군주의 권한이다. 신하된 자는 다만 법을 받들고 직책을 준수할 뿐이다. 왜 현인을 초빙해야 하느냐며 거절하였습니다.' 표기장군 곽거병도 이런 점을 모방하였다. 장군으로서 그들의 자세는 이와 같았다."

출처 : 『사기』, 「위장군표기열전(衛將軍驃騎列傳)」, 주제 원문 : 人臣奉法遵職而已.

위청(衛靑, ?~B.C 106년) : 한 무제의 황후 위자부의 동모이부(同母異父) 동생이다. 본래 미천한 출신이나 위자부로 인해 한 무제의 신임을 받아 대장군이 되었다. 흉노와의 여러 차례 전쟁에서 큰 전공을 세웠다. 사람됨이 온건하고 겸허하였으며 평생 당파를 결성하지 않았다. 작위는 장평후이다.

위자부(衛子夫, ?~B.C 91년) : 한 무제의 두 번째 황후이다. 어려서 평양공주 집안의 가녀였으나 후일 입궁하여 황후가 되었다. 아들이 태자였으나 정치 사건에 연루되어 자살하였고, 이로 인해 그녀도 자살하였다. 위자부의 배다른 동생은 위청이고, 여동생의 아들은 장군 곽거병이다.

소건(蘇建) : 한 무제 때의 장군이다. 흉노와의 전쟁에서 패하여 평민이 되었으나 후일 태수를 역임하였다.

두영(竇嬰, ?~B.C 131년) : 한 문제의 황후 두씨의 조카이다. 한 경제 때 대장군이 되어 '오초7국'의 난을 진압하여 위기후에 봉해졌고 승상을 역임하였다. 후일 전분과의 권력투쟁에서 패한 후 처형당하였다.

전분(田蚡, ?~B.C 130년) : 한 경제의 황후 왕씨의 동생이며 한 무제의 외삼촌이다. 무안후에 봉해졌고 태위, 승상 등을 역임하였다.

곽거병(霍去病, B.C 140년~B.C 117년) : 한 무제의 황후 위자부 여동생의 아들이다. 위청의 조카이다. 17세에 장군이 된 이후 흉노와의 전쟁에서 혁혁한

전공을 세워 19세에 표기장군이 되었다. 23세에 병사하자 나라에서 장대한 묘를 건립하였다.

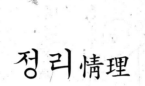

정리 情理

과연 천도란 있는가?

백이와 숙제는 고죽군(孤竹君, 고죽국의 군주)의 아들이다. 고죽군이 숙제를 왕으로 세우려 하였으나, 숙제는 아버지가 죽은 후 자기 형 백이에게 왕위를 양보하였다. 백이는 "아버지의 명이다"며 도망쳤다. 숙제도 왕이 되고 싶지 않다며 도망쳤다. 이에 나라 사람들이 가운데 아들을 왕으로 세웠다.

그 후 백이와 숙제는 주 문왕이 노인을 잘 대우한다는 소문을 듣고 찾아갔다. 주나라에 이르니 주 문왕은 이미 사망하였고, 그의 아들 주 무왕이 자신의 아버지 시호를 문왕이라 새긴 신주를 싣고 동쪽으로 상나라를 정벌하러 가고 있었다. 백이와 숙제는 말고삐를 붙잡고 간언하였다. "아버지가 돌아가셨는데 장례도 치르지 않고 전쟁을 일으키는 것을 효(孝)라 할 수 있겠습니까? 신하가 군주를 시해하는 것을 인(仁)이라 할 수 있겠습니까?" 좌우의 군사들이 백이 숙제를 해치려 하자, 태공망이 "이들은 의로운 사람이다"며 부축하여 떠나보냈다.

주 무왕이 상나라를 멸망시키자 천하가 주나라를 종주국으로 받들었다. 그러나 백이 숙제는 그것을 부끄럽게 여기고, 의를 지키기 위해 주나라의 곡식을 먹지 않고 수양산에 들어가 고사리를 뜯어 먹으며 살았다. 급기야 굶어 죽어가면서 노래를 지었다. "저 서산에 올라 고사리를 캐네. 폭력으로 폭력을 바꾸면서 그 잘못을 모르는구나! 요, 순, 우의 도가 홀연히 사라졌으니 어디로 가야 하는가? 아! 떠나련다. 운명이 다하였구나!" 마침내 그들은 수양산에서 굶어 죽었다.

사마천이 말하였다. "혹자는 말하길 천도(天道)는 특별히 친한 자가 없으며 늘 착한 사람과 함께 한다고 한다. 그렇다면 백이 숙제는 착한 사람이 아니란 말인가? 어찌 그토록 인(仁)을 쌓고 의로운 행동을 하였는데 굶어 죽었단 말인가? 공자는 70명의 제자 중에서 오직 안회만이 학문을 좋아한다고 칭찬하였는데, 안회는 자주 굶고 술지게미와 쌀겨조차 배불리 먹지 못한 채 요절하였다. 어찌 하늘이 착한 사람에 대한 보답이 이렇단 말인가? 한편 도척(盜蹠, 전설 속의 악인)은 수천 명의 무리를 이끌고 천하를 횡행하며 날마다 무고한 사람을 죽이고, 사람의 간을 회로 먹으면서 흉악한 짓을 제멋대로 하였으나 천수를 누렸다. 그는 도대체 무슨 덕을 쌓았단 말인가? 이것은 크게 드러난 사례일 뿐이다. 최근에도 법도에 어긋난 행동을 하고, 오로지 나쁜 짓을 일삼고도 일생을 편안히 살뿐만 아니라 부유함을 대대로 누리는 자가 있다. 반면에 땅을 가려서 밟고, 때가 되어서야 말을 하며, 샛길을 가지 않고, 공정한 일이 아니면 행동을 하지 않지만 재난을 당하는 사람이 셀 수 없이 많다. 나는 매우 당혹스럽다. 도대체 천도라는 것은 옳은 것인가? 그른 것인가?"

<hr>

출처 : 『사기』, 「백이열전(伯夷列傳)」, 주제 원문 : 儻所謂天道, 是邪非邪.

백이(伯夷) : 고죽국의 왕자이다. 동생 숙제(叔齊)가 왕위를 양보하자 자신도 왕위를 거절하고 그와 함께 고죽국을 떠났다. 주나라가 상(은)나라를 멸망시키자 수양산에 들어가 숨어 살다가 굶어죽었다. 고죽국(孤竹國, 약 B.C 1600년~B.C 660년)은 지금의 중국 하북성 일대에 있었던 작은 제후국이다.

주 문왕(周文王, B.C 1152년~B.C 1056년) : 이름은 창이다. 부친 사후 서백후(西伯侯)의 지위를 계승하여 서백창이라고도 한다. 재위 기간 영토를 확장하여 주나라의 기틀을 마련했다. 사후 그의 아들 주 무왕이 주나라를 건립하고 주 문왕으로 추존되었다.

주 무왕(周武王, 약 B.C 1085년~B.C 1041년) : 주나라 개국군주이다. 주 문왕의 아들로 태공망, 주공단, 소공석 등의 보좌를 받아 상나라를 멸망시키고 주나라를 창건했다.

태공망(太公望, 약 B.C 1156년~약 B.C 1017년) : 이름은 상 혹은 망이다. 자는 자아이다. 여상, 강자아, 태공, 태공망, 강태공, 사상보 등 다양한 이름으로 불린다. 주 문왕을 보좌하여 주나라의 기초를 닦고, 주 무왕을 보좌하여 상나라를 멸망시키고 주나라를 창건했다. 주나라 창건 후 제(齊)에 봉해져 제나라의 시조가 되었다. 저서에 『태공병법(太公兵法)』이 전해지고 있다. 『태공병법(太公兵法)』은 『육도(六韜)』라고도 한다.

■ 권익으로 모인 사람은 그것이 다하면 서로 멀어진다

정나라 장공은 제중을 신임하여 경(卿, 고위관직)에 임명하였다. 정 장공은 제중을 등나라에 보내어 여인을 데려오게 하였다. 정 장공은 그 등나라 여인과 결혼하여 아들 홀을 낳았고, 그를 태자로 삼았다. 나중에 정 장공은 또 송나라 여인 옹씨를 총애하여 아들 돌을 낳았다.

정 장공이 죽자 제중은 태자 홀을 옹립하였다. 이가 정 소공이다. 송나라는 제중이 홀을 옹립했다는 소식을 듣고 사람을 보내 제중을 속여 체포한 후, 돌을 옹립하지 않으면 죽이겠다고 협박하였다. 또 송나라는 돌을 붙잡아 뇌물을 요구했다. 끝내 제중은 송나라의 요구에 응낙하고, 아울러 송나라와 맹세하고 돌을 데리고 귀국한 후 그를 왕으로 옹립하였다. 이가 정 여공이다. 정 소공은 제중이 정 여공을 왕으로 세웠다는 소식을 듣고 다른 나라로 도망쳤다.

정 여공은 왕이 된 후 제중이 모든 권력을 장악하고 있음을 걱정하여 몰래 제중의 사위를 시켜 제중을 죽이려 하였다. 제중의 딸은 남편으로부터 이야기를 듣고 자기 어머니에게 물었다. "아버지와 남편 중에 누가 더 가깝습니까?" 그녀의 어머니가 말하였다. "아버지는 한 명밖에 없지만 남편은 선택할 기회가 많다." 이에 그녀는 이 일을 자기 아버지에게 알렸다. 제중은 자기 사위를 죽이고 그 시체를 거리에 전시하였다. 정 여공은 제중에 대해서 어찌할 방법이 없었고, 다만 제중의 사위에 대해서만 "아녀자와 상의하다니 죽어 마땅하다"며 화를 냈다. 제중은 끝내 정 여공을 축출하고 다시 정 소공을 왕으로 옹립하였다.

후일 제중이 죽자 정 여공은 대부 보하를 유인하여 체포한 후 조정에 돌아가 다시 왕이 될 수 있도록 도와달라며 협박하였다. 보하가 "풀어주면 대왕을 위해서 왕을 죽이고 도성으로 모셔가겠습니다"고 하였다. 정 여공은 보하와 맹세하고 그를 석방하였다. 이에 보하는 정 여공과의 약속대로 정 소공과 그의 두 아들을 살해하고 정 여공을 맞이하여 왕으로 옹립하였다.

정 여공이 6년 만에 다시 왕위에 올라 궁궐로 들어갔다. 정 여공은 궁궐에 돌아가자 먼저 그의 백부를 꾸짖으며 말하였다. "내가 나라를 잃고 국외에 나가 있을 때 백부는 나를 복위시킬 마음이 없었으니 참으로 심한 일입니다." 그 백부가 말하길 "임금을 섬김에 두 마음을 지니지 않는 것이 신하의 본분입니다. 신은 저의 죄가 무엇인지 알고 있습니다"고 하고는 자살하였다. 정 여공은 이번에는 보하에게 "그대는 임금을 섬김에 두 마음을 지니고 있다"며 그를 죽였다. 보하는 죽음에 이르러 말하였다. "큰 은혜에 보답하지 못할지언정 이렇게 해도 정말 되는 것인지!"

이극(里克)은 진(晉)나라 헌공 때의 대신이다. 진 헌공은 병이 위독해지자 여러 아들 중에서 여희의 아들을 후계자로 삼았다. 그러나 이극은 진 헌공이 죽은 후 여희의 두 아들을 죽이고 적나라에 망명중인 큰 왕자 중이를 영접하여 왕으로 옹립하려 했다. 그러나 중이가 사양하자 이극은 다시 양나라에 망명중인 작은 왕자 이오를 맞이하여 왕으로 옹립하려 하였다.

이오가 가려 하자 그를 따르는 신하가 말하였다. "국내에 왕위를 이을 왕자가 있음에도 불구하고 국외에서 찾는 것은 믿기가 어렵습니다. 강국 진(秦)의 힘을 빌려 귀국하지 않으면 신변이 매우 위험할 것입니다." 이에 이오는 사람을 시켜 후한 뇌물을 가지고 진나라로 보내, 귀국할 수 있게 도와주면 진(晉)의 하서 땅을 진(秦)에 주겠다는 약속을 하게 하였다. 동시에 이극에게 서신을 보내어 "만약 내가 정말 왕위에 오르게 된다면 분양의 땅을 봉토로 줄 것이오"라고 하였다.

이리하여 진(秦)나라 목공이 군대로 이오를 호송하였고, 마침내 이오가 왕위에 올랐다. 이가 진 혜공이다. 진 혜공은 왕위에 오르자 진나라에 사신을 보내어 말하였다. "처음 과인이 하서 땅을 군왕에게 주기로 약속하고서 다행히 귀국하여 왕위에 올랐습니다. 그러나 대신들이 '토지는 선왕이 남긴 것인데 국외로 도망 중인 대왕께서 무엇을 믿고 마음대로 진나라에 허락했습니까?'라고 하여, 과인이 그들과 힘써 논쟁하였지만 결국 어쩔 수 없게 된바 귀국에게 사과드리는 바입니다."

진 혜공은 또한 이극에게도 분양의 땅을 주지 않고, 오히려 그가 정변을 일으킬까 두려워하여 그의 권력을 빼앗은 후 자살을 명하면서 말하였다. "그대가 없었다면 과인은 왕위에 오르지 못했을 것이다. 비록 그렇기는 하지만 그대 역시 두 임금과 한 명의 대부를 죽였으니, 그대의 임금으로써 어찌 난처하지 않겠는가?" 이극이 말하였다. "기존의 임금을 물리치지 않았다면 대왕께서 어찌 임금이 될 수 있었겠습니까? 이제 신을 죽이려고 하니 어찌 구실이 없겠습니까? 끝내 이렇게 말씀하신다면 신은 명령을 따를 뿐입니다." 그리고 자신의 검을 끌어안고 자살하였다.

사마천이 말하였다. "전하는 말에 권세와 이익으로 합친 사람은 권세와 이익이 다하면 서로의 관계도 멀어진다고 하였는데, 바로 보하를 두고 하는 말이다. 보하가 비록 위협을 받고 왕을 살해한 후 정 여공을 다시 왕으로 옹립하였지만, 정 여공은 맹세를 저버리고 끝내 그를 죽였다. 이것은 진나라의 이극도 마찬가지이다."

출처 : 『사기』, 「정세가(鄭世家)」, 「진세가(晉世家)」, 주제 원문 : 以權利合者, 權利盡而交疏.

보하(甫瑕) : 보가, 부하라고도 한다. 정 장공(재위 B.C 743년~B.C 701년)과 정 여공 때의 대부이다. 외국에 망명 중인 정 여공을 왕위에 복위시켰으나 최후에 정 여공에 의해 처형되었다.

정 여공(鄭厲公, ?~B.C 673년) : 춘추시기 정나라 군주(재위 B.C 701년~B.C 697년)이다. 실권자 제중을 제거하려다 오히려 제중에 의해 축출되었다. 17년 후 대부 보하의 도움을 받아 다시 정나라 왕위(재위 B.C 680년~B.C 673년)에 복위하였다.

이극(里克, ?~B.C 650년) : 춘추시기 진나라의 경대부이다. 진 헌공 사후 여희의 두 아들을 살해하고 진 헌공의 아들 진 혜공(이오)을 왕으로 옹립하였으나 끝내 진 혜공의 배신으로 죽음을 당했다.

진 혜공(晉惠公, ?~B.C 637년) : 진 헌공의 아들이고 진 문공의 동생이다. 이름은 이오이다. 진(秦)나라와 대신 이극의 도움을 받아 왕이 되었으나 진나라와 이극을 배신했다. 무도한 통치로 인해 백성이 따르지 않았다.

▌천 사람의 아부하는 말이 한 선비의 바른말만 못하다

상앙이 진나라 재상으로 있은 지 10년이 되자 많은 종실귀족들이 그를 원망하였다. 그 무렵 조량이 상앙을 만났다. 상앙이 말하였다. "나는 맹난고(孟蘭皐, 상앙 제자)의 소개로 그대를 만날 수 있게 되었습니다. 지금 그대에게 교제를 청하고 싶은데 괜찮겠습니까?" 조량이 대답하였다. "공자가 어진 사람을 추천하면 백성이 추대한 사람도 오고, 어리석은 자를 불러 모으면 왕업을 이룬 사람조차도 물러난다고 하였습니다. 저는 어리석어 감히 명령을 받들 수 없습니다. 또 저는 자신이 있을만한 자리가 아님에도 불구하고 있는 것을 지위를 탐한다고 하고, 자신이 누릴만한 명성이 아님에도 불구하고 누리는 것을 이름을 탐한다고 들었습니다. 만약 제가 군의 호의를 받아들인다면 바로 저 자신이 지위를 탐하고 이름을 탐하는 사람이 되므로 감히 명령을 받아들일 수 없습니다."

상앙이 물었다. "그대는 나의 진나라 다스리는 방식을 좋아하지 않습니까?" 조량이 말하였다. "남의 말을 듣는 것을 총(聰)이라 하고, 내면을 보는 것을 명(明)이라 하며, 자신을 이기는 것을 강(强)이라 합니다. 일찍이 순 임금은 자신을 낮추는 사람은 존중 받는다고 하였습니다. 군께서는 순 임금의 도리를 실행하는 것이 제게 물어보는 것보다 나을 것입니다."

상앙이 말하였다. "처음 진나라는 오랑캐처럼 부자간의 구별도 없이 남녀노소가 한 집에서 살고 있었습니다. 나는 그런 풍습을 고쳐서 남녀의 구별이 있게 하였고, 서로 떨어져 살게 하였습니다. 큰 궁궐을 세워서 노나라와 위(衛)나라와 같게 하였습니다. 그대는 진나라를 다스리는 방식에서 나와 오고대부(五羖大夫, 백리해) 중에 누가 더 낫다고 생각합니까?"

조량이 말하였다. "천 마리의 양가죽은 한 마리 여우의 겨드랑이 가죽만 못합니다. 천 사람의 '네네' 하며 아부하는 말이 한 선비의 바른말만 못합니다. 무왕(武王, 주나라 개국군주)은 신하가 직언하는 것으로 흥성하였고, 주왕(紂王, 상나라 마지막 왕)은 신하가 감히 간언하지 못하였으므로 망하였습니다. 군께서는 무왕처럼 제가 하루 종일 직언을 하더라도 문책하지 않으시겠습니까?"

상앙이 말하였다. "속담에 듣기 좋은 말은 허황되고, 아부하는 말은 병이 되며, 진실한 말은 과실과 같고, 쓴 말은 약이 되며, 귀에 거슬리는 말은 좋은 약이 된다는 말이 있습니다. 그대가 진정으로 하루 종일 바른 말을 해준다면 나를 치료하는 약이 될 것입니다. 내 그대를 섬기고자 하는데 어찌 거절하는 것입니까?"

조량이 말하였다. "오고대부는 진나라 재상이 된 후 피곤해도 수레를 타지 않았고, 아무리 더워도 양산을 쓰지 않았습니다. 나라 안에서 행차할 때에는 뒤따르는 수레를 거느리지 않았고, 무기를 지닌 호위병도 없었습니다. 그의 공적은 역사책에 기록되어 서고에 보존되고, 덕행은 후세까지 전해지고 있습니다. 오고대부가 죽자 진나라 백성은 남녀를 막론하고 모두 눈물을 흘리며 통곡하였고, 아이들도 노래를 부르지 않았으며, 절구질하던 사람도 소리를 내지 않았습니다. 이것이 오고대부의 덕입니다. 군께서는 진나라 재상이 된 후 백성의 행복은 생각하지 않고 거대한 궁궐을 세웠으니, 나라를 위해 공적을 세운 것이 아닙니다. 태자의 스승을 처벌하고 가혹한 형벌로 백성을 처형하였으니, 원한을 사고 재앙을 쌓는 일입니다. 백성에게 명령하는 것보다 교화하는 것이 인심에 끼치는 영향이 크고, 위에서 하는 행위를 백성이 모방하는 것은 명령보다도 신속합니다. 지금 군께서 권위를 세우고자 도리를 위반한 채 법도를 바꾸려 하는 것은 교화를 하는 것이 아닙니다. 『시경』에 인심을 얻는 자는 흥하고 인심을 잃는 자는 망한다고 하였습니다. 군께서 시행한 여러 일은 인심을 얻을 만한 것이 못됩니다. 군께서는 외출할 때 뒤따르는 수레가 십여 대이고, 수레에는 무사를 무장시키고 힘센 장사가 수행하며, 창을 가진 자가 수레 옆에서 달립니다. 군께서는 이러한 호위가 하나라도 빠지면 절대 외출하려 하지 않습니다. 『서경』에 덕을 믿는 자는 번창하고 힘을 믿는 자는 망한다고 하였습니다. 군의 위태로움이 마치 아침이슬과 같은데 어찌 장수하려고 하십니까? 어찌 봉토로 받은 상(商, 지명)의 15개 읍을 나라에 돌려주고 시골로 물러나 전원생활을 하지 않습니까?" 그러나 상앙은 끝내 조량의 말을 듣지 않았다.

출처 : 『사기』, 「상군열전(商君列傳)」, 주제 원문 : 千人之諾諾, 不如一士之諤諤.
조량(趙良) : 전국시대 사람이다. 진 효공(재위 B.C 361년~B.C 338년) 때 상앙에게 재상 직에서 물러날 것을 권고하였다.
상앙(商鞅, 약 B.C 395년~B.C 338년) : 전국시대 진나라 재상이다. 위앙, 공손앙, 상군이라고도 한다. 본래 위나라 사람으로 진나라에서 진 효공의 신임을 받아 역사상 '상앙변법(商鞅變法)'을 실시하였다. 진 효공 사후 반대세력의 모함을 받고 사지가 찢기는 형벌에 처해졌다.
백리해(百里奚, 약 B.C 700~B.C 621년) : 춘추시기 진나라의 재상이다. 처음 집이 가난하여 송나라, 제나라를 떠돌다 우나라의 대부가 되었다. 진 헌공이 우나라를 멸망시키자 초나라로 달아났다. 진 목공이 양 가죽 다섯 장을 예물로 초청해서 상대부로 삼았다. 이로 인해 세상에서 오고대부(五羖大夫)라고 부른다. 진 목공을 보좌하여 진나라 발전의 기틀을 마련하였다.

술이 과하면 어지러워지고 즐거움이 지나치면 슬퍼진다

순우곤은 제나라 사람이다. 키가 7척이 못되었지만 익살스럽고 변설에 능하여 여러 차례 제후국에 사신으로 나갔으나 굴욕을 당하지 않았다.

제나라 위왕 때이다. 초나라가 대군을 동원하여 제나라를 침략하였다. 제 위왕이 순우곤에게 조나라에 가서 구원병을 요청하게 하였는데, 황금 100근과 거마 10대를 예물로 가지고 가게 하였다. 순우곤이 하늘을 우러러보며 크게 웃으니 모자 끈이 모두 떨어졌다. 제 위왕이 "그대는 예물이 너무 적어서 그러는가?"라고 하니, 순우곤이 "어찌 감히 그럴 수 있겠습니까?"라고 하였다. 제 위왕이 "그대가 웃는 것은 까닭이 있어서 아니겠는가?"라고 하자, 순우곤이 말하였다. "오늘 신이 동쪽에서 올 때 길가에서 신에게 기도하는 사람을 보았습니다. 그는 손에 돼지 발 하나와 술 한 잔을 잡고서 '오곡이 풍성하여 곡식이 위 밭에서는 수레에 가득히, 아래 밭에서는 창고에 가득차라!'며 빌고 있었습니다. 신은 그 손에 잡고 있는 제물이 그토록 적건만, 원하는 바가 그토록 많은 것을 본 것이 생각나서 웃은 것입니다."

이에 제 위왕은 황금 1,000일(鎰, 중량단위, 20냥 혹은 24냥), 둥근 백옥 10쌍, 거마 100대로 예물을 늘려주었다. 순우곤이 작별인사를 하고 조나라로 떠났다. 조나라 왕이 제나라를 구원하기 위해 정예병사 10만 명과 전차 1,000대를 동원하였다. 초나라가 소식을 듣고 급히 군대를 퇴각시켰다.

제 위왕이 매우 기뻐하여 궁중에 주연을 베풀고 순우곤에게 술을 내려주며 말하였다. "그대는 술을 얼마만큼 마시면 취하는가?" 순우곤이 "신은 1두(一斗, 약 1L)을 마셔도 취하고 1석(一石, 약 10L)을 마셔도 취합니다"고 하니, 제 위왕이 말하였다. "1두를 마시고 취한다며 어찌 또 1석을 마신단 말인가? 그 까닭을 말할 수 있겠는가?"

순우곤이 말하였다. "대왕이 계신 앞에서 술을 내려주면 법관이 옆에 있고 어사가 뒤에 있으므로 두려워서 엎드려 마시게 됩니다. 그러면 1두를 넘지 않아서 곧 취하게 됩니다. 만약 어버이의 존귀한 손님이 집에 오면 옷깃을 바르게 하고 꿇어 앉아 술을 대접하는데, 손님이 주는 술을 받고 때로는 술잔을 받들어 손님과 대작을 하게 됩니다. 그러면 2두를 못 마시고 곧 취하게 됩니다. 만약 오랜만에 친구를 갑자기 만나게 되면 즐겁게 지난 일을 이야기하고 감회를 토로하니, 대략 5, 6두를 마시고 취하게 됩니다. 만약 마을의 모임에서 남녀가 섞여 앉아 서로 술을 주고 받고, 시간의 제한 없이 장기와 투호 놀이를 하며, 남녀가 손을 잡아도 벌이 없고, 눈짓으로 정을 전해도 금지하지 않고, 눈앞에서 귀걸이가 떨어지고, 등 뒤에서 비녀가 떨어지는 경우라면, 기쁜 마음에 8두를 마시고도 조금 밖에 취하지 않습니다. 날이 저물어 술자리가 끝날 무렵 남은 술통을 모으고, 남녀 모두 무릎을 세워 동석하고, 신발이 서로 뒤섞이고, 술잔과 그릇이 어지럽게 흩어지며, 마루 위의 촛불이 꺼질 때 주인이 저만을 머물게 하고 다른 손님을 배웅합니다. 그런 후 엷은 비단옷깃이 열리면서 은은한 향기가 퍼지면 가장 기쁜 때라 1석도 마실 수 있습니다. 그러므로 술이 과하면 어지러워지고 즐거움이 지나치면 슬퍼지는 것입니다. 만사가 다 그렇습니다. 이는 극단에 이르면 쇠퇴하므로 극단에 이르지 말라는 것입니다." 제 위왕이 좋은 말이라며 곧 밤새워 술 마시는 것을 그만두었다.

출처 : 『사기』, 「골계열전(滑稽列傳)」, 주제 원문 : 酒極則亂, 樂極則悲.
순우곤(淳于髡, 약 B.C 386년~약 B.C 310년) : 전국시대 제나라 사람이다. 제나라 직하학궁(稷下學宮, 제나라 수도 임치에 설립한 학교)의 학자로 상경의 지위에 올랐다. 여러 차례 제 위왕에게 개혁을 권유하였다. 제 선왕 때 인재를 소홀히 하자 위나라로 갔다. 위 혜왕이 재상으로 대우했으나 사양했다. 후일 제나라로 돌아가 관직에 나가지 않고 직하학궁의 발전에 힘썼다.
제 위왕(齊威王, 재위 B.C 356년~B.C 320년) : 전국시대 제나라 군주이다. 직하학궁을 발전시켰고 추기, 전기, 손빈 등 많은 인재를 등용하였다. 정치개혁과 제도를 개선하여 제나라를 부강하게 하였다. B.C 334년 제나라에서 처음으로 왕의 칭호를 사용했다.

▌깃털이 쌓이면 배를 가라앉히고 입이 여럿이면 무쇠도 녹인다

　장의는 위나라 사람이다. 소진과 함께 귀곡선생에게서 유세술을 배웠다. 장의는 학업을 다 마친 후 제후들에게 유세하였다. 그는 일찍이 초나라 재상의 빈객으로 연회에 참석한 적이 있었다. 마침 그 때 도난사건이 발생하였다. 초나라 재상의 문하들이 "장의는 가난하고 보잘 것 없는 인간으로 틀림없이 그가 재상의 보물을 훔쳤을 것이다"고 하고는, 장의를 붙잡아 매를 수백 대 때렸다. 장의가 불복하자 겨우 석방하였다. 장의의 아내가 탄식하며 말했다. "아! 당신이 독서를 하여 유세를 하지 않았다면 어찌 이런 곤욕을 당했겠는가!" 그러자 장의는 그의 아내에게 물었다. "내 혀를 보라. 혀가 아직도 있는가?' 그의 아내가 웃으며 "혀가 있다"고 하자, 장의는 "그러면 됐다"고 하였다.

　장의는 진나라로 갔다. 진 혜왕은 장의의 재능을 인정하여 그를 재상으로 삼았다. 얼마 후 장의는 재상 직을 사임하고 위나라로 갔다. 위나라로 하여금 진나라를 섬기게 하고 다른 제후들도 그것을 본받게 할 목적이었다. 장의가 위나라 왕을 설득하였다.

　"위나라는 영토가 사방 천리가 되지 못하고 군사가 30만 명을 넘지 않습니다. 사방의 지세가 평탄하여 마치 수레바퀴의 중심처럼 사방의 제후국과 통하지만, 큰 산과 강의 방어벽이 없기 때문에 제후들이 사방에서 공격할 수 있습니다 … 각국의 제후들이 합종(合縱, 6국이 연합하여 진나라에 대항하자는 계책)하는 목적은 나라의 안보를 편안히 하고 임금을 높이며 군대를 강하게 하여 이름을 드러내고자 하는 것입니다. 그러나 같은 부모에게서 난 형제들도 재물로 인해 서로 다투는 일이 있는데, 거짓과 속임수를 거듭 쓰는 소진의 합종책을 믿으려하시니, 그것이 실패할 것은 명백한 일입니다 … 대왕을 위한 계책으로는 진나라를 섬기는 것이 최상입니다. 진나라를 섬기면 초나라와 한나라가 감히 경거망동하지 못할 것입니다. 초나라와 한나라의 외환이 없게 되면 대왕께서는 분명 베개를 높이 베고 잘 수 있고 나라에 아무런 근심이 없을 것입니다 … 합종을 주장하는 사람들은 대부분 큰 소리만 칠뿐 믿을 것이 별로 없습니다. 그들은 제후 하나만 설득하면 공명을 이룰 수 있다고 생각하기에, 밤낮으로 팔을 걷어붙이고 눈을 부릅뜬 채 혀가 닳도록 합종의 유익함을 말하여 각국의 임금을 설득하려는 것입니다. 임금들이 그들의 언변을 칭찬하고 그들의 유세에 빠져드니 어리석은 것이 아니겠습니까? 신은 깃털이 쌓이면 배를 가라앉히고, 가벼운 사람이 떼를 지어 타면 수레의 축을 부러뜨리며, 여러 사람의 입은 무쇠를 녹이고, 비방이 쌓이면 골육간의 정도 깨뜨린다고 들었습니다. 그러므로 대왕께서는 정확한 책략을 잘 살펴서 결정하시기 바랍니다." 이에 위왕은 합종의 맹약을 배반하고 장의를 통하여 진나라에 화해를 청하였다. 장의는 진나라에 돌아가서 다시 재상에 복직하였다.

후일 장의는 진진과 함께 진 혜왕의 총애를 서로 다투었다. 장의는 진 혜왕에게 진진이 초나라로 떠나가려 한다고 비방하였다. 그러자 진 혜왕이 진진에게 물었다. "그대는 진나라를 떠나 초나라로 간다고 하는데 사실이오?" 진진이 "그렇습니다"고 하자, 진 혜왕이 "장의의 말이 사실이군!"이라고 하였다. 진진이 말하였다. "이는 장의뿐만 아니라 길가는 사람도 모두 알고 있는 사실입니다. 옛날 오자서는 자신의 임금에게 충성하였기 때문에 세상의 모든 임금이 그를 자기 신하로 삼으려고 다투었고, 증자는 자기 어버이에게 효도하였기 때문에 세상의 모든 부모가 그를 자식으로 삼기를 원하였습니다. 그러므로 팔린 노복이 그 마을을 미처 벗어나기 전에 팔리면 좋은 노복이고, 쫓겨난 아낙이 같은 마을에서 시집가면 좋은 아낙인 것입니다. 지금 신이 대왕께 충성하지 않는다면 초나라가 어찌 신을 충성스럽다고 여기겠습니까? 충성을 바치는데도 버림받으려 하는데 신이 초나라로 가지 않으면 어디로 가겠습니까?" 진 혜왕은 진진의 말을 옳다고 여기고 그를 잘 대우하였다.

출처 : 『사기』, 「장의열전(張儀列傳)」, 주제 원문 : 積羽沈舟, 衆口鑠金.

장의(張儀, ?~B.C 309년) : 전국시대 위나라 사람이다. 진 혜왕의 신임을 받아 진나라 재상이 되었다. 진나라와 각 제후국이 친교를 맺어야 한다는 연횡 책을 주장하였고, 이를 통해 소진의 합종책을 무너뜨렸다. 진 혜왕 사후 즉위한 진 무왕의 배척을 받아 위나라로 달아난 후 위나라 재상으로 있다가 사망하였다.

소진(蘇秦, ?~B.C 284년) : 전국시대 동주 낙양 사람이다. 연, 제, 초, 한, 위, 조 등 6국이 연합하여 진나라에 대항하자는 합종책을 제시하였다. 그의 계 책에 따라 6국이 연합하였고 그는 6국의 재상이 되었다. 후일 6국의 연맹이 깨진 후 제나라의 객경(客卿)이 되었으나 제나라 자객에 의해 암살당하였다.

진진(陳軫) : 전국시대 진나라의 대부이다. 초나라가 제나라를 침공하자 제나라 에 사신으로 가서 '화사첨족(畵蛇添足, 뱀에 발을 그리면 안 되듯 일을 함에 너무 지나치면 오히려 망치게 됨)'의 비유를 들어 초나라 대군을 물리쳤다.

오자서(伍子胥, B.C 559년~B.C 484년) : 본명은 원이고 자는 자서이다. 본래 초나라 사람이었으나 모함을 받고 오나라로 망명하였다. 오왕 합려를 보좌 하여 초나라, 제나라, 노나라 등을 격파하여 오나라를 강국의 반열에 서게 하였다. 합려가 죽은 후 그의 아들 오왕 부차를 보좌하여 월나라를 격파하 였다. 후일 간신 백비의 모함을 받고 오왕 부차로부터 처형당했다.

증자(曾子, B.C 505년~B.C 435년) : 춘추시기 노나라 사람이다. 본명은 증삼 (曾參)으로 공자의 만년 제자이다. 효자로 널리 알려졌고 후세에 종성(宗 聖)으로 받들어지고 있다.

귀한 것을 귀하게 여기면 귀하게 된다

소대는 소진의 동생이다. 그는 형이 성공하는 것을 보고 발분하여 학문에 정진하였다. 소대가 한나라에 갔을 때이다. 진나라 장군 상수가 한나라를 정벌하려고 하였다. 한나라 재상 공중치가 소대를 상수에게 보내어 설득하게 하였다.

소대가 상수에게 말하였다. "짐승도 곤경에 처하면 사냥꾼의 수레를 뒤엎는다고 합니다 … 지금 공께서 해구 땅을 초나라에 주어 진나라와 초나라의 관계를 좋게 하려고 합니다. 그리하여 진나라와 초나라가 연합하여 한나라를 공격한다면 한나라는 멸망할 것이 분명합니다. 만약 한나라가 멸망하면 공중치는 자신이 거느리고 있는 무리를 이끌고 진나라에 완강히 저항할 것입니다. 공께서는 이 점을 깊이 고려하시기 바랍니다."
상수가 말하였다. "내가 초나라와 연합하고자 하는 것은 결코 한나라를 대적하려는 것이 아니오. 그대는 나를 대신하여 공중치에게 진나라와 한나라가 서로 연합할 수 있다고 말해주시오."

소대가 말하였다. "사람들이 말하길 귀하게 된 까닭을 귀하게 여기면 귀하게 된다고 합니다. 지금 진왕은 공을 공손석보다 가까이 하지 않고, 또한 공의 지혜와 재능을 감무보다 못하다고 여깁니다. 그럼에도 불구하고 지금 저 두 사람은 국정에 참여하지 못하고 오직 공만이 진왕과 함께 진나라 대사를 결정하고 있습니다. 이는 무슨 까닭이겠습니까? 그것은 저 두 사람 모두가 신임을 잃었기 때문입니다. 그것은 공손석이 한나라 편을 들고 있고, 감무가 위나라 편을 들고 있기 때문에 진왕이 그들을 신임하지 않는 것입니다. 지금 진나라와 초나라가 서로 다투고 있는데 공께서 초나라 편을 든다면, 이는 공손석이나 감무와 같은 길을 가는 것입니다. 공께서 저들과 무엇으로 차별할 수 있겠습니까? 사람들이 초나라는 변심을 잘하는 나라라고 합니다. 공께서 초나라와 결탁하고자 하는 것은 곤란을 자처하는 일입니다. 공께서는 진왕과 상의한 후 한나라와 친선관계를 맺고 초나라의 계략에 대응하는 것이 더 좋을 것입니다. 이리하면 우환이 없을 것입니다." 이에 상수가 "맞소. 나도 한나라와 연합할 것을 매우 바라오"라고 했다.

출처 : 『사기』, 「소진열전(蘇秦列傳)」, 「저리자감무열전(樗里子甘茂列傳)」, 주제 원문 : 貴其所以貴者貴.

소대(蘇代) : 전국시대 동주 낙양사람이다. 소진의 동생이다. 처음 연나라, 제나라, 송나라, 한나라 등 각국을 떠돌아 다녔다. 나중에 연 소왕(재위 B.C 312년~B.C 279년)의 초청을 받아 연나라에서 상경이 되었다.

상수(向壽) : 전국시대 진나라의 장군이다. 진 소왕의 모친 선태후의 외족이다. 어려서 진 소왕과 함께 자라 중용되었다. 또한 선태후는 초나라 사람이라 초나라와의 관계가 좋았다. B.C 294년 한나라를 침략하여 무시를 점령하였다.

공중치(公仲侈) : 전국시대 한나라의 대부이다. 한 선혜왕(재위 B.C 332년~B.C 312년) 때 중용되었다. 처음 진나라와 연합을 주장했으나 연합에 실패하자 의양을 방어했고, 방어 실패 후 다시 진나라와의 연합을 주장하였다. 후일 초나라의 침공을 방어했다.

감무(甘茂) : 전국시대 진나라의 장군이다. 진 혜문왕(재위 B.C 337년~B.C 311년) 때 많은 전공을 세웠다. 후일 상수, 공손석 등의 모함을 받고 제나라에 투항하여 제나라의 상경이 되었다.

▌부귀하면 친구가 많아지고 빈천하면 친구가 적어진다

맹상군의 이름은 문이고 전영의 아들이다. 전영은 제 위왕의 작은 아들이고 제 선왕의 이복동생이다. 전문은 전영의 40여명의 아들 중, 첩의 소생이다. 처음 전문이 5월 5일에 출생하자 전영이 그 어미에게 키우지 말라고 하였다. 그녀는 몰래 그를 키웠다.

후일 전문이 장성하자 전문의 어미는 전문의 형제를 통하여 전문을 전영에게 보였다. 전영이 화를 내며 말하였다. "내 너에게 이 아이를 버리라고 하였는데 어찌하여 감히 키웠는가?" 전문의 어미가 미처 대답하기 전에 전문이 머리를 조아리며 말하였다. "군께서 5월에 난 아이를 키우지 못하게 하는 까닭은 무엇입니까?" 전영이 말하였다. "5월에 난 아이는 키가 방문 높이까지 자라면 그 부모에게 해를 끼칠 것이다." 전문이 말하였다. "사람의 명을 하늘에서 받는 것입니까? 방문에서 받는 것입니까?" 전영이 묵묵히 말이 없자 전문이 말하였다. "만약 명을 하늘에서 받는 것이라면 군께서 걱정할 일이 무엇이 있겠습니까? 만약 명을 방문에서 받는 것이라면 그 방문을 높이면 그만입니다. 누가 그 높이를 따라 클 수 있겠습니까?" 전영은 대답하지 못하였다. 전영은 점차 전문을 대우하여 집안 일을 주재하게 하고 빈객을 접대하게 하였다. 빈객이 날로 늘어나면서 전문의 명성이 여러 제후에게 알려졌다. 전영이 죽은 후 전문이 마침내 그 후계자가 되었으니, 이가 맹상군이다.

맹상군은 집의 재산으로 빈객을 후하게 대접하였고, 그들을 귀천의 구분 없이 늘 자신과 동등하게 대우하였다. 그리하여 천하에서 그에게 모여든 빈객이 수천 명이 되었다. 후일 맹상군은 재상이 되었으나 맹상군의 명성과 권력을 시기한 제왕에 의해 파직되었다. 그러자 맹상군의 빈객들도 모두 떠나버렸다.

얼마 후 맹상군은 빈객 중의 하나인 풍환의 도움을 받아 다시 재상

직에 복귀하였다. 맹상군은 풍환에게 깊이 탄식하며 말하였다. "내가 평소 빈객을 좋아하여 그들에 대한 접대에 작은 실수도 하지 않았기에 빈객이 3천여 명인 것은 선생께서도 아시는 바입니다. 그런데 빈객들은 내가 재상에서 파직되자 다 떠나버리고 나를 생각하는 사람이 한 사람도 없었습니다. 이제 선생 덕분에 다시 재상에 복직하게 되었으니 떠나간 빈객들이 무슨 면목으로 나를 다시 볼 수 있겠습니까? 만약 나를 다시 보려는 자가 있다면 내 반드시 그 얼굴에 침을 뱉고 욕을 크게 할 것입니다."

풍환이 말하였다. "군께서는 모든 사물은 반드시 그 종말이 있고, 모든 세상사는 그 본연의 이치가 있다는 말을 아십니까?" 맹상군이 "무슨 뜻인지 모르겠습니다"고 하니, 풍환이 말하였다. "살아있는 것이 반드시 죽는다는 것은 사물의 필연적 귀결이고, 부귀하면 선비가 많아지고 빈천하면 친구가 적어지는 것은 세상의 당연한 이치입니다. 군께서는 시장에 모여드는 사람을 보지 않았습니까? 그들은 날이 밝으면 어깨를 서로 비비며 다투어 먼저 문안으로 들어가지만, 해가 저문 뒤에는 어깨를 늘어뜨린 채 시장을 돌아보지도 않습니다. 이것은 사람들이 아침을 좋아하고 저녁을 싫어해서가 아닙니다. 바로 그 안에 이미 얻을 물건이 없기 때문입니다. 군께서 지위를 잃었을 때 빈객이 다 떠나간 것을 원망하여 그들의 발길을 끊게 할 필요는 없습니다. 군께서는 빈객을 예전처럼 대우하시기 바랍니다." 이에 맹상군이 두 번 절하고 말하였다. "삼가 가르침을 따르겠습니다. 어찌 감히 선생의 가르침을 따르지 않겠습니까!"

출처 : 『사기』, 「맹상군열전(孟嘗君列傳)」, 주제 원문 : 富貴多士, 貧賤寡友.
풍환(馮驩) : 전국시대 제나라 사람으로 맹상군의 문객이다. 처음 맹상군으로부터 인정을 받지 못하였으나 계책을 통해 맹상군으로 하여금 백성의 신임을 얻게 하였고, 맹상군이 재상에서 해임되었을 때 제나라 왕을 설득해 그를 다시 재상에 복직시켰다.
맹상군(孟嘗君, B.C 344년~B.C 279년) : 본명은 전문(田文)이고 제 위왕의 손자이다. 전국시대 4공자 중의 한 명이다. 제 민왕 때 재상이 되어 한나라, 위나라와 연합하여 초나라, 진나라를 격파하였다. 후일 제 민왕의 시기를 받아 위나라로 망명하여 위나라 재상이 되었다. 진나라, 조나라, 연나라와 연합하여 제나라를 격파하였다. 제 양왕(재위 B.C 283년~B.C 265년) 때는 중립을 지켰다.

물을 거울로 삼으면 얼굴을 보고 사람을 거울로 삼으면 길흉을 안다

채택은 연나라 사람이다. 사방을 돌아다니며 공부하였고, 크고 작은 여러 제후를 찾아다니며 관직을 얻으려 하였으나 신용을 얻지 못하였다. 그는 연나라를 떠나 조나라로 갔으나 조나라에서 쫓겨났고, 다시 한나라와 위나라로 갔으나 도중에 강도를 만나 취사도구마저 모두 빼앗겨 버렸다. 그 무렵 진나라의 재상 범수가 곤경에 처했다는 소식을 듣고 진나라로 갔다.

채택은 범수를 만나 말하였다. "속담에 태양은 높이 솟았다가 곧 서쪽으로 기울고, 달은 차서는 곧 기운다고 하였습니다. 사물이 발전하여 정점에 이르면 쇠락하게 됩니다. 이것은 천지만물의 이치입니다. 시세의 변화에 따라 나아가고 물러나는 것이 성인의 도리입니다. 그러므로 나라의 정치가 올바르면 나아가 벼슬하고, 나라의 정치가 무도하면 물러나 상관하지 않는 것입니다. 공자가 일찍이 '밝은 임금이 재위하면 재능 있는 사람이 보좌하여 실행한다.' 또 '부당한 방법으로 얻은 부귀는 나에게 뜬 구름과 같다'고 하였습니다. 지금 군께서는 이미 원수도 다 갚고 은혜도 다 갚았으니 원하는 바를 모두 달성했습니다. 그러나 시세의 변화에 따른 대책은 세우지 않고 계십니다 … 소진과 지백이 스스로의 능력으로 치욕을 피하고 죽음을 멀리할 수 있었음에도 불구하고 제명에 죽지 못한 까닭은 욕심에 미혹되었기 때문입니다. 그래서 성인은 예법을 제정하여 욕망을 절제하였고, 일정한 한도를 정하여 백성으로부터 세금을 거두었으며, 시절을 선택하여 백성을 일에 동원하였습니다. 이로부터 생각이 지나치지 않게 되고 행동이 교만하지 않게 되어 늘 절제의 원칙을 벗어나지 않았습니다 … 상앙, 백기, 오기, 문종 등은 공적을 이루고도 물러날 때에 물러나지 않았기 때문에 화를 당하였습니다. 이것이 이른바 펴고서 굽힐 줄 모르고, 가서 돌아올 줄 모른다는 것입니다 … 저는 물을 거울로 삼는 사람은 자신의 얼굴을 보고, 사람을 거울로 삼는 사람은 길흉을 안다고 들었습니다. 『상서』에 공적을 이룬 곳에 오래 머물지 말라고 하였고, …『역경』에 끝까지 올라간 용은 올라가지도 못하고 내려가지도 못해 후회한다고 하였습니다. 이것들은 오르기만 하고 내려갈 줄 모르며, 뻗기만 하고 굽힐 줄 모르며, 나아가는 것만 알고 물러설 줄 모르는 사람을 지적해서 한 말입니다. 군께서는 이를 깊이 생각하시기 바랍니다."

범수가 말하였다. "알겠습니다. 나는 욕심 부리고 만족할 줄 모르면 그 욕심 부린 것을 잃게 되고, 차지하기만 하고 절제할 줄 모르면 그 차지한 것을 잃는다는 말을 들었습니다. 삼가 선생님의 가르침을 따르겠습니다."

며칠 지난 후 범수는 조정에 들어가 진 소왕에게 채택을 추천하며 말하였다. "신에게 산동에서 온 채택이라는 변론에 능한 사람이 있는데, 우(禹, 하나라 시조), 탕(湯, 상나라 개국군주), 무왕(武王, 주나라 개국군주)의 사적과 춘추5패(春秋五覇, 춘추시기 가장 강대한 다섯 제후)의 공적 및 세속의 변화에 밝아 정치를 맡기기에 충분합니다." 이에 진 소왕은 채택을 만나보고 매우 기뻐하여 객경(客卿, 타국인에게 수여하는 고위직)으로 임명하였다. 범수는 병을 핑계 삼아 재상에서 물러났다. 채택은 진나라 재상이 되었으나 몇 개월 지나지 않아 다른 사람의 모함을 받자, 처형당할까 두려워하여 병을 핑계로 사직하고 물러났다.

출처 : 『사기』, 「범수채택열전(范雎蔡澤列傳)」, 주제 원문 : 鑑於水者見面之容, 鑑於人者知吉與凶.

채택(蔡澤) : 전국시대 연나라 사람이다. 진나라에서 범수를 설득한 후 범수의 뒤를 이어 진나라 재상이 되었다. 모함을 받고 재상 직에서 물러난 후 계속 진 소왕(재위 B.C 306년~B.C 251년), 효문왕, 장양왕, 진시황제를 섬겼다. 진시황제 때는 연나라에 사신으로 가서 연 태자 단을 진나라의 인질이 되도록 하였다.

범수(范雎, ?~B.C 255년) : 전국시대 위나라 사람이다. 위나라에서 모함을 받고 고초를 당한 후 진나라로 망명했다. 진 소왕의 신임을 받아 재상이 되었다. 진나라 재상이 된 후 "한 끼의 식사 은혜도 반드시 갚았고, 한번 노려본 원한도 반드시 갚았다"고 할 정도로 은원관계를 분명히 했다. 후일 진 소왕의 신임을 잃자 채택을 재상으로 추천하고 물러난 후 병사하였다.

소진(蘇秦, ?~B.C 284년) : 전국시대 동주 낙양 사람이다. 연, 제, 초, 한, 위, 조 등 여섯 나라가 연합하여 진나라에 대항하자는 합종책을 제시하였다. 그의 계책에 따라 6국이 연합하였고 그는 6국의 재상이 되었다. 후일 6국의 연맹이 깨진 후 제나라의 객경(客卿)이 되었으나 제나라 자객에 의해 암살당하였다.

지백(智伯, ?~B.C 453년) : 춘추시기 진나라의 경대부이다. 지양자라고도 한다. 한강자, 위환자와 연합하여 조양자를 공격했으나 오히려 그들의 배신으로 조양자의 공격을 받고 패하여 처형되었다.

상앙(商鞅, 약 B.C 395년~B.C 338년) : 전국시대 진나라의 재상이다. 위앙, 공손앙, 상군이라고도 한다. 본래 위(衛)나라 사람으로 진나라에서 진 효공의 신임을 받아 역사상 '상앙변법(商鞅變法)'을 실시하였다. 진 효공 사후 반대 세력의 모함을 받고 사지가 찢기는 형벌에 처해졌다.

백기(白起, ?~B.C 257년) : 전국시대 진나라의 장군이다. 진나라 군대를 이끌고 위나라와 한나라의 연합군을 격파하였고, 초나라를 공격하여 그 수도를 점령하였으며, 장평전에서 조나라 군대를 대파하였다. 후일 진왕과의 불화로 인해 핍박을 받고 자결하였다. 전국시대 4대 명장 중의 한 명이다.

오기(吳起, B.C 440년~B.C 381년) : 전국시대 위(衛)나라 사람이다. 처음 증자의 제자였으나 나중에 사제관계를 끊고 노나라로 갔다. 노나라에서 제나라의 침략을 물리쳤다. 위(魏)나라로 가서 군대를 이끌고 진나라를 물리쳐 위 문후의 공업을 이룩하였다. 위 무후 때 모함을 받고 초나라로 망명하였다. 초나라에서 등용되어 개혁을 주도하였으나 초나라 귀족들에 의해 살해되었다. 저술에 『오자(吳子)』가 있다.

문종(文種, ?~B.C 472년) : 춘추시기 초나라 사람이다. 월나라로 가서 월왕 구천을 보좌하여 오나라를 멸망시키는데 큰 공을 세웠다. 후일 모함을 받고 구천에 의해 죽임을 당하였다.

세상에는 잊어야 할 것과 잊지 말아야 할 것이 있다

신릉군은 위나라 소왕의 막내아들이며 안이왕의 이복동생이다. 사람됨이 어질고 관대하여 예로써 선비를 대하였다. 그는 재능이 있고 없고, 많고 적음을 가리지 않고 모든 선비에 대해 겸손히 예를 갖추어 사귀었고, 자신이 부귀하다고 하여 선비를 경시하지 않았다. 때문에 사방 수천리에서 앞을 다투어 그에게 모여든 빈객이 3천명이 되었다.

어느 날 신릉군이 안이왕과 바둑을 두고 있을 때, 북쪽 변경에서 조나라 군대가 국경을 넘어 침범하려 한다는 급보가 전달되었다. 안이왕이 즉시 바둑 두는 것을 멈추고 대신들을 소집하여 대책을 논의하려 하였다. 그러자 신릉군이 안이왕을 제지하며 "조나라 왕은 사냥하는 것이지 변경을 침범하는 것이 아닙니다"고 하고는 아무 일 없었다는 듯이 바둑을 두었다. 그러나 안이왕은 두려워서 바둑 둘 마음이 전혀 없었다. 얼마 지나지 않아 북쪽 변경에서 조나라 왕이 사냥하는 것이지 변경을 침범하는 것이 아니라는 전갈이 다시 왔다. 안이왕은 듣고 크게 놀라서 신릉군에게 "왕자는 어떻게 알았는가?"라고 물으니, 신릉군이 말하였다. "신의 빈객 중에 조왕의 깊숙한 비밀까지 정탐하는 자가 있어서 조왕이 무슨 행동을 하면 곧바로 신에게 보고합니다. 신은 이로써 알았습니다." 그로부터 안이왕은 신릉군의 능력과 현명함을 두려워하여 감히 신릉군에게 국정을 맡기려 하지 않았다.

후일 진나라가 조나라 수도를 포위하였다. 조나라가 위나라에 구원을 요청하였으나 안이왕은 진나라를 두려워하여 군사를 출정시키려 하지 않았다. 이에 신릉군은 왕의 병부(兵符, 군대징발의 징표)를 훔쳐 국경에 주둔하고 있는 위나라 장군 진비를 속여 살해한 후, 그의 군대 10만 명을 이끌고 조나라를 구원하였다. 조왕은 조나라를 구원해준 신릉군에 감사하여 평원군과 상의한 후 신릉군에게 5개의 성읍을 상으로 주려 하였다.

신릉군은 소식을 듣고 자부심에 교만한 기색을 드러내었다.

그때 빈객 중의 한 사람이 신릉군에게 말하였다. "세상에는 잊지 말아야 할 것과 잊어야 할 것이 있습니다. 다른 사람이 왕자께 베푼 은덕은 잊지 말아야 하고, 왕자께서 다른 사람에게 베푼 은덕은 잊어야 합니다. 더군다나 왕자께서 위왕의 명령을 속이고 장군 진비의 군대를 빼앗아 조나라를 구한 것은 조나라의 입장에서는 공로이지만, 위나라의 입장에서는 충신이 아닙니다. 그런데 왕자께서 스스로 큰 공로가 있다고 하여 자부심을 가지고 계신데, 이는 옳지 않다고 생각됩니다." 이 말을 듣고 신릉군은 즉시 스스로를 책망하며 어찌할 바를 몰라 하였다.

출처 : 『사기』, 「위공자열전(魏公子列傳)」, 주제 원문 : 物有不可忘, 或有不可不忘.
신릉군(信陵君, ?~B.C 243년) : 본명은 위무기이다. 위공자라고 부른다. 위나라 안이왕의 이복 동생이다. 전국시대 4공자 중의 한 명이다. 두 차례에 걸쳐 진나라 군대를 격파하여 조나라와 위나라의 위기를 구했다. 안이왕(재위 B.C 276년~B.C 243년)의 시기와 견제를 받아 중용되지 못하고 말년에는 4년에 걸쳐 주색에 빠져 지내다 병사하였다.

미모로 섬기는 자는 미모가 쇠하면 총애도 잃는다

여불위는 양적(陽翟, 지명)의 대상인이다. 그는 여러 곳을 왕래하며 물건을 싼 값에 사서 비싸게 팔아 천금의 재산을 모았다. 진 소왕의 태자는 안국군이다. 안국군의 정부인은 화양부인이고 그녀에게는 아들이 없었다. 안국군의 가운데 아들은 자초이고, 자초의 생모는 하희인데 총애를 받지 못하였다. 자초는 조나라에 인질로 있었는데, 수레나 생필품 등이 부족하여 곤궁히 지내며 실의에 차 있었다.

여불위는 한단(邯鄲, 조나라 수도)에 장사하러 갔다가 자초를 보고 가엾게 여기며 말하였다. "이는 천하의 기이한 재화이다." 그리고 여불위는 자초를 만나 말하였다. "저는 공의 가문을 크게 세울 수 있습니다." 자초가 웃으며 말하였다. "먼저 그대의 가문을 크게 세우고 다시 나의 가문을 세우시오." 여불위가 말하였다. "공은 잘 이해하지 못하고 있습니다. 저의 가문은 공의 가문이 커져야 커질 수 있습니다." 자초는 그 뜻을 깨닫고 함께 자리할 것을 권한 후 밀담을 나누었다.

여불위가 말하였다. "진왕은 이미 연로하고 태자 안국군은 화양부인을 총애한다고 들었습니다. 후사를 세울 사람은 오직 화양부인 한 사람뿐인데 그녀에게는 아들이 없습니다. 지금 공의 형제는 20여 명입니다. 공은 그중 서열이 중간이고 총애를 받지 못하고 있습니다. 또한 오랜 기간 제후국에 인질로 있는 처지입니다. 비록 진왕이 서거한 후 안국군이 왕위를 계승할지라도 공은 태자 자리를 놓고 장남이나 아침저녁으로 임금의 주변에 있는 형제들과 경쟁할 수 없습니다." 자초가 "어찌하면 좋겠소?"라고 하니, 여불위가 말하였다. "공은 이곳에서 손님의 처지이고 매우 가난하므로 어버이를 모실 수 없고, 또 빈객과 교제할 돈도 없습니다. 비록 제가 부유하지는 않지만 공을 위하여 천금을 가지고 서쪽으로 가서 안국군과 화양부인을 섬기어 공을 후사가 되도록 하겠습니다." 자초가 머리

숙여 감사하며 말하였다. "만약 그대의 계획대로 된다면 내 진나라의 땅을 둘로 나누어 그대와 함께 누리겠소!"

이리하여 여불위는 자초에게 500금을 주고 일상생활과 빈객들과의 교제에 쓰게 하였다. 또 자신은 500금으로 진기한 물건을 구입한 후 그것을 가지고 서쪽의 진나라로 갔다. 그는 진나라에 이르러서 먼저 화양부인의 언니를 만난 후, 그녀를 통해 가지고 간 물건을 모두 화양부인에게 바치고 말하였다. "저는 미모로 섬기는 자는 미모가 쇠하면 총애도 잃는다고 들었습니다. 지금 부인께서는 태자를 모시어 매우 총애를 받고 있으나 아들이 없습니다. 그러므로 이때 태자의 여러 아들 중에서 재능 있고 효성스러운 자를 후사로 선택하여 친아들처럼 대해야 합니다. 그러면 부군이 살아서도 존중받고 부군이 죽은 후에도 부인께서 세운 아들이 왕이 되므로 끝내 세력을 잃지 않게 될 것입니다. 이것이 바로 한마디 말로 장구한 이로움을 얻는다는 것입니다. 용모가 아름다울 때 대책을 세워 놓지 않으면, 용모가 쇠퇴하고 사랑이 식은 다음에 태자와 말 한마디 하려 해도 가능하겠습니까? 자초는 현명하여 자신이 가운데 아들이라 후사가 될 수 없음을 알고 있고, 또한 자신의 생모가 총애를 받지 못하고 있으므로 자진하여 부인에게 의존하려는 것입니다. 만약 부인께서 이때에 그를 후사로 삼는다면 일생동안 진나라에서 존중받게 될 것입니다."

화양부인은 여불위의 말이 옳다고 여기었다. 그리하여 그녀는 한가한 틈을 이용해 안국군에게 조나라에 인질로 가있는 자초가 매우 현명하여, 그와 왕래하는 사람 모두가 칭찬한다고 완곡하게 말하였다. 그리고 울면서 말하였다. "신첩은 다행히 비가 되었으나 매우 유감스럽게도 아들이 없습니다. 신첩은 자초를 후사로 세워 후일 신첩의 몸을 맡길 수 있게 되기를 바랍니다." 이에 안국군은 허락하고 자초를 후계자로 삼았다. 안국군과 화양부인은 많은 예물을 자초에게 보내고 아울러 여불위를 자초의 스승으로 삼았다. 이로부터 자초의 명성은 제후들 사이에 갈수록 커졌다.

출처 : 『사기』, 「여불위열전(呂不韋列傳)」, 주제 원문 : 以色事人者, 色衰而愛弛.

여불위(呂不韋, 약 B.C 292년~B.C 235년) : 전국시대 말기 대상인이다. 진나라 왕자 자초를 왕으로 즉위시키는데 큰 공을 세워 장양왕 원년에 재상이 되었고, 이어서 진시황제 때도 재상이 되어 진시황제로부터 중부(仲父)라는 칭호로 불려졌다. 후일 역모사건에 연루되어 재상 직에서 해임되고 자살했다. 저술에 『여씨춘추(呂氏春秋)』가 있다. 일설에는 진시황제가 그의 아들이라는 설이 있다.

안국군(安國君) : 진 효문왕이다. 진 소왕의 아들로 B.C 250년 진 소왕 사후 왕위에 즉위하였다. 왕위 즉위 후 1년 만에 사망하고 그의 아들 자초가 왕위를 계승하였다.

자초(子楚) : 진나라 장양왕이다. 안국군의 아들로 여불위의 도움을 받아 안국군의 후사가 되었다. 효문왕(안국군)이 재위 1년 만에 사망하면서 왕위에 즉위하였다. 재위 3년 만에 사망하고 그의 아들이 왕위에 즉위하였다. 이가 진시황제이다.

화양부인(華陽夫人, 약 B.C 296년~B.C 230년) : 진나라 태자 안국군의 정부인이다. 아들이 없어 자초를 자신의 아들로 삼고 안국군의 후사로 삼았다. 안국군(효문왕) 사후 자초가 왕이 되자 화양태후로 받들어졌다. 사후 효문왕의 능에 합장되었다.

▌입술이 상하면 이가 시리다

주자는 제나라 사람이다. 전국시대 말기 진나라가 조나라를 공격하자 제나라와 초나라가 조나라를 구원하려 하였다. 이에 진나라는 "제나라와 초나라가 조나라를 구원하려 하는데, 그들의 관계가 친밀하면 철군하고 친밀하지 않으면 공격한다"고 논의했다.

조나라가 양식이 부족하여 제나라에 지원을 요청하였다. 그러나 제나라는 이를 받아들이지 않았다. 이때 주자가 제왕 건에게 말하였다. "응낙하여 진나라 군대를 퇴각시키는 것이 낫습니다. 응낙하지 않아 진나라 군대가 철수하지 않으면 진나라의 계책이 적중하는 것이고, 제나라와 초나라의 계책이 실패하는 것입니다. 하물며 조나라는 제나라와 초나라에게 치아 밖의 입술과 같이 병풍 역할을 하고 있습니다. 입술이 상하면 이가 시리게 됩니다. 오늘 조나라가 망하면 내일에는 화가 제나라와 초나라에 미칠 것입니다. 조나라를 구하는 일은 마땅히 새는 항아리를 들고 달구어진 솥단지에 물을 붓는 것처럼 해야 합니다. 조나라를 구하는 것은 고상한 일이고, 진나라를 물리치는 것은 명성을 떨치는 일입니다. 망하는 나라를 구하는 것은 의를 드러내는 일이고, 강한 나라를 물리치는 것은 위세를 떨치는 일입니다. 그러므로 조나라를 구원하는 일에 힘쓰지 않고 곡식을 아끼는 일에 힘쓰는 것은 잘못된 계책입니다." 그러나 제왕 건은 주자의 말을 듣지 않았다.

마침내 진나라는 장평에서 조나라 군대 40여만 명을 격파하고 조나라 수도 한단을 포위하였다. 그 후 진나라는 한나라, 조나라, 연나라를 차례로 멸망시키고 제나라를 공격하였다. 진나라 군대가 제나라 수도 임치를 공격하였으나 감히 저항하는 백성이 없었다. 제왕 건은 항복하고 공 지역으로 유배되었다.

출처 : 『사기』, 「전경중완세가(田敬仲完世家)」, 주제 원문 : 脣亡齒寒.

주자(周子) : 전국시대 말기 제나라 사람이다. 제나라 왕에게 순망치한(脣亡齒寒, 입술이 상하면 이가 시리다)의 이치를 거론하여 진나라의 침략을 받고 있는 조나라에 양식지원을 건의하였으나 채택되지 않았다.

제왕 건(재위, B.C 264년~B.C 221년) : 제 폐왕, 제 공왕이라고도 한다. 초기 태후의 보좌로 인해 나라가 안정되었으나 태후가 죽은 후 실정하고 마침내 B.C 221년 진나라에 투항하여 나라가 멸망하였다. 공 지역에 유배된 후 음식을 주지 않아 굶어 죽었다.

왕후장상의 씨가 어찌 따로 있는가?

진승은 양성 사람으로 자가 섭이다. 그는 젊었을 때 다른 사람들과 함께 머슴살이를 하였다. 어느 날 그는 밭둑에서 잠시 휴식할 때 불평과 원망을 하며 말하였다. "만약 부귀하게 된다면 우리 서로 잊지 맙시다!" 머슴들이 웃으며 대꾸하였다. "남의 머슴살이 주제에 그대가 어떻게 부귀할 수 있겠는가?" 그러자 진섭은 탄식하며 말하였다. "아! 제비와 참새가 어찌 기러기와 고니의 뜻을 알겠는가!"

진 이세황제 원년 7월, 나라에서 이문 왼쪽에 거주하는 빈민을 징발하여 어양으로 옮기라는 명령을 내렸다. 이리하여 900여명의 빈민이 어양으로 가는 도중 대택향에 머물렀다. 진섭은 오광과 함께 이들 행렬 속에 있었는데 각각 대오의 인솔을 맡고 있었다. 그 무렵 마침 천하에 큰비가 내려 도로가 막히어 그들은 기한 내에 도착하기 어렵게 되었다. 당시 법에는 기한을 어길 경우 참수형에 처해졌다.

이에 진섭은 오광과 상의하여 말하였다. "지금 도망가도 죽고 봉기를 일으켜도 죽게 됩니다. 이왕 죽을 바에야 차라리 나라를 위하여 죽읍시다. 천하 사람이 진나라의 통치와 핍박을 받은 지 이미 오래되었습니다. 나는 이세황제가 막내아들로 황제 계승자가 아니고, 장남 부소가 황제 계승자라고 들었습니다. 부소는 여러 차례 바른 소리 한 이유로 진시황제에 의해 변방으로 내쳐져 군대를 통솔하게 하였습니다. 지금 백성들은 부소가 매우 현명하다는 것을 알고 있으나 그가 이세황제에 의해 살해당했다는 것에 대해서는 모르고 있습니다. 또한 초나라 장군 항연은 여러 차례 공을 세우고 병사를 사랑하여 모든 초나라 사람이 그를 우러러 받들고 있습니다. 그런데 항연이 죽었다고 하는 사람도 있고 도망쳤다고 하는 사람도 있습니다. 그러므로 만약 지금 우리가 부소와 항연의 군대로 가장한 후, 진나라를 타도하자고 천하에 외친다면 호응하는 사람이 매우 많을 것입니다."

그리하여 진섭은 오광과 함께 인솔 대장을 살해한 후 무리를 불러 모아 놓고 말하였다. "그대들은 비를 만나서 이미 기한을 어기게 되었다. 법에는 기한을 어기면 참수형에 처해진다. 비록 참수형을 면할지라도 변경에 끌려가면 열에 여섯 일곱은 죽는다. 장사는 죽지 않으면 그만이지만 죽게 된다면 큰 명성을 남겨야하지 않겠는가? 왕후장상의 씨가 어찌 따로 있는가?" 이에 그들 무리 모두가 "명을 받들겠습니다"고 하였다.

진섭은 부소와 항연의 군대로 사칭하고 봉기를 일으켰다. 진섭은 장군이 되고 오광은 도위가 되었다. 그들이 군대를 이끌고 진현에 이르니 전차가 이미 6, 7백대였고, 기병이 천여 명이었으며, 병사가 수만 명에 이르렀다. 진섭은 진현을 점령하고 그 지역의 원로와 유지를 소집하였다. 원로와 유지들이 모두 말하였다. "장군께서 직접 갑옷을 걸치고 예리한 무기를 들고서 무도한 폭군을 토벌하고 포악한 진나라를 타도하여 초나라의 강산을 중건하려 하시니, 공로에 따라 왕으로 칭함이 마땅합니다." 이에 진섭은 자립하여 왕이 되었고 나라 이름을 장초(張楚)라 하였다.

출처: 『사기』, 「진섭세가(陳涉世家)」, 주제 원문: 王侯將相寧有種乎.

진섭(陳涉, ?~B.C 208년) : 본명은 진승이고 자는 섭이다. 진나라 말기 머슴 출신이다. 오광과 함께 최초로 진나라에 항거하는 군대를 일으켰다. 장초(張楚)라는 국가를 건립하고 왕이 되었으나 6개월 만에 진나라 군대에 패하여 피살되었다.

오광(吳廣, ?~B.C 208년) : 진나라 말기 진섭과 함께 진나라에 항거하는 군대를 일으켰다. 장초 국가를 건립 후 임시 왕이 되었으나, 진나라와 전쟁 중 부하와의 불화로 인해 부하에 의해 피살되었다.

부소(扶蘇, ?~B.C 210년) : 진시황제의 장남이다. 성격이 강직하여 자주 진시황제의 정책에 대해 간언하였고, 끝내 진시황제의 배척을 받아 변방으로 밀려났다. 진시황제가 유서를 통해 황제 계승자로 결정했으나 환관 조고 등이 유서를 변조하여 진시황제의 막내아들을 이세황제로 세웠다. 최후에 자결하였다.

항연(項燕, ?~B.C 223년) : 전국시대 말기 초나라 장군이다. 처음 진나라 장군 이신의 군대 20만을 격파하였으나, 나중에 진나라 장군 왕전의 60만 군대에게 패하여 전사했다.

▌기개가 세상을 덮을지라도 시세가 불리하면 어찌할 수 없다

항우는 초나라 사람이다. 그의 숙부는 항량이고, 항량의 부친은 초나라 장군 항연이다. 항우는 어려서 글을 배웠으나 다 마치지 못한 채 포기하고 검술을 배웠는데, 이 또한 다 마치지 못했다. 항량이 노하자 항우가 말하였다. "글은 성명을 기록하는 것으로 족하고, 검은 한 사람을 대적할 뿐이므로 배울만하지 못합니다. 만인을 대적할 것을 배우겠습니다." 이에 항량이 항우에게 병법을 가르쳤다. 항우는 크게 기뻐하였으나 대략 그 뜻만을 알고 이 또한 끝까지 배우려 하지 않았다.

진시황제가 회계산을 유람하고 절강을 건널 때 항우와 항량이 함께 구경하였다. 항우가 "저 자리를 대신할 수 있으리라!"고 하니, 항량이 그 입을 틀어막으며 "망언하지 마라, 삼족이 멸족 당한다!"고 하였다. 항량은 이 일로 인하여 항우를 특이하게 여겼다. 항우는 키가 8척이 넘었고, 힘은 큰 청동 솥을 들어 올릴 수 있었으며, 재기가 남보다 뛰어났다.

진시황제가 죽고 이세황제가 즉위하자 각지에서 반란이 일어났다. 항우는 강동 지역에서 8천명의 군사와 함께 기병했다. 그의 나이 24세였다. 3년 후 그는 초나라의 상장군이 되어 각 제후를 거느리고 관중(關中, 진나라 수도 일대)을 점령하여 진나라를 멸망시켰다. 그는 투항한 진왕을 죽이고 진나라의 궁궐을 불태웠다. 어떤 사람이 항우에게 말하였다. "관중은 사방이 산하로 막혀 있고 땅이 비옥하여 도읍으로 정해 천하를 호령할 수 있습니다." 그러나 항우는 진나라의 궁궐이 모두 불타버리고 또 고향이 그리워 동쪽으로 돌아가고자 하여 말하였다. "부귀한 뒤에 고향에 돌아가지 않는다면 비단옷을 입고 밤길을 걷는 것과 같으니 누가 그것을 알아주겠는가?" 그러자 그 사람이 "사람들이 초나라 사람은 원숭이가 모자를 쓴 격이라고 하는데, 과연 그렇구나!"라고 하였다. 항우는 듣고 그를 삶아 죽였다.

항우는 천하를 분할하여 왕, 후를 봉하고, 자신은 초나라로 돌아가 스스로 서초패왕(西楚覇王)이라 하였다. 모든 정령이 그에게서 나왔다. 그러나 제후들이 점차 그를 배반하였는데, 그중 유방이 이끄는 한나라의 세력이 가장 강대했다. 최후에 항우는 한나라와 천하를 다투는 5년간의 전투에서 패하여 후퇴하였다. 항우의 군대는 해하에 주둔하였다. 군사는 적고 양식은 다 떨어졌다. 한나라 군대와 제후의 군대가 여러 겹으로 항우의 군대를 포위하였다. 항우는 밤중에 한나라 군영 사방에서 초나라 노래를 부르는 것(四面楚歌, 사면초가)을 듣고 크게 놀라 말하였다. "한군이 이미 초나라를 모두 점령했단 말인가? 어찌 한나라 군영에 초나라 사람이 이렇게 많은가?"

항우는 밤중에 일어나 장막 안에서 술을 마셨다. 그에게는 우라는 미인이 있었는데 총애하여 늘 데리고 다녔고, 또 오추마(烏騅馬, 검은 털색의 말)라는 준마가 있어 늘 타고 다녔다. 항우는 슬픈 노래를 부르면서 한탄하고 원통해하며 스스로 시를 지어 불렀다. "힘은 산을 뽑고 기개는 세상을 덮건만, 시세가 불리하니 오추마도 나아가려 하지 않는다. 오추마가 나아가려 하지 않으니 어찌할 것인가? 우야, 우야, 그대를 어찌할 것인가?" 항우가 여러 차례 부르니 우미인이 따라서 불렀다. 항우가 몇 줄기 눈물을 흘리자 좌우의 모든 사람이 소리 죽여 울며 쳐다보지를 못하였다.

항우가 다시 군사를 이끌고 동쪽으로 나아가 동성에 이르니 기병이 28명뿐이었다. 추격하는 한나라 군사는 수천 명이었다. 항우는 벗어날 수 없다고 생각하고 기병들에게 말하였다. "내가 군사를 일으킨 지 8년이 되었다. 직접 70여 차례의 전투를 벌여 맞선 적은 격파하고, 공격한 적은 굴복시켜 일찍이 패배한 적이 없어 마침내 천하의 패권을 차지하였다. 그러나 지금 이곳에서 곤궁한 처지가 되었으니, 이는 하늘이 나를 망하게 하는 것이지 내가 싸움을 잘못한 죄가 아니다." 그리고 소리치며 아래로 말을 달려가면서 한군을 쓰러뜨렸다.

항우는 동쪽으로 오강을 건너려고 하였다. 그때 강가에 배를 대고 기다리고 있던 오강의 정장(亭長, 하급지방관)이 항우에게 말하였다. "강동이 비록 작으나 땅이 사방 천리이고, 백성의 수가 수십만이니 임금이 되기에 충분합니다. 대왕께서 빨리 건너시기 바랍니다. 지금 오직 신에게만 배가 있어 한나라 군대가 이를지라도 건널 수 없을 것입니다."

항우가 웃으며 말하였다. "하늘이 나를 망하게 하는데 내가 건너서 무엇을 하겠는가? 또한 내가 강동의 자제 8천 명과 함께 강을 건너 서쪽으로 갔다가 지금 한 사람도 돌아오지 못했으니, 설령 강동의 어른들이 나를 불쌍히 여겨 왕으로 삼을지라도 내 무슨 면목으로 그들을 볼 수 있겠는가? 설령 그들이 말을 하지 않을지라도 내 어찌 마음속에 부끄러움이 없을 수 있겠는가?" 그리고 항우는 오강의 정장에게 말하였다. "나는 그대가 훌륭한 사람이란 것을 알고 있다. 나는 이 말을 5년 동안 타고 다녔는데, 이 말에 대적할 것이 없었고 하루에 천리를 달렸다. 차마 죽일 수 없으므로 그대에게 주겠다."

이에 항우는 기병들에게 모두 말에서 내려 걷게 하고, 짧은 무기를 가지고 싸우게 하였다. 항우 혼자 죽인 한나라 군사가 수백 명이었다. 항우 자신도 몸에 10여 군데 부상을 입었다. 항우가 한나라 장수에게 말하였다. "나는 한나라에서 나의 머리를 천금의 황금과 만호의 읍에 산다고 들었다. 내 너에게 덕을 베풀겠다." 그리고 스스로 목을 찌르고 죽었다.

출처 : 『사기』, 「항우본기(項羽本紀)」, 주제 원문 : 氣蓋世, 時不利兮, 可奈何.
항우(項羽, B.C 232년~B.C 202년) : 이름은 적(籍)이고 자는 우(羽)이다. 초나라 명장 항연의 손자이고 향량의 조카이다. 진 이세황제 때 기병하여 제후군을 이끌고 진나라 군대를 격파하였다. 진나라를 멸망시킨 후 자신은 서초패왕이 되고 다른 공신과 6국의 귀족을 왕으로 봉하였다. 그 후 한나라와의 전쟁에서 패한 후 자결하였다.
항량(項梁, ?~B.C 208년) : 전국말기 초나라 명장 항연의 아들이다. 항우의 숙부이다. 초나라 멸망 후 항우와 함께 오중으로 피신했다. 진 이세황제 때 전국에서 반란이 일어나자 초나라를 재건했다. 초기 진나라 군대를 연파했으나 최후에 진나라 군대에게 패하고 전사했다.

우희(虞姬) : 우미인이라고도 한다. 서초패왕 항우의 총비이다. 사면초가에 몰렸을 때 항우가 그녀를 위해 해하가(垓下歌)를 불렀다. 후세에 항우와 우희의 이별을 소재로 한 패왕별희(覇王別姬)의 이야기가 전해지고 있다.

어리석은 사람의 천 번 생각에도 반드시 하나 얻을 것이 있다

　한신이 20만 군대를 이끌고 정형(井陘, 지명)을 돌파하여 조나라를 침공하려 하였다. 이때 조나라 왕과 성안군 진여는 한신의 군대가 조나라를 공격하려고 정형 입구에 주둔하고 있다는 소식을 들었다. 이좌거가 진여에게 말하였다. "정형의 길은 두 대의 전차가 함께 지나갈 수 없고 기병이 대오를 지어서 갈 수 없습니다. 군대의 행군 길이가 수 백리에 달하여 군량수송대가 멀리 후방에 있습니다. 신에게 기습병사 3만 명을 주시면 몰래 사이 길로 가서 저들의 군량수송대를 끊어 놓겠습니다."

　그러나 유가학설을 신봉하였던 진여는 늘 의로운 군대라 자처하며 속이는 계책을 싫어하였기에 이좌거의 계책을 듣지 않았다. 마침내 한신의 군대가 조나라 군대를 공격하여 대파시켰다. 조왕은 포로로 잡히고, 진여는 처형되었다. 한신이 말하였다. "이좌거를 죽이지 마라. 사로잡는 자에게 천금을 주겠다." 그리하여 이좌거를 결박하여 오는 자가 있었다. 한신은 그의 포승을 풀어준 후 스승을 대하듯 말하였다. "북쪽으로 연나라를 치고 동쪽으로 제나라를 치려 하는데 어떻게 하면 공을 세울 수 있겠소?" 이좌거가 사양하며 말하였다. "저는 패장은 전쟁을 말할 자격이 없고, 망국의 대부는 나라 일을 도모할 자격이 없다고 들었습니다. 지금 저는 패망한 나라의 포로입니다. 어찌 큰일을 꾀할 수 있겠습니까?"

　한신이 말하였다. "나는 백리해가 우나라에 있었지만 우나라는 망하였고, 그가 진나라에 있자 진나라는 강국이 되었음을 알고 있소. 그것은 백리해가 우나라에 있을 때는 어리석다가 진나라에 있을 때는 현명했기 때문이 아니오. 그것은 그 나라 왕이 그를 등용했는지, 또한 그의 계책을 채용했는지에 달려 있는 것이오. 만약 진여가 그대의 계책을 들었다면 나와 같은 자는 벌써 포로가 되었을 것이오. 내 진심으로 그대의 계책을 따르겠으니 사양하지 마시오."

이에 이좌거가 말하였다. "저는 현명한 사람의 천 번 생각에도 반드시 하나 잃을 것이 있고, 어리석은 사람의 천 번 생각에도 반드시 하나 얻을 것이 있다고 들었습니다. 그래서 속담에 성인도 미치광이의 말을 선택한다고 하는 것입니다. 저의 계책이 채용될 만한 것은 못되지만 그래도 충심을 다하여 아뢰겠습니다. 지금 장군을 위한 계책으로는 군대를 멈춘 후 조나라를 안정시키고 전쟁고아를 어루만져야 합니다. 백리 안에서 가져온 쇠고기와 술로 날마다 군사를 먹이고 북쪽으로 연나라를 향할 준비를 해야 합니다. 그런 후 서신을 지닌 유세객을 연나라로 보내어 장군의 장점을 알린다면 연나라가 굴복하지 않을 수 없을 것입니다. 연나라가 복종한 후 다시 유세객을 동쪽으로 보내어 제나라에게 항복을 권유한다면 제나라는 소문을 듣고 항복할 것입니다." 한신이 그의 계책대로 사신을 연나라로 파견하니 과연 연나라는 곧바로 항복하였다.

출처 : 『사기』, 「회음후열전(淮陰侯列傳)」, 주제 원문 : 愚者千慮, 必有一得.

이좌거(李左車) : 진나라 말기 조나라 사람이다. 전국시대 조나라의 명장 이목의 후손이다. 진나라 멸망 후 조왕을 보좌하여 전공을 세워 광무군에 봉해졌다. 조나라 멸망 후 한신에 투항한 후 한신에게 연나라와 제나라를 점령할 계책을 제시했다. 그 후 한신을 견제하려는 한 고조에 의해 태자를 보좌하는 자리로 옮겨졌다. 한신이 죽은 후 관직을 사직하고 은거했다.

한신(韓信, 약 B.C 231~B.C 196년) : 한나라 개국공신이다. 처음 항우에 소속되었으나 등용되지 않자 한나라로 가서 대장군이 되었다. 대장군이 된 이후 위나라, 조나라, 대나라, 연나라, 제나라, 초나라를 격파하여 한나라의 천하통일에 큰 전공을 세웠다. 한나라 건국 후 초왕에 봉해졌으나 모반죄로 처형되었다.

진여(陳餘, ?~B.C 204년) : 진나라 말기 위나라의 명망가로 별호는 성안군이다. 처음 장이(張耳, B.C 264년~B.C 202년, 한나라 개국공신)와 생사를 같이할 정도의 친구관계를 맺고 함께 진섭 군대에 참여하였다. 후일 진나라와의 전쟁 도중 장이와 의견이 맞지 않아 서로 절교했다. 진나라 멸망 후 자립하여 대왕(代王)이 되었다. 그 후 한신과 장이의 군대에 패하여 처형되었다.

백리해(百里奚, 약 B.C 700~B.C 621년) : 춘추시기 진나라의 재상이다. 처음
집이 가난하여 송나라, 제나라를 떠돌다 우나라의 대부가 되었다. 진 헌공
이 우나라를 멸망시키자 초나라로 달아났다. 진 목공이 양 가죽 다섯 장을
예물로 초청해서 상대부로 삼았다. 이로 인해 세상에서 오고대부(五羖大
夫)라고 부른다. 진 목공을 보좌하여 진나라 발전의 기틀을 마련하였다.

▌준마가 나아가지 않으면 노둔한 말이 천천히 가느니만 못하다

괴통은 제나라 사람으로 변론에 능하였다. 그는 항우와 유방이 천하를 양분한 상태에서 천하대권의 향방이 한신에게 달린 것을 알고 한신을 찾아가 말하였다. "족하(足下, 상대에 대한 존칭)께서 한왕(유방)을 도우면 한왕이 승리하고, 초왕(항우)을 도우면 초왕이 승리합니다. 저는 힘을 다하여 계책을 올리고자 하는데 채택되지 않을까 걱정이 됩니다. 만약 족하께서 진실로 저의 계책을 들어주신다면 저는 한나라와 초나라의 두 임금을 모두 존속시켜 양측이 다 손해 보지 않게 하고, 동시에 족하와 함께 천하를 셋으로 나누어 누구도 감히 움직이지 못하게 할 수 있습니다. 저는 하늘이 주는 것을 받지 않으면 도리어 벌을 받고, 때가 되었는데 실행하지 않으면 오히려 재앙을 받는다고 들었습니다. 족하께서는 이에 대해 깊이 생각하시기 바랍니다."

한신이 말하였다. "한왕은 나를 후하게 대해주오. 자신의 수레로 나를 태워주고, 자신의 옷으로 나를 입혀주며, 자신의 먹을 것으로 나를 먹여주오. 나는 남의 수레를 타는 자는 그의 걱정을 분담하고, 남의 옷을 입는 자는 그의 걱정을 생각하며, 남의 밥을 먹는 자는 그의 일을 위해서 죽는다고 들었소. 내 어찌 나의 이익 때문에 의리를 저버릴 수 있겠소?"

괴통이 말하였다. "족하께서는 스스로 한왕과 친하다고 생각하여 함께 만세에 전할 공적을 세우려고 하지만 그것은 잘못이라고 생각합니다. 들짐승이 다 없어지면 사냥개는 쓸모없어져 삶아 먹히게 마련입니다. 지략과 용감함이 군주를 위협하는 사람은 몸이 위태롭고, 공로가 천하를 덮는 사람은 상을 받지 못한다고 합니다. 족하의 공로는 천하에 둘도 없고 계략은 출중하여 세상에 찾아보기 힘듭니다. 지금 족하께서는 군주를 위협할 정도의 위세가 있고, 더 이상 상을 내릴 수 없을 만큼의 공로가 있습니다. 초나라로 돌아가면 초나라가 믿지 않고, 한나라로 돌아가면 한나라 사람이 놀라고 두려워할 것입니다. 족하께서 이렇게 큰 위세와 공로를 가지고 어디로 갈 수 있겠습니까? 족하께서는 신하된 자로 군주를 위협하고 천하에 명성을 떨치고 있으니 위태롭게 여겨집니다." 한신이 말하였다. "내 생각해보겠으니 선생께서는 그만 하시오."

며칠 지난 후 괴통은 다시 한신에게 말하였다. "다른 사람의 좋은 뜻을 받아들이면 일의 조짐을 예상할 수 있고, 반복해서 생각하면 성공의 여부를 파악할 수 있습니다. 의견을 듣고서 정확한 판단을 내리지 못하여 결정할 시기를 놓치고도 오래도록 편안히 지낸 사람은 드뭅니다. 의견을 듣고서 판단에 실수가 없는 사람은 교묘한 말로 그 사람을 혼란시킬 수 없습니다. 계략이 면밀하여 본말이 바뀌지 않는 사람 역시 교묘한 말로 그 사람을 어지럽힐 수 없습니다. 작은 일에 만족하는 사람은 왕이 될 기회를 놓치고, 작은 봉록에 안심하는 사람은 고관대작의 지위를 얻을 수 없습니다. 때문에 결단은 총명함의 표현이고 주저함은 재앙이 됩니다. 아주 작은 일에 몰두하면 천하대사를 잃어버립니다. 시비를 판단할 지혜로 결정하였음에도 불구하고 과감히 행동하지 못하면, 이는 모든 일의 화근이 됩니다. 그러므로 다음과 같은 말이 있습니다. '맹호가 망설이고 결단하지 않으면 벌이나 전갈이 독침을 쏘는 것만 못하고, 준마가 앞으로 나아가지 않으면 노둔한 말이 천천히 가는 것만 못하다. 맹분(孟賁, 전국시대 용사)이 머뭇거리면 보통사람이 결심하여 일을 달성하는 것만 못하고, 순, 우 임금의 지혜가 있을지라도 입을 다물고 말하지 않으면 벙어리가 손짓 발짓하는 것만 못하다.' 이들은 모두 행동이 가장 귀하다는 것을 말하는 것입니다. 대체로 성공은 이루기 어려우나 실패하기 쉽고, 시기는 얻기 어려우나 잃기 쉽습니다. 시기는 다시 오지 않습니다. 족하께서는 깊이 생각하시기 바랍니다."

그러나 한신은 망설이며 차마 한왕을 배반하지 못하였다. 그는 자신의 공로가 크기 때문에 한왕이 자신의 지위를 빼앗지 못할 것이라 여겼다.

괴통은 한신이 자신의 말을 들어주지 않자 거짓으로 미친척하고 무당이 되었다.

후일 유방이 천하를 통일한 후 한신을 체포하였다. 그러자 한신이 말했다. "교활한 토끼가 죽으면 날랜 사냥개는 삶아 먹히고, 높이 나는 새가 없어지면 좋은 활은 창고에 처박히며, 적국을 깨트리고 나면 계책을 꾀하는 신하는 죽는다고 하였으니, 천하가 이미 평정되었으므로 내가 죽는 것도 당연하다." 또한 한신은 죽을 때 "괴통의 계책을 쓰지 않은 것이 한스럽다"고 하였다.

한신이 죽은 후 한나라는 괴통에 대해 수배령을 내렸다. 괴통이 잡히자 한 고조(유방)가 물었다. "네가 한신에게 모반하라고 사주했느냐?" 괴통이 말하였다. "그렇습니다. 틀림없이 그렇게 가르쳤습니다. 그 자가 신의 계책을 따르지 않았기에 스스로 멸망한 것입니다. 만약 그 자가 신의 계책을 따랐다면 어찌 폐하께서 그를 무찌를 수 있었겠습니까?" 한 고조가 노하여 "이 놈을 삶아 죽여라!"고 하였다. 괴통이 "아! 삶아 죽게 되다니, 억울합니다"고 하였다. 한 고조가 "네가 한신을 모반하도록 사주하고는 무엇이 억울하냐?"라고 하니, 괴통이 말하였다. "진나라의 법도가 무너지고 정권이 와해되면서 동쪽의 여섯 제후국에 대란이 일어나자, 각 제후가 분분히 일어나 한 때 천하의 영웅호걸이 까마귀 떼처럼 몰려들었습니다. 진나라가 사슴을 잃어버리자 천하의 영웅호걸이 모두 그 사슴을 쫓았습니다. 이리하여 발 빠른 자가 먼저 그 사슴을 잡았습니다. 도척(전설 속의 악인)의 개가 요 임금을 보고 짖는 것은 요 임금이 어질지 않아서가 아닙니다. 자기 주인이 아니기 때문입니다. 그때 신은 오직 한신을 알았을 뿐 폐하를 알지 못하였습니다. 하물며 당시 천하에는 무기를 날카롭게 갈고 날카로운 칼을 잡고서 폐하께서 하신 일을 하려고 한 사람이 매우 많았습니다. 그들은 다만 힘이 부족했을 뿐입니다. 폐하께서 어찌 그들을 모두 삶아 죽일 수 있겠습니까?" 이에 한 고조가 괴통의 죄를 용서해주었다.

출처 : 『사기』, 「회음후열전(淮陰侯列傳)」, 주제 원문 : 騏驥之跼躅, 不如駑馬之
    安步.

괴통(蒯通) : 진나라 말기 사람이다. 변론에 능하였다. 처음 항우에게 벼슬자리
    를 구했으나 얻지 못하자 항우를 떠나 한나라 대장군 한신의 참모가 되었
    다. 한신에게 삼분천하(三分天下) 계책을 제시하였으나 한신이 채택하지
    않자 도망쳤다. 한신이 죽은 후 체포되었다가 석방되었다. 그 후 한나라
    재상 조참의 빈객이 되었다.

독한 약은 입에 쓰나 병에 이롭고 충언은 귀에 거슬리나 행하면 이롭다

장량은 한(韓)나라 귀족의 후예이다. 장량은 한나라가 멸망하였을 때 나이가 어려 관직에 나가지 않았다. 그 무렵 장량은 자기 동생이 죽었으나 장례를 크게 치르지 않고, 한나라의 원수를 갚기 위해 모든 재산을 진나라 왕을 죽일 용사를 구하는데 썼다. 장량은 동쪽의 창해군에서 힘센 장사 한 사람을 구한 후 120근에 달하는 철추를 만들었다. 그리고 진시황제가 동방을 순시할 때 박랑사(博浪沙, 지명)에서 매복하고 있다가 습격하였으나, 진시황제의 다른 수레를 맞추었다. 진시황제가 크게 노하여 전국 각지에 수배령을 내렸다. 장량은 이름을 바꾸고 하비(下邳, 지명)로 달아나 숨었다.

10년이 지난 후 진섭 등이 진나라에 항거하는 군사를 일으켰다. 장량도 100여 명의 청년을 모았다. 그 무렵 유방이 수천 명을 거느리고 하비 서쪽 땅을 공격하여 점령하였다. 이에 장량은 유방에게 귀속하였다. 장량은 여러 차례 태공병법(太公兵法, 병법서)으로 유방에게 계책을 건의하였는데, 유방이 늘 그의 계책을 좋게 여겨 따랐다. 장량은 다른 사람에게도 똑같이 그의 계책을 이야기 하였으나 다른 사람들이 이해하지 못하였다. 이에 장량은 "패공(유방)은 아마도 하늘이 내린 사람일 것이다"고 하였다.

후일 유방의 군대가 제일 먼저 진나라 도성에 진군하였다. 유방은 진나라 궁궐에 궁실, 장막, 말, 개 및 귀중한 보물과 수천 명의 미녀가 있는 것을 보고 그곳에 머물고자 하였다. 번쾌가 궁궐 밖에 나가 머물기를 권고했으나 유방은 듣지 않았다. 이에 장량이 말하였다. "공께서 여기까지 올 수 있게 된 것은 진나라가 포악무도하였기 때문입니다. 천하를 대신하여 포악한 정치를 제거하려면 마땅히 검소와 청렴을 근본으로 삼아야 합니다. 그런데 방금 진나라 도성에 들어와서 그 즐거움을 누리려 한다면,

이는 바로 사람들이 말하는 걸(桀, 하나라 마지막 왕)을 도와 포악한 짓을 한다는 것입니다. 무릇 충언은 귀에 거슬리나 행함에 이롭고, 독한 약은 입에 쓰나 병에 이롭다고 하였습니다. 번쾌의 말을 들으시기 바랍니다." 이리하여 유방은 패상(霸上, 지명)으로 돌아가 주둔하였다.

한(漢)나라 건국 후 공신을 봉하는데 장량은 전공이 없었다. 한 고조가 장량에게 말하였다. "군영의 장막에서 계책을 내어 천리 밖에서 승부를 결정지은 것은 그대의 공로이오. 제나라 땅에서 3만호를 마음대로 고르시오." 장량이 말하였다. "신이 처음 하비에서 일어나 유현(留縣, 지명)에서 폐하를 만난 것은 하늘이 신을 폐하께 준 것입니다. 폐하께서 신의 계책을 쓰신 것이 다행히 늘 효과가 있었습니다. 신은 유후에 봉해지는 것으로 만족하고 3만호는 감당할 수 없습니다." 이리하여 장량은 유후에 봉해졌다.

후일 장량이 말하였다. "우리 집안은 대대로 한(韓)나라 재상을 지냈다. 한나라 멸망 후 만금의 가산을 아끼지 않고 한나라를 대신해 강대한 진나라에 복수하니 천하가 진동하였다. 지금은 세치의 혀로 황제의 스승이 되어 식읍이 만호이고 지위가 제후의 반열에 올랐다. 이는 평민으로서 오를 수 있는 최고의 지위이므로 더 이상 바랄 것이 없다. 나는 이제 세상사는 다 버리고 신선을 따라 한가하게 노닐고자 한다."

장량은 오곡을 먹지 않는 방법으로 몸을 가볍게 하였다. 때마침 한 고조가 붕어하자 여태후가 장량의 은덕에 감사하여 찾아가 식사할 것을 권하며 말하였다. "천지간의 인생이란 마치 흰말이 틈사이로 지나치는 것과 같소. 굳이 스스로 고행하며 이렇게 할 필요가 있겠소?" 이에 장량은 여태후의 말에 따라 식사를 하였다.

출처 : 『사기』, 「유후세가(留侯世家)」, 주제 원문 : 忠言逆耳利於行, 毒藥苦口利
　　於病.

독한 약은 입에 쓰나 병에 이롭고 충언은 귀에 거슬리나 행하면 이롭다　219

장량(張良, 약 B.C 250년~B.C 186년) : 전국시대 한(韓)나라 귀족의 후예로 자는 자방(子房)이다. 계책과 전략으로 한 고조를 보좌하여 한(漢)나라 건국에 지대한 공헌을 세웠다. 또한 계책으로 여태후의 아들 혜제가 태자 자리에서 폐위되는 것을 막았다. 한나라 건국 후 모든 직책에서 물러나 은거하였다. 유후에 봉해졌다.

번쾌(樊噲, B.C 242년~B.C 189년) : 한나라 개국공신이다. 패현 사람으로 유방을 따라 기병하여 한나라 건국에 지대한 군공을 세웠다. 특히 홍문연(鴻門宴, 항우가 유방을 죽이기 위해 군사를 매복하고 베푼 주연)에서 병영에 달려들어 유방을 죽음의 위기에서 구출하였다. 대장군, 좌승상 등을 역임하였다. 여태후의 매부이다.

몸을 명에 맡기고 나의 것으로 하지 않는다

가의는 낙양사람이다. 18세 때 시를 암송하고 글을 잘 써서 명성이 지역에 널리 알려졌다. 한 문제(漢文帝, 한나라 제5대 황제) 때 박사(博士, 관직명)가 되었는데, 그때 나이가 20여세로 박사 중 가장 어렸다. 황제가 매번 박사들에게 어떤 문제에 대해 토론하라고 하면 나이 많은 박사들은 답변하지 못하였으나 가의는 하나하나 모두 대답하였다. 그래서 대부분의 박사들은 자신들이 가의의 뛰어난 재능에 비교될 수 없다고 여겼다. 황제 역시 가의를 매우 좋아하여 1년 만에 파격적으로 태중대부에 승진시켰다. 더 나아가서 황제는 대신들과 상의하여 가의를 공경(公卿, 3공9경의 약칭)에 발탁하려고 하였다. 그러나 주발(周勃, 한 문제 때 승상), 관영, 장상여, 풍경 등이 가의를 시기하여 비방하며 말하였다. "낙양출신의 그자는 나이도 어리고 학식도 얕건만 오직 대권을 잡아 정사를 농락할 생각만 하고 있습니다." 이에 황제는 점차 가의를 멀리하고 다시 그의 의견을 채용하지 않았다. 황제는 가의를 장사왕의 태부로 임명하였다.

가의는 좌천되어 장사왕의 태부로 있은 지 3년쯤 되자, 장사 지역이 습하기 때문에 자신의 수명이 길지 않을 것이라 생각했다. 그는 이를 애석히 여기고 부(賦, 고대 문체의 일종)를 지어 스스로를 위로했다.

"천지만물은 변화하여 휴식함이 없으니, 돌아 흐르다 옮겨가고 혹은 나아가다 돌아온다. 형체와 기운은 돌고 이어지며 변화하고 전해지니, 끝이 없는 깊고 아득함을 어찌 말로 다 나타낼 수 있으리! 화에는 복이 의지하고 복에는 화가 숨어 있으니, 기쁨과 걱정이 한 문에 모여 있고 길흉이 한 곳에 모여 있다. 오나라는 강대했으나 부차(夫差, 춘추시기 오나라 왕)는 패망하였고, 월나라는 회계에서 치욕을 당했으나 구천(句踐, 춘추시기 월나라 왕)은 세상을 제패했다. 이사(李斯, 진시황제 때 승상)는 유세에 성공했으나 마지막에 다섯 가지 형벌로 처형되었고, 부열은 죄수였으나 무정(武丁, 상나라 왕) 때 재상이 되었다. 화와 복은 줄이 서로 엉켜 있는 것처럼 차이가 없고, 명은 알 수 없는 것이니 누가 그 끝을 알 수 있으리! 물이 빠르면 격해지고 화살이 빠르면 멀리 나가듯 만물은 서로 돌고 부딪치며 회전한다. 피어오르는 구름과 내리는 비는 서로 복잡히 얽히어 어지럽고, 조물주가 만든 만물은 아득히 넓어 끝이 없다. 하늘은 함께 생각할 수 있는 것이 아니고, 도는 함께 꾀할 수 있는 것이 아니다. 생사의 빠르고 느림에 명이 있는 것이니, 어찌 그 때를 알 수 있으리! 천지는 화로이고 조물주는 도구이며, 음양은 숯이고 만물은 구리이다. 합하고 흩어지며 생겨나고 없어짐에 일정한 법칙이 있는 것이 아니고, 무궁한 변화에 본래 끝이 있는 것이 아니다. 홀연히 사람이 되었다고 하여 생명을 귀하게 여길 것이 무엇이고, 또 죽어서 다른 것이 된다고 하여 걱정할 일이 무엇인가! 지혜가 적은 사람은 이기적이어서 남을 천시하고 자신을 귀하게 여기지만, 통인(通人)은 넓게 보아 모든 것을 다 받아들인다. 탐욕스러운 사람은 재화를 위해서 죽고, 열사는 명예를 위해서 죽는다. 과시하는 사람은 권세를 쫓다 죽고, 보통사람은 삶에 매달려 산다. 명리를 쫓는 사람은 동분서주 하지만, 대인(大人)은 흔들림 없이 무궁한 변화와 함께 한다. 고지식한 선비는 세속에 얽매여 죄수처럼 속박되지만, 지인(至人)은 초연하여 오직 도와 함께 한다. 보통사람은 미혹되어 애증을 마음에 쌓아두지만, 진인(眞人)은 담백하여 오직 도와 함께 휴식한다. 형체를 버리고 지식에서 벗어나 초연히 자신을 잊고, 공허하고 황홀한 경지에서 도와 함께 노닌다. 물결 따라 흘러가다 물가에 닿으면 멈추듯, 몸을 명에 맡기고 나의 것으로 하지 않는다. 그 삶은 떠도는 것 같고, 그 죽음은 쉬는 것과 같다. 담담하기는 깊은 연못의 고요함 같고, 떠돌기는 매이지 않은 배와 같다. 살아있음을 보배롭게 여기지 않고 공허함을 기르며 떠돈다. 덕인(德人)은 얽매이지 않고 명을 알아 걱정하지 않는다. 가시처럼 작은 일에 걱정할 일이 무엇이 있겠는가!"

그 후 가의는 소환되어 양회왕의 태부가 되었다. 양회왕은 한 문제의 막내아들로 한 문제의 사랑을 받았는데, 독서를 좋아했으므로 가의를 스승으로 삼은 것이었다. 그러나 몇 년 후 양회왕이 말을 타다가 떨어져 죽었다. 가의는 태부로써 책임을 다하지 못하였음을 자학하며 1년 남짓 애도하다가 죽었다.

출처 : 『사기』, 「굴원가생열전(屈原賈生列傳)」, 주제 원문 : 縱軀委命兮, 不私與已.
가의(賈誼, B.C 200년~B.C 168년) : 가생이라고도 한다. 한 문제 시기 박사, 태중대부, 장사왕 태부, 양회왕 태부 등을 역임하였다. 양회왕의 태부로 있을 때 양회왕이 말에서 떨어져 사망하자 자책하며 우울한 나날을 보내다 32세의 나이로 요절했다. 「과진론(過秦論)」, 「조굴원부(弔屈原賦)」, 「복조부(鵩鳥賦)」 등 산문과 시부가 전해지고 있다.

마음을 같이 하면 서로 돕고 이익을 같이 하면 생사를 같이 한다

유비는 한 고조 유방의 형 유중의 아들이다. 한 고조가 천하를 통일하고 7년 후 유중은 대왕(代王)이 되었다. 한 고조 11년 회남왕 영포가 반란을 일으켰을 때 유비는 20세였다. 체격이 건장한 유비는 기마병의 신분으로 한 고조를 따라 영포의 군대를 격파하였다. 한 고조가 유비를 오왕에 봉하였다.

한 문제 때 유비의 아들 오나라 태자가 장안(長安, 한나라 수도)에서 황제를 알현한 후 황태자와 함께 술을 마시며 바둑을 두었다. 유비의 아들은 성격이 거칠고 경박하며 평소에 교만하였다. 황태자와 바둑을 두면서 바둑에 다툼이 생기자 태도가 공손하지 않았다. 이에 황태자가 바둑판으로 내려쳤는데 유비의 아들이 맞아 죽었다.

한나라 조정에서는 유비 아들의 시신을 오나라로 돌려보내어 장사지내도록 하였다. 시신이 오나라에 도착하자 유비는 분노하여 말하였다. "천하는 모두 같은 유씨 집안이다. 장안에서 죽었으면 마땅히 그곳에서 장사지내야지 왜 오나라로 보내 장사지내게 하는가?" 그리고 시신을 다시 장안으로 돌려보내어 장사지내게 하였다. 이로부터 오왕 유비는 점차 제후가 지켜야 할 예절을 어기고 병을 핑계 삼아 입조하지 않았다.

한 경제(한나라 제6대 황제) 때에 이르러 조정에서는 비대한 제후의 영토와 권력을 삭감하는 정책을 실시하였다. 유비는 영토가 계속 삭감될 것을 걱정하여 차제에 반란을 일으키려 하였다. 제후 중에 교서왕(膠西王, 유방의 손자)이 용맹하고 도전적이므로 함께 도모하고자 그에게 사신을 보내 설득하였다. 사신이 말하였다. "지금 황제는 간사한 신하들에 둘러싸여 눈앞의 이익만을 좋아하고 참언을 믿고 있습니다. 그리하여 법령을 마음대로 고치어 제후의 땅을 침탈하고 제후에게 요구하는 것이 나날이 많아지고 있습니다. 게다가 선량한 사람에 대한 처벌도 갈수록 심해지고 있습니다. 속담에 쌀겨를 다 먹고 나면 쌀을 먹을 것이라는 말이 있습니다. 오왕과 교서왕은 유명한 제후입니다. 일단 조사를 받게 되면 자유와 평안을 누리기 어려울 것입니다 … 전하는 말에 미움을 같이 하면 서로 돕고, 기호가 같으면 함께 머무르며, 뜻을 같이하면 함께 이루고, 바램이 같으면 함께 추구하며, 이익을 같이하면 함께 죽는다고 하였습니다. 지금 오왕께서는 스스로 대왕과 근심을 같이한다고 여기어, 이때에 사리에 순응하고 몸을 희생하여 천하의 해악을 제거하고자 합니다. 함께 하시기를 바랍니다." 이에 교서왕은 허락하고 교동왕, 치천왕, 제남왕 등에 사신을 보내어 동참할 것을 요청하니 그들 모두가 허락하였다.

이리하여 마침내 오왕 유비는 교서왕, 교동왕(膠東王, 유방의 손자), 치천왕(淄川王, 유방의 손자), 제남왕(濟南王, 유방의 손자), 조왕(趙王, 유방의 손자), 초왕(楚王, 유방의 동생 유교의 손자) 등과 함께 연합하여 반란을 일으켰다. 그러나 오나라를 포함한 7개 제후국은 얼마 지나지 않아 한나라 군대에게 모두 격파되었고, 유비는 패하여 살해되었다.

출처 : 『사기』, 「오왕비열전(吳王濞列傳)」, 주제 원문 : 同惡相助, 同利相死.
유비(劉濞, B.C 216년~B.C 154년) : 한 고조 유방의 조카이다. 20세에 패후에 봉해졌고, 영포가 반란을 일으켰을 때 한 고조를 수행하여 세운 공로로 오왕에 봉해졌다. 한 경제 시기 중앙정부의 제후국에 대한 삭감 정책에 반발하여 B.C 154년 교서, 교동, 치천, 제남, 초, 조 등 제후국과 연합하여, 이른바 '오초7국의 난'을 일으켰으나 패한 후 피살되었다.

▌화는 은밀한 곳에 숨어 있다가 소홀한 틈에서 생긴다

사마상여는 촉군 성도사람이다. 소년시절 독서를 좋아하였고 또한 검술을 배웠다. 그는 학업을 마친 후 인상여(藺相如, 전국시대 조나라 재상)의 사람됨을 흠모하여 이름을 상여라고 고쳤다. 사마상여는 말은 어눌하였으나 글을 잘 썼다. 그는 탁문군(卓文君, 촉군지역 부유한 상인의 딸)과 결혼하여 매우 부유하였다. 벼슬은 하였으나 고관대작들과 함께 국가대사에 대해 논하는 것을 즐겨하지 않았다.

사마상여가 일찍이 황제를 수행하여 장양궁(長楊宮, 한나라 궁궐)에서 사냥할 때 황제가 직접 말을 달려 곰, 돼지 사냥을 하였다. 사마상여가 상소하여 말하였다. "지금 폐하께서 험한 곳에 올라 맹수사냥 하기를 좋아하시는데, 특별한 방비도 없는 상태에서 갑자기 날랜 맹수가 미친 듯이 폐하의 수레와 시종에게 달려든다면, 수레는 돌릴 틈이 없을 것이고 시종들 역시 기교 부릴 틈이 없을 것입니다. 어찌 위험하지 않겠습니까? 비록 만전을 기하여 해가 전혀 없을지라도 이는 원래 폐하께서 가까이 할 곳은 아닙니다 … 대체로 명철한 사람은 일이 발생하기 전에 미리 그것이 나타날 것을 알고, 지혜로운 사람은 재앙이 생기기 전에 미리 그것을 피합니다. 화는 본래 대부분 은밀한 곳에 숨어 있다가 사람이 소홀히 하는 틈에 생겨납니다. 속담에 집에 천금을 쌓아놓은 사람은 처마 밑에 앉지 않는다고 합니다. 이 말은 비록 작은 일에 해당되지만 또한 큰일에도 해당되는 말입니다. 폐하께서 유념하시기 바랍니다." 황제는 사마상여의 말이 매우 맞다고 하였다.

후일 사마상여는 병이 들자 관직에서 물러나 집에서 거주하였다. 황제가 분부하였다. "사마상여의 병이 매우 위독하니 사람을 보내 그의 책을 모두 가져오도록 하라. 그렇지 않으면 나중에 그 책이 다 흩어질 것이다." 이에 사자를 보냈으나 사마상여는 이미 죽고 집에는 책이 없었다. 그의 아내에게 물으니 말하였다. "장경(사마상여의 자)은 본래 책이 없습니다. 그가 때로 글을 쓰면 그때마다 다른 사람이 가지고 갔습니다. 그래서 집에는 책이 하나도 없습니다. 장경이 아직 죽기 전에 책 한 권을 쓰고 '만약 사자가 와서 책을 요구하면 이 책을 바치시오!'라고 하였을 뿐 다른 책은 없습니다." 사마상여가 남긴 책은 봉선(封禪, 황제가 태산과 양보산에 올라 천지에 제사지내는 의식)에 관한 것이었다. 사마상여의 아내가 그 책을 바쳤다. 사자가 그 책을 황제에게 바치니 황제가 특이하게 생각하였다.

출처 : 『사기』, 「사마상여열전(司馬相如列傳)」, 주제 원문 : 禍固多藏於隱微而發於人之所忽者.
사마상여(司馬相如, 약 B.C 179년~B.C 118년) : 한 경제, 한 무제 때의 사람이다. 무기상시, 중랑장 등의 관직을 역임하였고 시문에 능하였다. 대표작에 「자허부(子虛賦)」, 「상림부(上林賦)」, 「대인부(大人賦)」, 「장문부(長門賦)」, 「미인부(美人賦)」 등이 있다. 후세에 사종(辭宗) 또는 부성(賦聖)으로 받들어지고 있다.

하나가 귀하고 하나가 천할 때 우정이 드러난다

책공은 한 무제(漢 武帝, 한나라 제7대 황제) 때 사람이다. 처음 그가 정위(廷尉, 사법장관)가 되자 손님들이 그 집 문 앞을 가득 메웠다. 후일 그가 관직에서 물러나자 그 집 대문 밖에 참새 잡이 그물을 칠 정도로 한산하였다. 그 후 그가 다시 정위가 되자 손님들이 다시 교제하러 몰려들었다. 이에 책공은 그 집 대문에다 커다랗게 글을 써서 붙였다.

"하나가 죽고 하나가 살아 있을 때 우정을 알 수 있고, 하나가 가난하고 하나가 부유할 때 우정의 태도를 알 수 있으며, 하나가 귀하고 하나가 천할 때 우정이 나타난다."

출처 : 『사기』, 「급정열전(汲鄭列傳)」, 주제 원문 : 一貴一賤, 交情乃見.
책공(翟公) : 한 무제 때 정위를 역임했다. 처음 책공이 정위가 되자 사람들이 문전성시를 이루었는데, 정위에서 물러나자 그의 집 문밖에 참새 잡이 그물을 칠 정도로 한산하였다는데서 '문가라작(門可羅雀)', 또한 인정의 경박함을 나타내는 글을 대문에 써서 붙인데서 '책공서문(翟公書門)'이라는 성어가 생겨났다.

▌천하 사람이 바쁘게 오가는 것은 모두 자기이익 때문이다

사마천이 말하였다. "역사이래로 사람의 눈과 귀는 아름다운 소리와 색을 즐기려 하고, 입은 맛있는 것을 먹으려 하며, 몸은 안락하고 싶어 하고, 마음은 권세나 재능으로써 번영을 누리고 싶어 한다 … 연못이 깊어야 물고기가 살고 산이 깊어야 짐승이 노니는 것처럼, 사람은 부유해야만 인의를 행할 수 있다. 부자가 세력을 얻으면 세상에 빛을 더욱 발하게 되고, 세력을 잃으면 따르는 사람이 줄어들어 즐겁지 않게 된다. 세상에서 천금을 가진 부자의 자식은 시장에서 피살되지 않는다고 하는데, 이는 빈말이 아니다 … 공자의 제자 70여 명 중에 자공이 가장 부유하였는데, 그가 사두마차를 타고 비단 뭉치와 같은 선물을 가지고 제후를 방문하면, 가는 곳마다 제후가 뜰 앞에 내려서서 자공과 대등한 예를 행하였다. 공자의 이름이 천하에 널리 알려진 것은 바로 자공의 보좌가 있어서이다. 이것이 이른바 세력을 얻으면 세상에 더욱 드러난다는 것이다 … 부란 인간의 본성이라 배우지 않아도 모두가 추구하는 것이다. 즉 군대의 병사가 성을 공격할 때 먼저 오르고, 적진을 함락시키고, 장수의 목을 베고, 깃발을 빼앗으며, 돌과 화살을 무릅쓰고 전진하면서 불구덩이의 어려움도 마다하지 않는 것은 후한 상을 받기 위해서이다. 시골의 젊은이가 사람을 죽여 매장하고, 길을 막아서서 강도질하고, 도굴하고, 위조지폐를 만들고, 제멋대로 못된 짓을 하며 독점하고, 자기패거리를 대신해서 복수하고, 몰래 약탈하고, 법령의 금지를 피하지 않은 채 죽을 길을 달리는 말처럼 달려가는 것은 모두가 다 재물 때문이다. 조나라, 정나라의 여인들이 아름답게 꾸미고 거문고를 연주하며, 긴 소매를 나부끼고 가벼운 발놀림으로 춤을 추며, 눈짓하고 유혹하며, 천리 길도 멀다하지 않고 노소를 가리지 않는 것 역시 재물 때문이다. 한가한 귀공자들이 외출할 때 모자와 칼로 치장하고 수레와 말을 끌고 다니는 것도 자신의 부귀를 과시하기 위해서이다.

어부와 사냥꾼이 새벽부터 밤늦게까지 눈서리를 맞으며 깊은 산골짜기를 뛰어다니고, 맹수의 위험도 피하지 않는 것은 맛 좋은 고기를 얻기 위해서이다. 사람들이 도박장을 드나들고, 얼굴을 붉혀가며 닭싸움, 개싸움에서 반드시 이기려고 하는 것은 따고 잃는 것을 중시하기 때문이다. 의사나 방사 및 각종 기술자가 노심초사하며 재능을 다하는 것도 더 많은 수입을 얻기 위해서이다. 관리가 교묘하게 농간을 부려 문서와 도장을 위조하고 주살의 형벌도 피하지 않는 것은 뇌물에 빠져서이다. 농부, 공인, 상인들이 열심히 저축하는 것도 모두 재산을 더 늘리고자 하는 것이다. 이처럼 모든 사람이 지혜와 능력을 다하고 있는데, 이는 결국 온 힘을 다하여 재물을 얻기 위해서이다. 그러므로 천하 사람이 바쁘게 오가는 것은 모두 자기이익을 위해서이다. 왕과 제후, 대부들도 가난을 걱정하는데, 하물며 보통사람이야 말할 것이 있겠는가! 보통사람은 상대의 부가 자기보다 열 배가되면 그에게 비하되고, 자기보다 백 배가 되면 그를 두려워하고 꺼리며, 자기보다 천 배가 되면 그에게 사역 당하고, 만 배가 되면 그의 노예가 된다. 이것은 사물의 이치이다. 가난하면서도 부끄러워 할 줄 모르는 사람은 더할 수 없이 열등한 인간이다. 동굴 속에 숨어사는 선비처럼 청렴한 행위도 없으면서 늘 빈천하게 살며 인의를 즐겨 논하는 사람도 부끄러운 존재이다. 빈부의 이치란 누가 주거나 뺏거나 할 수 있는 것이 아니다. 기교 있는 자는 여유 있게 되고 그렇지 못한 자는 부족하게 된다. 치부에는 일정한 직업이 없고 재물에는 일정한 주인이 없다. 유능한 자에게 몰려들고 어리석은 자에게서 흩어진다. 천금의 부자는 제후에 비길 만하고, 만금의 부자는 제왕과 즐거움을 같이한다."

출처 : 『사기』, 「화식열전(貨殖列傳)」, 주제 원문 : 天下熙熙, 皆爲利來, 天下壤壤, 皆爲利往.

사마천과 사기

천하 유람

사마천(司馬遷)은 기원전 145년, 지금의 중국 섬서성 한성현에서 태어
났다. 당시는 한 무제(漢武帝, B.C 156년~B.C 87년) 통치시기로, 한나라
가 대내적으로 중앙집권을 강화하여 통일국가를 굳건히 하고, 대외적으
로 영토를 확장하고 대외교섭을 활발히 하여 국력을 크게 신장시킬 무렵
이었다. 사마천은 10세 무렵, 부친 사마담이 태사령의 직책에 임명되어
수도 장안의 위성도시인 무릉 지역으로 이주했다. 17세 전후해 유학자
공안국(孔安國), 동중서(董仲舒)의 문하생이 되었고, 20세 이전 그 시대
까지 전래된 각 분야의 대부분 서적을 섭렵하였다.

사마천은 20세 무렵 중국 각 지역을 유람하였다. 그는 이에 대해 다음
과 같이 술회하였다. "남쪽으로 양자강, 회수 유역을 돌아보고 회계산에
올라 우 임금이 묻혔다는 동굴을 찾았고, 구의산을 둘러보았으며, 원수
(沅水)와 상수(湘水)를 돌아보고 북쪽으로 문수(汶水)와 사수(泗水)를 건
너 제(齊)와 노(魯)의 도읍에서 학업에 힘썼고, 공자의 유풍을 관찰하였
다. 노(魯)의 추(鄒), 역(嶧) 지역에서 활 쏘는 의식에 참여하였고, 파(鄱),
설(薛), 팽성(彭城) 땅에서 곤욕을 치렀으며, 양(梁)과 초(楚)를 지나서
돌아왔다." 이를 지도로 살펴보면 대략 지금의 호북성, 호남성, 절강성,
산동성, 안휘성, 하남성 등 지역에 해당한다. 당시의 거리와 교통상황을
감안할 때 유람기간은 적어도 2, 3년 이상을 요하는 일정이었다.

사마천은 천하를 두루 유람하고 돌아온 직후, 그의 나이 23세 때 낭중
(郎中)에 임명되었다. 낭중은 황제의 신변을 호위하는 시종관으로 비록
직급은 높지 않으나 황제를 측근에서 보좌하여 장래가 촉망되는 관직이
었다. 낭중으로 있는 동안 사마천은 황제를 수행하여 각 지역을 순행하였
고, 혹은 황제의 명을 받아 각 지방에 사신으로 파견되기도 했다. 따라서
당시 사마천이 둘러본 지역은 그가 개인적으로 천하를 유람한 지역까지

포함하여 서남쪽으로 사천성 서남부, 서쪽으로 감숙성 동남부, 북쪽으로 하북성 북부와 내몽고 남부, 동쪽으로 발해지역까지로, 대략 오늘날의 광동성, 복건성, 만리장성 북방, 하서 회랑 밖을 제외한 당시 한나라 제국의 거의 전 영역이었다.

부친 유언

사마천은 36세 때 황제의 명을 받고 서남부 지역을 시찰하였다. 그 무렵 마침 그의 부친 사마담(司馬談)이 황제를 수행하는 도중 병이 들어 낙양 인근지역에서 사망했다. 사마담은 죽기직전 사마천에게 다음과 같이 유언하였다.

"내가 죽으면 너는 분명 태사(太史, 사관)가 될 것이다. 태사가 되면 내가 논하고 저술하고자 했던 것을 잊지 마라. 대체로 효란 어버이를 섬기는 것에서 시작하여, 다음은 임금을 섬기는 것이고, 마지막은 입신(立身)으로, 후세에 이름을 드러내 부모를 빛내는 것이 가장 큰 효도이다 … 공자가 『춘추』를 저술한 이후 지금까지 4백여 년이 지났다. 제후들은 서로 병합하기 위해 전쟁을 벌였고 사관의 기록은 끊기었다. 지금의 한나라가 일어나 천하가 통일되었고, 현명한 임금이 있으며, 충신과 정의로운 선비가 나왔다. 나는 태사령(太史令, 사관의 최고위직)으로 있으면서 이에 대해 기술하고 논평하지 아니하여 천하의 역사가 폐기될 것이 매우 두렵다. 너는 나의 이 말을 명심하라!"

사마천의 부친 사마담은 역사와 제자백가에 정통하였고, 특히 도가에 조예가 깊었으며 사관에 대한 자부심과 책임감이 투철하였다. 때문에 자신이 이루지 못한 역사서 저술을 사마천에게 유언으로 남긴 것이었다. 이에 사마천은 머리를 숙인 채 눈물을 흘리며 다짐했다. "소자가 비록 총명하지 못하나 부친께서 정리한 옛 기록을 모두 저술하고 논평하여 감히 빠트림이 없도록 하겠습니다."

사마천은 그의 부친이 죽고 3년 후 태사령에 임명되었다. 태사령은 고위관직은 아니지만 정부의 문서, 서적, 역사기록, 천문관측 등의 업무를 관장하면서 국가도서관의 서적과 문서 등을 볼 수 있고, 또 비록 말석이나 조정회의에 참여하여 국가대사를 논의할 수 있는 자리였다. 그는 태사령이 된 이후 그 동안 사관이 기록한 정부문서와 나라에서 소장하고 있는 도서를 검토하고 정리하였다. 한편 이 시기 사마천은 역법 개정에 참여하고 5년 후 태초력(太初曆)을 완성하였다. 태초력은 오늘날의 음력에 해당하는 달력으로, 10월을 원단으로 하는 기존의 역법을 개정하여 정월을 한해의 시작으로 삼았다.

사마천은 역법 개정을 원만히 수행한 후 부친의 유언을 받들어 역사서 저술을 시작하였다. 그때 그의 동료 호수(壺遂)가 이의를 제기하였다. "공자의 시대는 위로 현명한 임금이 없었고, 아래로 현자가 임명되지 않았다. 그러므로 공자가 『춘추』를 저술하여 예와 의를 판단하게 하는 도덕적 기준을 제시하였고, 그것을 왕법으로 삼았다. 지금은 위로 현명한 천자가 있고 아래로 백관이 직책을 맡고 있다. 만사가 다 갖추어져 있고 모두가 다 합당하건만, 그대는 역사서를 저술하여 도대체 무엇을 밝히려는 것인가?"

이에 대해 사마천은 다음과 같이 말했다. "내가 태사령의 직책에 있으면서 천자의 거룩한 덕을 기록하지 않고, 공신, 세가, 현대부의 공적을 기술하지 않는다면 부친의 유언을 위배하는 것으로 이보다 더 큰 죄가 없다. 내가 옛 이야기를 기술하는 것은 대대로 전해 내려오는 것을 정리하여 후대에 사실을 전하고자 하는 것이다. 그대가 이를 『춘추』에 비교하는 것은 잘못이다." 이 무렵 사마천은 본격적으로 역사서 저술을 시작하였고, 그 역사서는 창작이 아닌 사실에 대한 기술이었다.

이릉 사건

사마천이 역사서를 저술하기 시작한 이후 여러 해가 지났다. 사마천이 47세 되던 해, 그의 운명을 뒤바꿀 큰 사건이 발생했다. 바로 이릉(李陵) 사건이다.

이릉은 명장 이광의 손자로 당시 한나라와 대적하고 있던 흉노와의 전쟁에 선봉장으로 파견되었다. 그러나 이릉은 흉노와의 전쟁에서 최선을 다하여 싸웠으나 중과부적으로 포위되었고, 끝내 흉노에 투항하였다. 이릉이 흉노에 투항하였다는 소식이 한나라에 전해지자 한 무제는 분노하였고, 그 직전까지 이릉의 승리소식이 전해질 때마다 승전을 찬양하던 군신들도 모두 나서서 이릉을 비방하고 매도하였다. 이릉을 변호하는 사람은 하나도 없었다.

사마천은 일찍이 낭중 직책에 있었을 때 이릉과 함께 근무한 적이 있었다. 다만 집안 배경이 서로 다르고 취향도 서로 같지 않았기 때문에 별로 친한 사이는 아니었다. 하지만 사마천이 보기에 이릉은 부모에게 효도하고, 친구에게 신의가 있고, 재물에 청렴하고, 주고받음이 의롭고, 사양함이 있으며, 아래 사람에게 겸허한 사람이었다. 게다가 나라가 위급할 때 언제라도 목숨을 바칠 각오가 되어 있는 매우 유능하고 충성스러운 장군이었다. 그런데 그가 전투에서 한번 패배하였다고 하여, 평소 일신의 안전과 처자식의 안위만을 꾀하는 조정군신들이 그의 단점을 과장하여 비방하는 것에 대해 사마천은 매우 분개하고 안타까워했다.

이에 사마천은 황제 앞에 나아가 이릉에 대해 다음과 같이 변호했다. "이릉은 5천명도 안 되는 군대를 이끌고 흉노의 근거지까지 깊숙이 쳐들어가서, 수십만의 흉노 군대와 십여 일 전투를 벌여 수많은 적을 살상하였습니다. 위급한 적은 사상자를 돌 볼 겨를도 없이 공포 속에 떨면서 그들의 좌현왕, 우현왕을 징집하고, 활 쏘는 국민을 총동원하여 거국적으로 이릉의 군대를 포위했습니다. 천 여리에 달하는 전투 속에 이릉의 군대는 화살이 떨어지고, 길이 막히고, 지원군마저 오지 않아 사상자가 속출하였습니다. 그러나 이릉이 한번 병사를 격려하고 사기를 북돋자, 모든 병사들이 몸을 일으켜 피를 닦고 눈물을 삼키며 빈 활을 멘 채 적진으로 몸을 내 던질망정 후퇴하는 자가 없었습니다 … 이릉은 평소 사대부들과 동고동락하며 온 힘을 다하여 남을 돕는 장군으로, 이는 예전의 어떤 명장에도 뒤지지 않습니다. 비록 이릉이 흉노에게 항복은 하였으나, 아마도 속죄하며 나라에 보답할 궁리를 꾀하고 있을 것입니다. 지금 일이 이렇게 된 이상 어찌할 수 없지만, 그가 일찍이 흉노를 격파시킨 공로가 천하에 크게 드러났음을 참작해주시기 바랍니다.”

사마천이 나서지 않아도 될 입장에도 불구하고 이처럼 과감하게 이릉을 변호하고 나선 것은 조정군신들의 부박한 인심에 대한 실망과 함께 그들의 이릉에 대한 비방을 무마하고자 하는 의도였다. 그러나 더 근본적인 의도는 황제를 위로하고자 하는 충정이었다. 사마천은 평소에 늘 “쟁반을 머리에 이고는 하늘을 바라보지 못한다”며, 집안일도 잊고 친구와의 왕래도 끊은 채 주야로 오직 한 무제에게 충성을 다 바치었다. 그런 그의 입장에서 이릉의 투항소식이 전해진 이후 한 무제가 식음까지 전폐해가며 정사를 돌 볼 의욕을 상실하는 것을 보고 차마 그냥 있을 수 없었던 것이었다.

그러나 사마천의 이런 충정어린 발언은 그의 의도와는 전혀 다른 방향으로 흘러갔다. 그의 발언은 즉각 조정군신의 반발과 빈축을 샀고, 특히 한 무제의 심기를 매우 심하게 자극하였다. 원래 한 무제가 흉노와의 전쟁에서 이릉을 선봉장으로 파견한 목적은 유능한 그를 이용하여 그가 총애하는 후궁 이부인의 오빠 이광리 장군에게 공을 세울 기회를 주기 위한 의도였다. 그런데 이릉은 흉노에 투항하고, 이광리는 주력부대를 지휘하면서도 전과를 올리지 못했다. 총애하는 후궁을 위해 기획한 일이 전혀

성과를 얻지 못하자 한 무제는 화가 났고, 그 책임을 모두 투항한 이릉에 돌리고자 하였다. 그때 조정군신이 모두 가만히 있는데 사마천이 홀로 나서서 이릉을 변호한 것이었다. 한 무제는 사마천의 이릉 변호가 결과적으로 이광리를 비난하는 것이고, 그것은 바로 한 무제 자신을 비난하는 것이라 생각하였다. 바로 한 무제의 이러한 미묘한 입장과 심적 갈등을 사마천이 건드린 것이었다. 분노한 한 무제는 즉각 사마천을 옥에 가두게 하였다.

이리하여 사마천은 하루아침에 깊숙한 감옥에 내던져져 옥졸의 감시를 받는 죄수가 되었다. 그의 옥중생활은 매우 처참하였다. 그는 손발이 묶이고 목에 족쇄를 찬 채 벌거벗기고 살이 터지도록 매 맞았다. 그리하여 그는 옥졸만 보아도 가슴이 철렁할 정도로 두려움에 떨었고, 때로 그 두려움이 너무 컸기 때문에 멀리서 옥리가 나타나기만 해도 머리가 땅에 닿을 정도로 절을 하였다. 이 모든 것이 순식간에 발생한 일이었다.

궁형

사마천이 투옥되고 1년이 지난 후, 이릉과 그의 일족 및 사마천의 죄에 대한 판결이 확정되었다. 이릉과 그의 일족에 대한 판결은 반역죄였고, 사마천에게 내려진 판결은 무망죄(誣罔罪)였다. 반역죄는 물론이거니와 무망죄 역시 임금을 기만한 죄로 사형이었다. 이렇게 사마천은 이릉을 변호한 말 한마디로 인해 꿈에서조차 상상할 수 없는 사형수가 되었다.

당시 법에는 사형수가 사형을 면할 수 있는 방법이 두 가지 있었다. 하나는 국가에 50만 전의 돈을 헌납하여 사형에서 한 등급 감형 받는 것이고, 다른 하나는 남성의 성기를 제거하는 형벌인 궁형(宮刑)을 받는 것이었다. 사마천은 사형을 면하기 위해 백방으로 돈을 구하였으나 그의 집은 그만한 재산이 없었다. 그는 그의 친척과 친구에게도 도움을 요청하였으나, 어느 누구도 사마천에게 돈을 빌려주지 않았다. 심지어 누구하나 그를 위해 변호해주는 사람도 없었다.

이제 사마천에게 사형을 면할 방법은 오직 하나, 바로 궁형을 받는 것이었다. 그러나 궁형은 그 육체적인 고통은 별도로 치더라도, 남성성과 함께 사람의 존엄성을 모두 앗아가는 치욕스러운 형벌이었다. 그것은 사마천 자신이 누구보다 잘 알고 있었다. 그는 궁형에 대해 다음과 같이 말했다.

"궁형보다 더 큰 치욕은 없다. 오랜 옛날부터 사람은 누구나 다 궁형 받은 죄인을 멸시하였다." 또 "치욕에는 몸을 굽혀 당하는 치욕, 죄수복을 입고 당하는 치욕, 곤장을 맞고 당하는 치욕, 머리털을 깎이고 쇠고랑을 차고 당하는 치욕, 살을 벗기고 손발을 잘리고 당하는 치욕, 그리고 마지막으로 궁형을 받고 당하는 치욕이 있는데, 궁형은 그야말로 치욕중의 치욕이라 할 수 있다."

따라서 사마천에게 궁형을 받는다는 것은 죽음보다 괴로운 구차스러운 삶을 의미하였고, 이제 그에게 남은 것은 처형 받는 것뿐이었다. 그러나 그는 저자거리에 끌려 나가 참수당하는 것 역시 치욕스럽긴 마찬가지라고 생각하였다. 그리하여 그는 차라리 기개 있게 자살하고자 하였다. 그는 말하였다. "용감한 사람이라고 해서 반드시 절의를 위하여 죽는 것은 아니고, 겁쟁이도 의리를 사모하게 되면 죽음을 두려워하지 않는다. 내가 비록 죽음을 두려워하는 겁쟁이지만 거취의 구분은 할 줄 아는 사람인데, 어찌 형벌을 당하면서까지 치욕스럽게 살 생각을 하겠는가? 게다가 노비조차도 능히 자살하는데 어찌 나 같은 사람이 자살할 생각을 하지 않겠는가?"

하지만 사마천은 끝내 자살하지 않았다. 도리어 그가 선택한 것은 바로 궁형을 통한 치욕스런 삶이었다. 사마천은 최후에 왜 자신이 치욕 중의 치욕이라 여긴 궁형을 택하였을까? 이에 대해 사마천은 다음과 같이 말하였다. "나 같은 사람이 법에 따라 처벌을 받거나 혹은 자살할지라도 세상 사람은 나의 존재를 마치 아홉 마리 소에서 털 하나 뽑는 정도로 밖에 여기지 않을 것이다. 그렇게 된다면 나의 존재가 개미같이 하찮은 벌레와 무슨 차이가 있겠는가?" 또 "나의 글이 세상에 드러나지 않는다면 견딜 수 없고, 나의 뜻을 다 펴지 못하면 한이 될 것이다."

즉 사마천은 헛된 죽음 대신 자신의 뜻을 펴기 위해 삶을 선택하였고, 그 뜻은 곧 역사서를 저술하는 것이었다. 사마천은 자신의 저술이 완성되어 명산에 보관되었다가 그의 뜻을 아는 사람에게 전해지고 사방에 전파된다면, 자신의 육신이 처참히 찢겨질지라도 결코 후회하지 않을 것이고, 또한 모든 치욕도 다 보상받을 것이라 여겼다. 그러나 역사서 저술에 대한 사마천의 굳은 의지에도 불구하고, 그가 선택한 삶은 감내하기 어려운 고통 속에 차 있었다. 그는 비록 궁형을 선택하여 삶을 도모하였으나 결코 자신의 죄를 승복한 것은 아니었다. 그는 계속 "이것이 나의 죄인가? 이것이 나의 죄인가?"라고 반문하며 세상을 원망하였다. 그의 궁형 당한 후의 치욕과 고통의 심정은 다음 문장에서 잘 나타난다. "하루에도 창자가 아홉 번 뒤틀리고, 집에 있으면 망연히 무엇인가를 잃어버린 듯 하고, 밖으로 나가도 어디로 가야 할지를 모르겠다. 그리고 매번 이 치욕을 생각하면 식은땀이 등허리를 적신다."

환관

사마천이 궁형을 받고 2년이 지난 후, 한 무제는 연호를 천한(天漢)에서 태시(太始)로 바꾸는 것을 기념하기 위해 전국에 사면령을 내렸다. 사마천도 사면령에 따라 옥중에서 석방되었다. 그리고 출옥한지 얼마 지나지 않아 중서령(中書令)에 임명되었다. 당시 그의 나이 50세였다.

중서령은 주로 황제의 명령을 조정대신에게 내려 보내고, 조정의 상주문과 같은 문서를 황제에게 올리는 일을 담당하는 직책이었다. 녹봉이 1천석이라 4백석을 받는 태사령에 비해 6백석이나 더 받고, 그 위에 직접 황제를 측근에서 보필하는 자리라 어떤 측면에서 권세가 막강한 자리였다. 그러나 중서령은 고위직이기는 하나 남성성이 없는 사람만이 담당할 수 있는 궁중의 직책이었다. 즉 사마천은 환관이 된 것이다.

당시 환관은 세상 사람의 비웃음의 대상이며 멸시의 대상이었다. 그것은 사마천 자신이 누구보다 잘 알고 있었다. 그는 환관에 대해 다음과 같이 말했다. "오랜 옛날부터 사람은 누구나 다 궁형 받은 죄인을 멸시하였다. 예전에 공자는 위나라 영공이 환관 옹거와 함께 수레를 탔다고 하여 위나라를 떠나 진나라로 갔고, 조량은 상앙이 환관 경감을 통하여 진나라 왕을 만났다고 하여 그를 냉대했으며, 원사는 황제가 환관 조담과 수레를 같이 탔다고 하여 얼굴을 붉히면서 간하였다. 자고로 이런 일은 누구나 치욕으로 여겼다. 보통사람도 환관이라면 기분 나빠하는데 하물며 기개 있는 선비야 말할 것이 있겠는가?"

이처럼 환관은 세상에서 멸시받는 존재였다. 때문에 사마천은 그에 대한 일부 사람의 기대와 아첨에도 불구하고 스스로를 쓸모없는 인간이고 천한 노예라며 비하하고 학대했다. 그는 자신에 대해 다음과 같이 말하였다. "형벌을 받아 천하기가 노예 같은 몸으로 만약 머리를 쳐들고 눈을 치뜬 채 주제넘게 시비를 따진다면, 그야말로 조정을 얕보고 세상의 선비를 부끄럽게 하는 것이다. 아! 나 같은 사람이 무슨 말을 할 수 있겠는가! 아! 나 같은 사람이 무슨 말을 할 수 있겠는가!" 또 "나는 이미 형벌을 받은 불구의 몸이다. 비록 세상에서 가장 귀하고 아름답다는 수후의 구슬과 화씨의 보석과 같은 재주를 지니고 있고, 허유와 백이와 같은 고상한 행동을 할지라도 이제 내게 돌아올 영예는 아무 것도 없다. 오히려 사람들의 비웃음이나 사며 스스로를 욕되게 할뿐이다."

실제로 사마천의 뛰어난 학식과 재능을 알아주는 사람도 없었고, 그가 미사여구를 동원해 변명해도 그 말을 믿어주는 사람도 없었다. 그 위에 사마천은 자신의 처지를 그렇게 만든 장본인인 한 무제에 대해 원망의 말을 한마디도 할 수 없었고, 환관으로서 그의 수족 노릇을 해야만 했다. 사마천에게 그러한 처지를 감수하며 살아가야 한다는 것은 그 무엇으로도 비교할 수 없고, 또 어떠한 말로도 표현할 수 없는 치욕과 고통이었다. 이에 사마천은 단지 "슬픈 일이다! 슬픈 일이다!"를 되뇌며 스스로 감내할 뿐이었다.

사기 완성

사마천은 비참한 삶의 고통과 치욕 속에서도 살아야할 이유가 있었다. 그것은 바로 역사서를 완성하는 것이었다. 이를 위해 사마천은 불우함과 좌절을 뛰어넘고 큰 업적을 이룩한 역사 속의 인물을 상기하며 끊임없이 자신을 위로하고 격려하였다.

"예전에 부귀하고도 후세에 그 이름이 없어진 사람이 헤아릴 수 없이 많다. 오직 기개 있고 뛰어난 사람의 이름만이 칭송되고 있을 뿐이다. 주 문왕은 감옥에서 『주역(周易)』의 의미를 밝혔고, 공자는 곤경을 당한 후 『춘추(春秋)』를 저술했으며, 굴원은 추방된 후에 『이소(離騷)』를 남겼다. 좌구명은 실명 후에 『국어(國語)』를 완성했고, 손빈은 두 다리를 잘리는 형벌을 받고서 병법을 완성시켰으며, 여불위는 촉으로 유배되었기 때문에 『여람(呂覽)』을 세상에 전했다. 한비자는 진나라 옥중에서 『세난(說難)』과 『고분(孤憤)』의 저서를 남겼다. 시(詩) 300편도 대체로 성현들이 발분하여 지은 것이다. 이들은 모두 마음속에 맺힌 울분을 풀 수 없었기 때문에 지난 일을 서술하여 미래에 그 뜻을 전하였던 것이다."

사마천은 이처럼 스스로를 격려하며 오직 역사서 저술만이 세상에 자신의 존재를 드러낼 수 있고, 동시에 그가 죽은 후라도 자신의 옳고 그름을 밝혀 줄 것이며, 또한 자신의 치욕을 보상하고 명예를 회복할 수 있는 유일한 길이라 여겼다. 즉 역사서 저술은 당시 사마천이 살아갈 유일한 명분이고 목표였다.

이렇게 사마천은 자신만의 확고한 신념과 명분하에 고독한 삶을 하루하루 이어나갔다. 그는 묵묵히 중서령의 직무를 수행하는 이외에는 모든 시간과 노력, 에너지를 오직 역사서 저술에만 집중했다. 그는 천하에 흩어져 있는 각종 사료를 수집하여 과거사실을 정리하고, 또 사실과 사실 사이에 내재하는 이치를 탐색하고 고찰하였다. 그렇게 역사저술에 전념하기를 수년이 지난 후, 마침내 그의 나이 57세 전후, 사마천은 처음 그가 세웠던 "하늘과 인간간의 관계를 규명하고, 고금역사의 변화에 통달하여, 일가의 견해를 이루겠다(以究天人之際, 通古今之變, 成一家之言)"는 목표에 다다른 역사서를 완성하였다. 환관의 몸이 된 때로부터 7년여이고, 부친의 유언을 받들어 역사서 저술을 시작한 때로부터 20여 년, 처음 역사에 눈을 뜨고 또 역사에 대한 안목을 넓히기 위해 천하 유람을 시작한 때로부터 37년이라는 긴 세월이었다.

사마천은 역사가로서 다른 사람에 대해서는 자세히 기록했으나 자신에 대해서는 충분히 기록하지 않았다. 따라서 그의 말년 생활과 행적 등에 대해서는 자세한 상황을 알 수 없다. 다만 말년에는 계속 자신의 역사서를 보완하고 교정하는 작업을 하였을 것으로 여겨지고, 사망은 대략 60세 전후로 추정된다. 그의 가족 상황에 대해서도 부친 사마담과 딸, 외손자를 제외하고는 거의 알려진 것이 없다.

사마천의 딸은 한 소제(漢昭帝, B.C 94년~B.C 75년)와 한 선제(漢宣帝, B.C 91년~B.C 49년) 때의 대신인 양창의 부인이다. 그녀는 남편 양창이

우유부단하고 나약한 데 비하여 사리판단이 빠르고 과단성이 있었다. 두 아들을 두었는데 그중의 하나가 양운이다.

양운(楊惲), 즉 사마천의 외손자는 한 선제 때 사람으로 어려서 『사기』를 읽고 자랐으며, 나중에 중랑장, 광록훈 등 고위관직을 역임했다. 그러나 중도에 다른 사람의 모함을 받아 파직되었다. 양운은 파직되어 한가히 집에 있는 동안 친구에게 보내는 편지에서 "저 남산에 농사를 짓건만 가꾸지 않아 잡초만 무성하다. 백 이랑의 콩을 심었으나 수확한 것은 콩대뿐이구나. 인생을 즐기자. 부귀를 언제까지 기다리겠는가!"라는 시를 쓴 적이 있는데, 후일 이 시가 조정의 문란함을 풍자한 것이라는 비방을 받고, 최후에는 대역무도의 죄로 처형되었다. 그리고 그의 처자식은 모두 변방으로 유배당하였다. 이로써 양운의 집안은 완전히 몰락했다.

일찍이 사마천은 자신의 저서에 대해 "정본은 명산에 보관하고 부본은 수도에 두어 후세 성인군자의 비판을 기다리겠다"며 생전에 세상에 공개되는 것을 꺼려하였다. 그리하여 『사기』는 사마천 당대에는 세상에 공개되지 않았다. 그 후 사마천이 죽고 약 2, 30년이 지난 후, 그의 외손자인 양운이 처음으로 『사기』를 세상에 공개하였고, 이후 지금까지 전해지고 있다.

사기

사마천은 처음 『사기(史記)』를 완성하고 자신의 책 이름을 태사공서(太史公書)라고 했으나, 책명을 뚜렷하게 정하지 않았다. 그래서 처음에 『사기』는 태사공서, 혹은 태사공기(太史公記) 등으로 불리다, 후세에 『사기』라는 명칭으로 통일되었다.

『사기』는 중국역사 초기 황제(黃帝) 시대로부터 시작하여 사마천 자신이 직접 목도하고 경험한 한 무제 시기에 이르는 2천 여 년의 중국역사를 인물중심으로 기술하였다. 인물 중심의 역사를 기술하기 위해 그는 본기 (本紀), 세가(世家), 열전(列傳), 표(表), 서(書)로 구성하는 기전체(紀傳體)라는 독특한 역사서술체제를 창안하였다. 구체적인 항목은 아래와 같다.

본기는 12편으로 구성되었고, 주로 역대 최고지도자에 대해 기술하였다. 「오제본기(五帝本紀)」, 「하본기(夏本紀)」, 「은본기(殷本紀)」, 「주본기(周本紀)」, 「진본기(秦本紀)」, 「진시황본기(秦始皇本紀)」, 「항우본기(項羽本紀)」, 「고조본기(高祖本紀)」, 「여태후본기(呂太后本紀)」, 「효문본기(孝文本紀)」, 「효경본기(孝景本紀)」, 「효무본기(孝武本紀)」.

세가는 30편으로 구성되었고, 주로 제후, 공신 및 영향력 있는 인물에 대해 기술하였다. 「오태백세가(吳太伯世家)」, 「제태공세가(齊太公世家)」, 「노주공세가(魯周公世家)」, 「연소공세가(燕召公世家)」, 「관채세가(管蔡世家)」, 「진기세가(陳杞世家)」, 「위강숙세가(衛康叔世家)」, 「송미자세가(宋微子世家)」, 「진세가(晉世家)」, 「초세가(楚世家)」, 「월왕구천세가(越王句踐世家)」, 「정세가(鄭世家)」, 「조세가(趙世家)」, 「위세가(魏世家)」, 「한세가(韓世家)」, 「전경중완세가(田敬仲完世家)」, 「공자세가(孔子世家)」, 「진섭세가(陳涉世家)」, 「외척세가(外戚世家)」, 「초원왕세가(楚元王世家)」, 「형연세가(荊燕世家)」, 「제도혜왕세가(齊悼惠王世家)」, 「소상국세가(蕭相國世家)」, 「조상국세가(曹相國世家)」, 「유후세가(留侯世家)」, 「진승상세가(陳丞相世家)」, 「강후주발세가(絳侯周勃世家)」, 「양효왕세가(梁孝王世家)」, 「오종세가(五宗世家)」, 「삼왕세가(三王世家)」.

열전은 70편으로 구성되었고, 사마천이 "의를 도와 뛰어나고 스스로 시기를 잃지 아니하며 천하에 이름을 드러낸 사람"이라고 선택기준을 정한 것과 같이, 사회 각 방면에서 이름을 드러낸 인물에 대해 기술하였다. 「백이열전(伯夷列傳)」, 「관안열전(管晏列傳)」, 「노자한비열전(老子韓非列傳)」, 「사마양저열전(司馬穰苴列傳)」, 「손자오기열전(孫子吳起列傳)」,

「오자서열전(伍子胥列傳)」, 「중니제자열전(仲尼弟子列傳)」, 「상군열전(商君列傳)」, 「소진열전(蘇秦列傳)」, 「장의열전(張儀列傳)」, 「저리자감무열전(樗里子甘茂列傳)」, 「양후열전(穰侯列傳)」, 「백기왕전열전(白起王翦列傳)」, 「맹자순경열전(孟子荀卿列傳)」, 「맹상군열전(孟嘗君列傳)」, 「평원군우경열전(平原君虞卿列傳)」, 「위공자열전(魏公子列傳)」, 「춘신군열전(春申君列傳)」, 「범수채택열전(范雎蔡澤列傳)」, 「악의열전(樂毅列傳)」, 「염파인상여열전(廉頗藺相如列傳)」, 「전단열전(田單列傳)」, 「노중련추양열전(魯仲連鄒陽列傳)」, 「굴원가생열전(屈原賈生列傳)」, 「여불위열전(呂不韋列傳)」, 「자객열전(刺客列傳)」, 「이사열전(李斯列傳)」, 「몽염열전(蒙恬列傳)」, 「장이진여열전(張耳陳餘列傳)」, 「위표팽월열전(魏豹彭越列傳)」, 「경포열전(黥布列傳)」, 「회음후열전(淮陰侯列傳)」, 「한신노관열전(韓信盧綰列傳)」, 「전담열전(田儋列傳)」, 「번역등관열전(樊酈滕灌列傳)」, 「장승상열전(張丞相列傳)」, 「역생육가열전(酈生陸賈列傳)」, 「부근괴성열전(傅靳蒯成列傳)」, 「유경숙손통열전(劉敬叔孫通列傳)」, 「계포난포열전(季布欒布列傳)」, 「원앙조착열전(袁盎鼂錯列傳)」, 「장석지풍당열전(張釋之馮唐列傳)」, 「만석장숙열전(萬石張叔列傳)」, 「전숙열전(田叔列傳)」, 「편작창공열전(扁鵲倉公列傳)」, 「오왕비열전(吳王濞列傳)」, 「위기무안후열전(魏其武安侯列傳)」, 「한장유열전(韓長孺列傳)」, 「이장군열전(李將軍列傳)」, 「흉노열전(匈奴列傳)」, 「위장군표기열전(衛將軍驃騎列傳)」, 「평진후주부열전(平津侯主父列傳)」, 「남월열전(南越列傳)」, 「동월열전(東越列傳)」, 「조선열전(朝鮮列傳)」, 「서남이열전(西南夷列傳)」, 「사마상여열전(司馬相如列傳)」, 「회남형산열전(淮南衡山列傳)」, 「순리열전(循吏列傳)」, 「급정열전(汲鄭列傳)」, 「유림열전(儒林列傳)」, 「혹리열전(酷吏列傳)」, 「대완열전(大宛列傳)」, 「유협열전(游俠列傳)」, 「영행열전(佞幸列傳)」, 「골계열전(滑稽列傳)」, 「일자열전(日者列傳)」, 「구책열전(龜策列傳)」, 「화식열전(貨殖列傳)」, 「태사공자서(太史公自序)」.

표는 10편으로 구성되었고, 주요한 역사사실을 표로 작성하였다. 「삼대세표(三代世表)」, 「십이제후연표(十二諸侯年表)」, 「육국연표(六國年表)」, 「진초지제월표(秦楚之際月表)」, 「한흥이래제후왕연표(漢興以來諸侯王年表)」, 「고조공신후자연표(高祖功臣侯者年表)」, 「혜경간후자연표(惠景閒侯者年表)」, 「건원이래후자연표(建元以來侯者年表)」, 「건원이래왕자후자연표(建元已來王子侯者年表)」, 「한흥이래장상명신연표(漢興以來將相名臣年表)」.

서는 8편으로 구성되었고, 특정 분야에 대해 전문적으로 기술하였다. 「예서(禮書)」, 「악서(樂書)」, 「율서(律書)」, 「역서(曆書)」, 「천관서(天官書)」, 「봉선서(封禪書)」, 「하거서(河渠書)」, 「평준서(平準書)」.

이처럼 사기는 본기 12편, 세가 30편, 열전 70편, 표 10편, 서 8편 등 총 130편으로 구성되었다. 사마천은 이러한 체제를 통해 고대로부터 자신의 시대에 이르기까지 광대하고 복잡한 2천여 년의 중국역사를 총망라하였고, 특히 역대 황제 이하 일반서민에 이르기까지 역사 속에서 활동한 수많은 인물을 역사의 전면에 생생하게 드러내었다. 인물중심의 이러한 역사서술체제는 역사편찬의 모범이 되어, 그 이후 중국의 대부분의 역사서, 특히 중국 역대 정사(正史)는 모두 이 체제를 그대로 답습했다.

『사기』는 역사사실만을 나열하지 않았다. 거기에는 역사사실과 함께 사마천의 역사관 및 철학이 담겨 있다. 사마천은 『사기』를 통해 인간의 본성이 무엇이고, 가치 있는 삶이 무엇이며, 역사가 무엇인가 등에 대해서 심도 있게 논의하였다. 그는 또한 『사기』를 통해 세상의 옳고 그름이 무엇이고, 인간의 선하고 악함이 무엇인지에 대해 가리었고, 그에 따른 비판과 칭찬도 아끼지 않았다. 그는 이를 엄격히 실행하기 위해 평가의 장을 별도로 설정했다. 따라서 사마천은 『사기』 속에서 단순한 역사기록자를 넘어서서 역사를 평가하고 주재하는 심판자이며 창조자였다. 그는 『사기』를 통해 일찍이 그가 '나의 뜻을 다 펴지 못하면 한이 될 것이다'라는 '그의 뜻'을 유감없이 피력했다.

『사기』는 진한(秦漢) 이전의 고대시기에 대한 기록은 비교적 간략하나, 진한시대인 근현대시기에 대한 기록은 매우 상세하다. 그 문장서술은 평범하고 쉬우나 매우 정교하고 아름답게 다듬어졌고, 사실내용은 전후좌우의 인과관계가 매우 치밀하게 논리적으로 구성되었다. 일찍이 사마천의 전기를 집필한 바 있는 한나라의 역사가 반고(班固, 서기 32년~92년)는 『사기』에 대해 다음과 같이 평하였다.

"사마천이 수많은 전적을 섭렵하고 경전을 꿰뚫어 상하 수천 년의 고금 역사를 서술한 것은 참으로 힘든 작업이었다. 그러나 사마천의 옳고 그름에 대한 관점은 유가의 성현과 크게 어긋난다. 대도(大道)를 논하면서 도가학설을 유가학설 위에 놓고, 유협(遊俠)을 서술하면서 처사를 물리치고 간웅을 앞세우고, 경제를 언급하면서 권세와 이익을 숭상하고, 빈천을 부끄럽게 여긴 것들이 그러하다. 그럼에도 불구하고 유향, 양웅 이래 수많은 학자들이 모두 사마천을 훌륭한 역사가라고 칭찬하고, 사물의 이치를 잘 서술한 그에 대해 탄복하고 있다. 『사기』는 논리적이나 화려하지 않고 소박하나 저속하지 않다. 서술이 왜곡되지 않고, 서술된 사실은 정확하며, 근거 없이 미화하지 않고, 악을 은폐하지 않았으니 가히 실록이라고 하겠다."

▌ 김택중

중앙대학교 사학과를 졸업하고, 대만국립정치대학에서 석사학위, 국립대만사범대
학에서 박사학위를 받았다. 현재 서울여자대학교 사학과 교수로 재직하고 있다.
『近代國家的應變與圖新』(공저), 『열정으로 산 사람들』(공저) 등 저서와 『근대한중
무역사』, 『무측천평전』, 『명사 열녀전』, 『중국문화사』 등의 역서가 있고, 「담천의
민본관」, 「만사동의 역사서술론」, 「명사 열녀전의 서술형태」, 「여태후와 인체사건」,
「전목의 통사연구론」, 「추근의 사상과 그 활동변천」, 「19C 말 한중국경문제의 발단
과 교섭」 등의 논문이 있다.

史記 명언 이야기

초판 인쇄 2018년 6월 15일
초판 발행 2018년 6월 22일

편 저 자 | 김 택 중
펴 낸 이 | 하 운 근
펴 낸 곳 | 學古房

주   소 | 경기도 고양시 덕양구 통일로 140 삼송테크노밸리 A동 B224
전   화 | (02)353-9908 편집부(02)356-9903
팩   스 | (02)6959-8234
홈페이지 | http://hakgobang.co.kr/
전자우편 | hakgobang@naver.com, hakgobang@chol.com
등록번호 | 제311-1994-000001호

ISBN   978-89-6071-755-8 93910

값 : 15,000원

  이 도서의 국립중앙도서관 출판예정도서목록(CIP)은 서지정보유통지원시스템 홈페이지
(http://seoji.nl.go.kr)와 국가자료공동목록시스템(http://www.nl.go.kr/kolisnet)에서 이용하
실 수 있습니다. (CIP제어번호 : CIP2018018097)

■ 파본은 교환해 드립니다.